KB200067

평생의 순례자

평생의 순례자

지은이 | 박신일
초판 발행 | 2023. 1. 18.
2쇄 | 2023. 1. 27.
등록번호 | 제1988-000080호
등록된 곳 | 서울특별시 용산구 서빙고로65길 38 두란노빌딩
발행처 | 사단법인 두란노서원
영업부 | 2078-3352   FAX | 080-749-3705
출판부 | 2078-3331

책 값은 뒤표지에 있습니다.
ISBN 978-89-531-4396-8 03230

독자의 의견을 기다립니다.
tpress@duranno.com   http://www.duranno.com

두란노서원은 바울 사도가 3차 전도여행 때 에베소에서 성령 받은 제자들을 따로 세워 하나님의 말씀으로 양육하던 장소입니다. 사도행전 19장 8-20절의 정신에 따라 첫째 목회자를 돕는 사역과 평신도를 훈련시키는 사역, 둘째 세계선교(TIM)와 문서선교(단행본잡지) 사역, 셋째 예수문화 및 경배와 찬양 사역, 그리고 가정·상담 사역 등을 감당하고 있습니다. 1980년 12월 22일에 창립된 두란노서원은 주님 오실 때까지 이 사역들을 계속할 것입니다.

평생의 순례자

✦ 광야를 건너는 최상의 길은 순종이다

박신일 지음

두란노

✦

목차

Part 2.

비틀거리는 순례자, 붙드시는 은혜

Part 3.

광야를 통과하며 배운 걸음, 작은 순종

신학교 시절부터 박신일 목사님은 복음의 열정을 가진 좋은 동역자였다. 이 책은 뛰어난 설교가인 박신일 목사님의 민수기 강해로, 약속의 땅을 향해 광야를 걸었던 출애굽 백성들처럼 오늘을 살아가는 우리 역시 천국을 향해 걸어가는 순례자임을 일깨운다. 또 그 여정 가운데 크고 위대하지만 동시에 세밀하고 섬세하게 인도하시는 하나님을 조명한다. 광야를 건너는 그리스도인들이 이 책을 통해 주님을 붙잡고 광야 길을 걸어갈 수 있기를, '네 신을 벗으라'는 말씀에 순종할 수 있기를 바란다.

김병삼 목사 • 만나교회 담임

저자는 출애굽한 이스라엘의 광야 40년 여정의 장면들을 마치 노련한 작가가 비디오에 담아내듯이 깔끔하고 담백하게 서술하고 있다. 마치 독자들과 함께 기차 여행을 하듯이 '차창(window)' 밖에서 펼쳐진 온갖 풍경들을 세밀하게 포착하며 재미있고 유익하게 스토리텔링을 한다. 중요한 장면은 못질을 하듯이 깊이 인각시킨다. 우리는 비로소 민수기에서 평소 좋아하던 토막 이야기들이 아니라 책 전체를 조망하게 된다. 그리고 역시 "전체는 부분의 합보다 크다"라는 말처럼, 민수기에 나오는 큰 그림을 보고 압도된다. 그렇지만, 정작 이 책에서 우리는 저자의 '거울(mirror)'을 보게 된다. 저자의 인생과 믿음과 사역이 곳곳에 녹아 있다.

비로소 한 인간으로서 설교자의 모습을 친근하게 느끼게 된다. 그는 민수기로 자신의 영적 여정을 이야기하고 있는 듯하다. 역사(history)가 스토리(story)가 되었다. 설교답지 않게 문장은 빗질한 것처럼 깔끔하며, 그의 폭넓은 독서와 묵상에 함께 들어가게 된다. 갑자기 저자가 좋아진다.

김정우 교수 • 한국신학정보연구원 원장, 전 총신대신대원 구약학 교수

간결하고 맑은 글품이 저서의 압권입니다. 한번 손에 들면 끝까지 읽고 싶은 책입니다. 출애굽한 이스라엘 백성, 광야 40년 대장정의 역사를 한눈에 조명할 수 있는 글입니다. 멈춤과 나아감의 치열한 긴장, 사람의 꿈과 하나님 뜻의 교차 현장인 광야의 삶을 말씀으로 재해석했습니다. 수많은 장애물과 생명사건을 마주하며 살아가는 현대인에게 나침반 같은 영적 안내서입니다.

이승종 목사 • 한인세계선교협의회(KWMC) 대표의장

광야를 통과하는 이스라엘 백성의 고단한 삶을 영적 순례 또는 영적 훈련으로 묘사한 책은 시중에 다양하게 나와 있다. 그러나 광야와 그 안의 이스라엘 백성에게 자신의 삶을 직접적으로 투영한 책은 거의 없다. 객관적 해석과 더불어 주관적 삶의 이야기가 얽혀서 마치 둘이 하나가 된 듯한 책은 드물다는 이야기다. 이 책은 주님을 열렬히 사랑하고, 목회에 전념을 다하며, 후학 기르기에 최선을 다하는 이 시대 탁월한 교회 지도자인 저자의 영적 순례기다.

저자는 본문에 충실한 문자적 텍스트 읽기를 하면서도 우리 시대와 교회와 개인에게 주는 깊이 있는 메시지를 찾아낸다. 그것은 탄탄한 관련 서적 탐독, 평상시에 축적한 지식, 하나님 말씀을 묵상하며 메시지를 받는 영적 자세에서 나온다고 짐작해 본다.

저자가 자신의 이야기로 민수기를 읽어 나갔듯이, 저자의 안내를 따르는 독자도 어느 순간 광야의 이스라엘 백성이 되어 그들과 함께 넘어지고 일어서고 행진하면서 은혜로 인도하시는 삼위일체 하나님을 만나게 될 것이다.

임성모 목사 • 웨슬리안조직신학연구소

아! 왜 이토록 자주 잊는가? 우리가 '평생의 순례자'임을…. 저자는 믿음으로 일생 걸어야 할 인생 순례길에서 반드시 고백하게 되는 한마디를 일러준다. "제 모든 여정마다 주님의 은혜가 담겼습니다." 아마 저자 자신이 광야 길 내내 '아래로' 자람으로써 '위로' 성숙한 탓이리라. 그래서 주님이 길이신 바로 그 광야로 우리 모두를 초청한다. 민수기를 순례자의 코드로 풀어 가는 저자와 함께 광야 길을 걷는 동안 누구든 반드시 하나님의 음성을 듣게 될 것이다.

조정민 목사 • 베이직교회

광야의 클라이맥스는 하나님의 신실하심이다

그리스도인에게 이 땅은 순례지다. 하나님을 만난 후에는 이 땅에서 천국으로 그 인생의 목적지가 바뀌기 때문이다. 그러나 그 길은 결코 만만하지 않다. 세상의 유혹에 번번이 쓰러지고 마는 연약한 존재이기 때문이다. 그래서 신앙인의 길은 순례이기보다는 방황에 가깝다.

뜨겁게 시작한 믿음 역시 고난을 만나면 힘을 잃고 초라해지기 일쑤다. 잠잠히 견디면 좋겠지만 원망과 불평이 우리의 마음을 지배하곤 한다. 그 여정에서 우리는 성숙한 신앙의 길로 가는 것이 얼마나 어려운지를 배운다. 작은 믿음 하나 붙들고 험난한 세상을 통과하는 길은 때론 고통스럽기까지 하다. 과연 이것이 순례의 길인가?

언젠가 한 사진작가가 고비사막을 통과하는 내용의 방송 프로그램을 본 적이 있다. 거기서 나온 이야기 중에 "사막이 아름다운 이유는 그곳에 아무것도 없기 때문"이라는 말이 기억에 남는다. 아무것도 없는 그곳에 사람이 살기 때문에 아름다운 것이라고 말이다. 그리고 결론으로 "사막이 아름다운 이유는 샘을 감추고 있기 때문"이라고 했다.

민수기는 이스라엘 백성의 광야 여행기다. 그런데 차마 약속의 땅을 향한 순례라고 부르기 민망할 만큼 아우성으로 가득하다. 그러나 그 속에서도 믿음을 지키려는 작은 이들의 몸짓이 있다. 불평과 원망의 소리를 뚫고 믿음의 함성이 터져 나오기도 한다. 그 광야의 클라이맥스는 그들을 붙들고 가시는 하나님의 신실하심이다. 하나님의 신실하심 앞에서 우리는 일어나 박수를 치게 될 것이다. 광야를 걷는 이백만 명의 순례자들 속에서도 한 사람의 신음과 기도 소리를 들으시는 주님이시기 때문이다.

하나님은 아무리 불평해도 그들을 인도하는 구름 기둥을 하루도 치워 버리신 적이 없다. 신앙이 무너진 것 같고, 도무지 힘을 내지 못하는 그때에도 은혜는 멈추지 않는다. 그 신실하심은 순례자를 순례자 되게 하는 하늘의 힘이다.

오늘을 사는 그리스도인 모두가 광야를 걷는 순례의 여정 속에 있다. 하늘보다 이 땅을 바라보는 것이 익숙한 우리는 가슴속에 두 개의 문장을 품고 산다. 첫째는, "하나님 감사합니다"라는 고백이다. 이것은 은혜받은 자의 평생 고백이다. 둘째는, "하나님 섭섭합니다"라는 고백이다.

이것은 감히 말로 표현하지 않지만 우리 마음속에 묻어 둔, 때마다 들고 일어나는 속마음이다.

이 둘 사이에 존재하는 것이 영성이다. 광야는 믿음이 자라고 영성이 깊어지는 곳이다. 비록 민수기는 우리의 연약한 모습 그대로를 다 보여 주지만 그럼에도 낙심하게 만드는 책은 아니다. 사람들의 무성한 말을 이기는 하나님의 말씀이 살아 역사하는 책이다. 사람들의 방황이 하나님의 붙드심에 항복하는 이야기이다.

광야에는 하나님의 영광이 드러나는 시내산이 있다. 또한 사막이 샘을 감추고 있듯이 광야의 마른땅에는 곳곳에 보이지 않는 샘이 터져 나오도록 하나님은 준비해 두셨다. 비록 이스라엘은 때때로 패배하지만 하나님의 승리가 여전히 그들을 이끌고 계신다. 그래서 순례는 어느새 기대와 모험의 여정으로 바뀐다.

믿음의 고민을 가지고 순례의 길을 걷는 이들에게 민수기는 선물과 같은 책이다. 신앙인에게는 영적으로 주님을 찾아가는 귀소본능이 장착되어 있다. 민수기가 우리의 흔들리는 영성을 붙들어 주는 작은 힘이 되기를 소망한다.

그동안 부족한 책들이 나오기까지 옆에서 원고 정리와 교정 및 미주 작업을 정성껏 도와준 김형석 목사님, 김승환 목사님, 박소정 집사님, 장성녀 집사님, 박혜란 권사님, 예수삶 시리즈의 삽화를 그려 준 오기원 집사님의 수고에 깊은 감사를 드린다. 그리고 책 작업을 위해 교회에서 늦게까지 일할 때마다 기쁨으로 음식을 날라 준 평생의 동역자인 아내에게 말 못 했던 고마움을 전하고 싶다. 작은 책 한 권일지라도 혼자 할 수 있는 일은 없다. 오직 주님의 신실하심만이 드러나는 책이 되기를 기도한다.

2023년 1월

박신일 목사

Part 1.

광야의 유일한 지도,
오직 하나님

1장

약속의 땅을 향하여

민수기 1-2장

여행이란 단순히 한 지점에서
다른 지점으로 옮겨 가는 수단이 아니라
인간 발달의 과정이다.
먼 나라로 떠난다는 것은 계획적이고 의도적인 행위다.
그 여행이 가치 있다는 믿음이 있어야 한다.[1]
한 그리스도인의 여정은
이 땅에서 하나님 나라를 향한 순례의 길이다.
그 길을 완성시키는 것은 바로 믿음이다.

기독교 작가 C.S. 루이스는 세상을 '그림자 땅(shadowland)'이라고 표현했다. 세상은 가장 절묘한 아름다움과 가장 순수한 기쁨마저도 어두운 기운을 지니고 있다는 것이다.[2] 아마도 인간의 모든 감격의 순간마저 다 사라질 날이 오기 때문일 것이다. 영원한 약속의 땅은 과연 있는 것일까?

성경을 열면 여행을 하는 이야기가 펼쳐진다. 우리는 곳곳에서 길 떠난 이들을 만날 수 있다. 가장 기억에 남을 만한 것은 이스라엘 백성이 광야로 행진하는 40년의 출애굽 여정일 것이다. 사람은 누구나 인생이라는 여행을 하는 중이다. 흔히 그 여정을 '요람에서 무덤까지'라고 말한다. 그러나 이 여정에서 주님을 만나면 그의 인생관이 달라진다. 왜냐하면 출생과 죽음이라는 인생의 양대 이정표는 그대로 있지만 그것을 보는 눈이 달라지기 때문이다.

죽음은 여전히 있지만 더 이상 두려움의 대상이 되지 못한다. 신자와 하나님의 감격적인 만남을 가로막는 죽음이라는 마지막 장애물이 사라지기 때문이다.[3] 예수님을 만나 믿음으로 거듭나는 순간, 죽음이 끝이 아니라 하나님 나라를 향한 순례가 시작된다.

그리스도인들은 천국의 길을 걸어가는 순례자들이라는 사실을 잊지 말아야 한다. 이스라엘 백성은 민수기에서 약속의 땅 가나안을 향해 걸어가고 있지만, 그리스도인들은 가나안을 넘어 영원한 약속의 땅, 진정한 고향으로 돌아가고 있다. 그런데 이 세상을 살다 보면 때때로 이 사실을 잊고 세상을 바라보는 사람들이 있다. 이상주의자로만 살아도 안 되지만 반대로 현실주의자로만 살아도 안 된다. 이 둘 사이에 균형을 맞추며 걸어가야 한다.

중세의 영성 작가들은 그리스도인들을 '호모 비아토르(Homo Viator)'라고 불렀다. 이 단어의 뜻은 '여행자' 혹은 '나그네'이다. 우리 그리스도인들은 모두 여행자다. 세상에 눌러앉으려는 사람들이 아니라 나그네처럼 세상을 지나가는 사람들이다. 하나님을 만나는 그날에 대한 기대가 있기에 오늘의 고난과 어려움을 참고 걸어갈 수 있는 힘과 소망이 있다.

몇 해 전, 일행과 함께 미국 워싱턴주에 있는 팔루스를 여행했다. 숙소도 좋지 않고 변변히 먹을 만한 식당도 없었다. 그런데도 2박 3일 동안 자동차를 타고 왕복 16시간의 거리를 다녀오는 힘든 여행을 강행했다. 그 이유는 수십 킬로미터나 펼쳐져 있는 밀밭의 풍경을 보기 위해서다. 끝없이 펼쳐진 팔루스의 광활한 대평원을 보기 위해 수많은 사람이 이 고생을 감수한다. 이렇듯 멋진 풍경 하나 보겠다고 사서 고생도 하는데 하나님을 만나는 기대가 있는 사람은 어떻겠는가? 그 소망이 있는 사람 안에는 어려움을 이길 힘이 있지 않을까?

민수기는 우리 자신이 평생의 순례자임을 깨닫게 하는 책이다. 왜냐하면 하나님이 말씀하신 '약속의 땅'을 향해 걸어가는 이야기이기 때문이다. 모세오경 중 민수기는 이스라엘 백성의 광야 40년 여정 중 38년 이상의 기록을 가진 책이다. 출애굽기는 그 관련 내용이 1년 정도에 불과하다. 레위기는 약 40일간의 기록이다. 민수기에는 광야 여정의 90% 이상을 차지하는 대부분의 세월이 담겨 있다.

또한 민수기를 나누고자 하는 이유는 너무 거룩한 이야기가 아니기 때문이다. 경건하거나 이상적이기보다는 오히려 넘어지고 쓰러지는 내용이 대부분이다. 순례라기보다 방황에 더 가깝다. 그만큼 우리와 친숙하다. 매일 넘어지고 일어나는 우리의 여정 역시 방황에 가깝지 않은가.

그런데 놀라운 것은 그 가운데 하나님의 말씀이 처음부터 끝까지 살아 있고, 하나님의 은혜가 여전히 흐르며, 그 많은 방황 중에도 하나님을 따라 살고자 하는 사람들의 기도와 고민이 보인다는 것이다. 그래서 민수기는 우리에게 하나님이 원하시는 순례자의 삶을 어떻게 걸어갈 것인지에 대해 크나큰 도전을 준다.

순례자는 믿음의 어른이 되어 가야 한다

구절	1:1-10:10	10:11-25장	26-36장
초점	구세대	비극적인 전환기	신세대
주제	질서	질서, 혼돈, 방황	재정비
기간	20일	38년 3개월 10일	5개월

민수기(Numbers) 개요[4]

민수기는 한자로는 民數記, 영어로는 Numbers, 이름대로 백성의 수를 세는 책이다. 모세는 출애굽 이후 가나안으로 가는 여정 중에 두 차례에 걸쳐 인구조사를 한다. 민수기는 총 36장으로 되어 있는데 1장부터 10장까지는 애굽을 나온 1세대의 기록을 담고 있으며, 첫 번째 인구조사를 비롯해 질서를 세우는 이야기가 기록되어 있다. 그리고 10장 중반부터 25장까지는 비극적인 전환이 일어난다. 여기에는 무질서와 혼돈, 방황으로 가득하다. 26장부터 마지막 36장까지는 또 한 번의 인구조사가 실시되는데, 이번에는 다음 세대의 수를 세며 다시 새롭게 질서를 잡는 내용이다. 이 전체 기간을 38년 6개월에서 39년 정도까지로 보고 있다.

민수기의 시작은 하나님이 순례를 떠나는 사람들을 준비시키는 것에서부터 출발한다.

> 이스라엘 자손이 애굽 땅에서 나온 후 둘째 해 둘째 달 첫째 날에 여호와께서 시내 광야 회막에서 모세에게 말씀하여 이르시되 너희는 이스라엘 자손의 모든 회중 각 남자의 수를 그들의 종족과 조상의 가문에 따라 그 명수대로 계수할지니 이스라엘 중 이십 세 이상으로 싸움에 나갈 만한 모든 자를 너와 아론은 그 진영별로 계수하되 민 1:1-3

제2년 2월 1일, 즉 출애굽한 지 만 1년 1개월이 지났을 무렵에 여호와께서 광야 회막에서 모세에게 제일 먼저 사람을 세어 보라고 말씀하신다. 첫째는 남자요, 둘째는 20세 이상, 셋째는 싸움에 나갈 만한 자다. 이 세 가지 조건에 맞는 사람들의 숫자를 세라는 것이다. 하나님이 약속의 땅을 향해 가는 이스라엘 백성을 가로막는 세력들과 전쟁을 치를 수 있는 사람들을 뽑고 있다.

순례의 길은 결코 만만하지 않다. 그래서 싸움을 준비하라고 하신다.

하나님의 뜻과 계획을 가로막는 사람들과 전쟁을 치를 준비를 하라는 것이다. 그중에서도 20세 이상의 남자를 뽑으라고 하신다. 그것은 싸울 만한 힘과 능력을 갖춘 사람을 찾으라는 뜻이다. 이 말은 힘을 가지고 있으면서 뒷전에 물러나 있지 말라는 뜻이기도 하다. 교회 안에서 믿음으로 훈련되어 있으면서도 개인의 신앙생활에만 전념하고 전쟁에는 참여하지 않는 비겁한 태도를 취하지 말라는 의미다.

20세 이하의 사람들은 다가올 다음 세대를 위해 싸울 준비를 해야 하며, 인생의 황혼을 맞았거나 몸이 연약해 싸우지 못하는 사람은 뒤에서 기도로 후원하는 싸움을 해야 한다. 결국 모든 순례자는 영적 싸움을 하는 자들이라고 성경은 말하고 있다.

20세 이상을 뽑으라는 표현이 내포하는 또 다른 의미는 없을까? 사실, 우리에게는 육신의 나이뿐 아니라 영적인 나이도 있다. 믿음의 나이가 있다는 뜻이다. 세상은 육신의 나이를 따지지만 우리는 영적인 나이를 따져 봐야 한다. 교회에 다닌 기간이 영적인 나이와 비례하지 않는다. 어떤 사람은 믿음의 선한 싸움을 회피하면서 인생의 나이가 들었을지도 모른다. 오래도록 신앙생활했지만 여전히 싸울 수 없는 영적인 어린아이에 머물러 있는 사람이다. 하나님은 우리가 말씀을 따라 전쟁을 치를 힘을 가진 사람, 그 전쟁에 참여하는 사람이 되기를 원하신다.

이스라엘 12지파에서 20세 이상 싸울 수 있는 남자를 모두 세어 보니 603,550명 정도였다. 하지만 20세 이상의 장정들은 대개 영적인 나이가 연약한 어린아이와 같았다. 고난이 닥치면 불평하고 원망하며 흔들리고 넘어졌다. 그 결과 민수기 26장에서 38년이란 세월이 지나 똑같은 조건을 가지고 다시 한번 계수했을 때 어떻게 되었는가?

이스라엘 자손의 계수된 자가 육십만 천칠백삼십 명이었더라 민 26:51

모세와 제사장 아론이 시내 광야에서 계수한 이스라엘 자손은 한 사람도 들지 못하였으니 이는 여호와께서 그들에게 대하여 말씀하시기를 그들이 반드시 광야에서 죽으리라 하셨음이라 이러므로 여분네의 아들 갈렙과 눈의 아들 여호수아 외에는 한 사람도 남지 아니하였더라 민 26:64-65

12지파를 동일한 방법으로 계산해 보니 38년 전보다 약간 적은 수이긴 하지만 여전히 육십만 명이 넘었다. 그런데 여기서 주목할 것은 첫 번째 계수할 때 있었던 사람들 중에 여호수아와 갈렙 외에는 살아 있는 사람이 아무도 없었다는 것이다. 가나안 1세대는 많은 이들이 영적인 면에서 일곱 살 어린아이처럼 살다가 광야에서 죽은 것이다.

그렇다면 순례자로서 우리가 준비해야 할 것은 무엇일까? 첫 번째는 영적으로 싸울 수 있는 믿음의 실력을 준비하는 것이다. 애굽에서 나온 1세대들은 영적인 힘이 약했다. 세상 말에 귀 기울이고 자주 넘어졌다.

하나님 나라를 향해 걸어가는 순례자들에게는 수없이 많은 유혹이 찾아온다. 그렇기 때문에 반드시 영적으로 싸울 준비를 하고 있어야 한다. 영적인 힘이란 어떤 문제가 와도 하나님을 붙들 수 있는 믿음의 힘이다. 끝까지 주님의 말씀을 붙드는 용기다.

하나님은 광야에서 남자를 뽑으라고 하셨다. 우리 가정에서는 누가 남자로 계수될까? 누가 영적인 가장으로 뽑히겠는가? 어떤 가정에서는 실제 가장일 수 있고, 어떤 가정에서는 아내일 수 있다. 또 어떤 가정에서는 자녀가 믿음의 가장 역할을 할 수 있다. 부모는 걱정과 염려로 가득하지만 자녀는 믿음으로 걸어가는 집도 있다. 당신의 가정을 한번 돌아보라. 그중에 누가 싸울 힘을 가졌는가? 누가 영적인 가장인가? 믿음으로 싸울 수 있는 사람은 과연 몇이나 되는가?

순례자는 믿음의 어른이 되어야 한다. 그렇다면 믿음의 나이가 든다는 것은 무엇일까? 그것은 주님을 더 의지하는 삶이다. 더 겸비한 태도를 갖는 삶이다. 존 스토트(John Stott)의 표현처럼, 우리는 모두 누군가의 짐이 되도록 설계되었다.[5] 이것은 자립적이고 독립적인 삶을 부정적으로 보는 것이 아니다. 하나님을 더 의지함으로 '약할 때 강함이 된다'는 말씀을 체험하게 된다는 뜻이다.

또한 믿음의 나이가 들어 간다는 것은 사람과의 관계에서 사랑의 깊이가 깊어지는 것을 말한다. 마크 부캐넌(Mark Buchanan)은 한 이야기를 소개한다.[6]

1908년 영국의 남극 탐험가 어니스트 섀클턴이 경험한 이야기다. 남극을 탐험하며 인간의 한계를 뛰어넘는 여정을 이어 오면서 너무도 힘들고 배고픈 상황에 처했다. 그는 건빵을 모든 대원에게 똑같이 나누어 주었다. 몇몇은 손에 붙은 부스러기까지 핥아 먹었고, 또 다른 몇몇은 다음을 대비해 먹고 싶은 욕구를 참으며 가방에 넣어 두었다. 그날 밤 섀클턴은 부스럭거리는 소리에 잠에서 깼다가 충격적인 장면을 보게 된다. 자신이 가장 신뢰하던 부하가 옆에 있는 동료의 식량 주머니를 꺼내는 것이다. 그런데 잠시 후 그의 가슴은 뛰기 시작했다. 알고 보니 그 부하는 자신이 먹지 않고 남긴 건빵을 텅 비어 있는 동료의 가방에 몰래 넣어 주고 있었던 것이다.

참된 사랑은 언제나 울림을 준다. 인간의 욕망은 남의 것을 빼앗아 가지려 한다. 그러나 믿음의 나이가 들수록 오히려 주는 삶을 넓혀 간다. '죽음 앞에서 무엇을 남기고 갈 것인가'를 물었을 때 '사랑을 나누어 주는 삶'[7]이라고 대답한 나이 든 한 철학자의 고백은, 이론이 아니라 켜켜이 새겨진 삶의 고백이다. 믿음의 나이, 영적인 나이가 드는 것은 복된 일이다.

하나님은 싸움에 나갈 만한 자를 뽑으라고 하셨다. 악한 것들과 한판 붙을 사람이 필요하다는 것이다. 하지만 우리의 적은 성도들이 아니라는 것을 기억해야 한다. 싸워야 할 대상은 어둠의 세력인 사탄이다. 사탄과 싸우지 않으면 아군과 싸우는 실수를 범하게 된다. 그렇기 때문에 분별력을 가져야 한다. 성도는 함께 싸우는 전우다. 부부는 평생의 친구다. 총부리의 방향을 잘못 겨눠서는 안 된다.

로마서 12장에 보면 이 세대를 본받지 말고 마음을 새롭게 하라고 했다. 우리는 이 신앙을 따라 믿음의 실력을 준비해야 한다. 흔들릴 수 있을 때 흔들리지 않는 그런 믿음을 말이다. 어려움이 찾아오는 그때에 믿음을 발휘할 수 있는 평생의 순례자가 되기를 바란다.

순례자는 중심을 점검해야 한다

그런데 순례자가 해야 할 또 하나의 준비가 있다. 하나님은 걷다가 멈출 때 순례자가 해야 할 법칙을 가르쳐 주셨다.

레위인은 증거의 성막 사방에 진을 쳐서 이스라엘 자손의 회중에게 진노

가 임하지 않게 할 것이라 레위인은 증거의 성막에 대한 책임을 지킬지니라 하셨음이라 민 1:53

여호와께서 모세와 아론에게 말씀하여 이르시되 이스라엘 자손은 각각 자기의 진영의 군기와 자기의 조상의 가문의 기호 곁에 진을 치되 회막을 향하여 사방으로 치라 민 2:1-2

이동하다가 멈출 때는 진을 치고 성막 주변을 레위인이 둘러쌌다. 성막을 지키고 운반하는 일을 레위인에게 맡겼기 때문이다. 그래서 레위인들은 계수하지 않았다.

그리고 하나님은 진을 칠 때 모양과 위치까지 자세히 알려 주셨다. 그런데 이 질서 속에는 매우 중요한 의미가 담겨 있다.

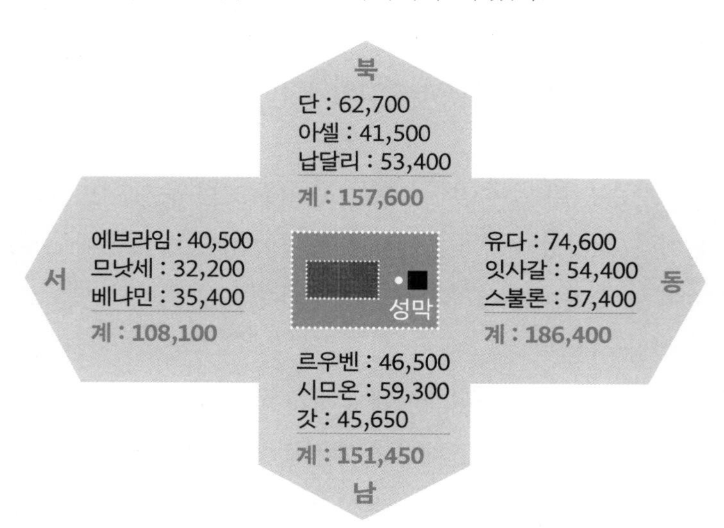

지파별 이스라엘 진영의 위치 [8]

지파별로 나누어 동서남북으로 진을 치는데 동쪽에는 유다, 잇사갈, 스불론 지파가 있다. 이 세 지파가 한 팀이다. 남쪽에는 야곱의 장자인 르우벤이 이끄는 시므온, 갓 세 지파가 머물고, 서쪽에는 성막을 지키는 레위 지파가 빠지고 요셉의 아들 에브라임과 므낫세가 들어가 베냐민과 함께 팀이 된다. 마지막으로 북쪽에는 단, 아셀, 납달리 지파가 서게 된다. 이렇게 해서 총 열두 지파의 합계가 603,550명이다.

동쪽의 첫 번째 자리는 유다 지파다. 왜냐하면 예수 그리스도가 유다 지파를 통해서 올 것이기 때문이다. 성막의 문도 동쪽 하나밖에 없다. 성막에는 예수님을 상징하는 메시지가 담겨 있다.

또한 여기서 한 가지 명확한 것이 보이는데, 동서남북으로 진을 칠 때 중앙에 무엇이 있는가? 바로 성막이다. 성막에는 하나님의 임재를 상징하는 언약궤가 있다. 우리는 이 그림 속에서 평생 잊어서는 안 될 것을 배우게 된다. 바로 광야의 길을 걷는 사람들은 하나님이 우리 중심에 계심을 평생 마음에 새겨야 한다는 것이다. 이것이 순례자가 해야 할 첫 번째 준비다.

광야는 무슨 일이 일어날지 모르는 곳이다. 그런 곳을 이스라엘 백성은 40년이나 걷고 있다. 우리가 살아가는 광야 같은 이 세상에도 얼마나 많은 일이 일어나는가? 예기치 못한 풍랑이 불쑥불쑥 나타나는 곳이 바로 삶의 현장이다.

광야는 우리를 두려움과 낙심 앞에 서게 한다. 광야는 우리가 원하는 것을 가질 수 없다는 사실을 깨닫게 하는 곳이다. 하지만 광야는 우리를 영적으로 성숙하게 빚어 간다. 자신이 바라는 것에서 하나님이 원하시는 것으로 초점을 맞추어 살아가도록 말이다.[9] 성막을 가운데 두도록 하신 이유는 동서남북 어느 곳에서 무슨 일이 일어나든지 그때에 우리가 바라볼 곳, 달려갈 곳이 있음을 잊지 말라는 의미다. 이것이 순례자의 길을 걷는 그리스도인의 은총이다.

광야는 어떤 날씨가 몰아칠지, 어떤 짐승이 덤벼들지 모르는 곳이다. 광야 같은 우리 인생에도 어떤 소식이 들려올지 알 수 없다. 그러나 주님은 이런 길을 가는 순례자에게 내가 너희 가운데 있다는 것을 잊지 말라고 말씀하신다.

그러므로 순례자가 해야 할 두 번째 준비는 하나님 중심의 삶을 온몸에 익히는 것이다. 무슨 일이 일어나도 주님을 붙들겠다는 뜻이 뼛속 깊이 새겨져 있어야 한다. 민수기에는 하나님이 중심에 있는 사람과 내가 중심에 있는 사람의 특징이 아주 적나라하게 드러나고 있다. 내가 중심에 있는 사람들은 불평과 원망이 광야를 걷는 동안 끝없이 터져 나온다. 그러나 하나님 중심의 사람은 똑같은 상황에서 믿음을 고백한다. 이 둘의 태도는 너무나 큰 차이를 만든다.

만약 한가운데에 성막이 없다면 어떻게 될까? 그야말로 혼돈이다. 아마도 200만 명이나 되는 사람들이 떠들어 대는 말로 홍수가 났을 것이다. 그러나 하나님의 말씀이 임하면 사람의 말은 잠잠해진다. 살면서 사람의 말 때문에 흔들릴 때가 얼마나 많은가? 순례자는 어느 방향에서든지 중심을 바라보는 사람이다. 사람의 말에 흔들리는 것이 아니라 하나님의 말씀으로 인해 평안을 누리는 사람이다.

우리 가운데 하나님이 계시지 않다면 위기가 닥칠 때마다 넘어질 수밖에 없지만, 하나님을 중심에 모시고 산다면 답답한 일을 당하여도 낙심하지 않고, 거꾸러뜨림을 당하여도 망하지 않는 인생을 살 것이다.

믿음의 길은 결코 낭만적이지 않다. 예수 믿고 구원의 감격을 누릴 때는 쉽고 가벼운 산책인 줄 알고 나서지만 실제로 걷다 보면 미처 제대로 준비되지 않은 길고 지루한 마라톤으로 바뀔 수 있다. 꿈 같은 신앙생활일 줄 알았는데 고통이 있는 현실이 찾아온다. 그래서 이상과 현실 사이에 차이가 있음을 알게 된다.

신앙인들의 마음속에는 두 가지 고백이 있다. 하나는 "나를 구원해 주신 주님, 감사합니다"이다. 다른 하나는, 표현은 잘하지 않지만 다들 마음속에 담아 두고 있는 말이다. 바로 "하나님 섭섭합니다"이다. 감사의 고백은 있지만 가슴 깊은 곳에 섭섭함이 있다.

이러한 이상과 현실의 차이를 조율할 수 있는 것이 바로 영성이다.[10] 섭섭함을 감사로 승화시키는 것이 영성이다. 영성은 믿음의 내면화다. 믿음이 내 삶에 스며들어 생각과 감정과 일상을 물들이고 영향을 미치는 것이다.[11] 자신의 모든 영역에서 하나님의 말씀이 적셔지는 것이다. 순례자에게는 바로 이러한 영성이 있어야 한다.

순례는 마라톤과 같은 긴 여정이다. 그 길을 끝까지 하나님과 동행하며 걷기 위해서는 훈련이 필요하다. 흔들리지 않겠다는 우리의 진심이 있어도 넘어질 때가 얼마나 많은지 모른다. 그러나 위로가 되는 것은 우리의 영성이 이상을 실제가 되도록 하는 힘이 있다는 사실이다. 성경은 그 힘을 하나님의 은혜라고 부른다. 하나님을 중심에 모시고 사는 자에게 하나님은 반드시 은혜를 베푸신다.

지금 목회하고 있는 교회를 개척한 지 2년쯤 되었을 때다. 학교 강당을 빌려 예배를 드리고 있는데, 설교 중에 권사님 한 분이 통곡을 하는 것이다. 너무 크게 울어서 설교를 할 수가 없을 정도였다. 예배가 끝난 후에 성도들이 나를 찾아와 목사님 설교에 너무 은혜를 받아서 그분이 눈물이 터진 것 같다고 말했다. 나는 그것은 분명 아닐 거라고 했다. 그리고 전날 있었던 나의 이야기를 들려주었다.

전날 설교 준비를 마치고 잠자리에 누웠는데 내 머릿속에 머물던 한 생각이 있었다. 자꾸만 내가 주님이 기뻐하시지 않는 일을 하는 것 같다는 생각이다. 마음에 거리낌이 있어서 쉽게 잠들지 못했다. 이 마음으로 설교하면 안 될 것 같아 일어나 회개기도를 했다. 주님이 원하시는 마음이 아닌 것 같으니 이것을 버리게 해달라고 말이다. 그 기도를 한 뒤에 드린 예배였기에 겸손한 마음을 가질 수 있었다.

그날 마음의 거리낌을 회개하고 설교했을 때 주님이 나에게 가르쳐 주신 것이 있다. 계속 그렇게 하라는 것이었다. "조그마한 부담감이 있어도 나에게 와라. 내가 너의 가운데 있다"라는 말씀이었다. 내가 중심에 있으면 인생에 평안이 없다. 주님이 우리 가운데 있다는 걸 잊지 않기를 바란다.

순례자는 하나님 뒤를 따라가야 한다

하나님은 이스라엘 백성이 머물러 진을 칠 때뿐만 아니라 이동할 때 어떻게 해야 하는지도 가르쳐 주셨다.

> 유다 진영에 속한 군대로 계수된 군인의 총계는 십팔만 육천사백 명이라 그들은 제일대로 행진할지니라 민 2:9

르우벤 진영에 속하여 계수된 군인의 총계는 십오만 천사백오십 명이라 그들은 제이대로 행진할지니라 민 2:16

에브라임 진영에 속하여 계수된 군인의 총계는 십만 팔천백 명이라 그들은 제삼대로 행진할지니라 민 2:24

단의 진영에 속하여 계수함을 받은 군인의 총계는 십오만 칠천육백 명이라 그들은 기를 따라 후대로 행진할지니라 하시니라 민 2:31

대열을 맞추어 이동하되 유다와 함께한 세 지파가 첫 번째 열에 서고, 그다음은 르우벤 지파 그룹이, 이어서 에브라임 지파 그룹, 마지막에는 단이 이끄는 세 지파가 따라가도록 했다.

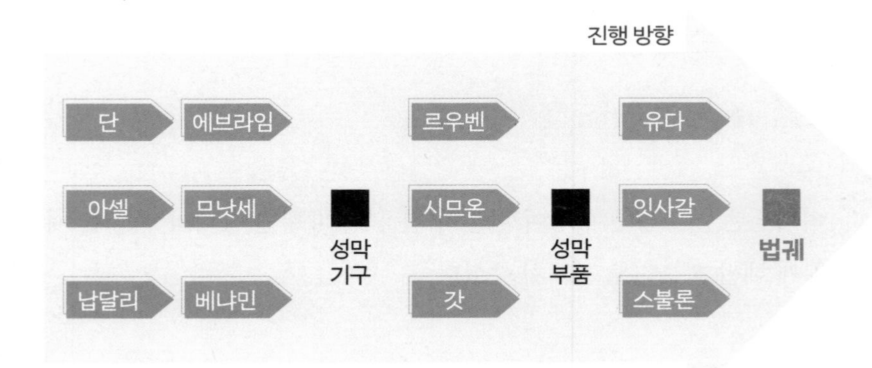

행진 시 이스라엘 진영의 배치

그림에서 보듯이 열두 지파가 움직일 때 제일 앞에서 법궤가 이끌고 있다. 법궤 곧 언약궤는 하나님의 임재를 상징한다. 이 그림은 신앙인이 가져야 할 자세를 보여 주고 있다. 법궤를 앞에 두고 따라가는 것처럼 그리스도인은 나 자신이 아니라 주님이 이끄시는 대로 따라가야 한다.

마지막으로 순례자가 준비해야 하는 것은 하나님이 인도하시는 삶을 평생토록 배우는 것이다. 그러기 위해서는 하나님이 앞에서 우리를 인도하시도록 기꺼이 자리를 내어 드려야 한다. 그러나 우리는 입으로는 주님의 인도하심을 구하면서도 자꾸만 내가 하나님보다 앞에 서고자 한다. 내 기도대로 응답해 주시길, 내 생각과 계획대로 하나님이 따라와 주시길 바랄 때가 얼마나 많은가? 하지만 우리는 철저하게 하나님 뒤에 서야 한다.

나는 비교적 판단을 빨리하고 결론도 빠르게 내리는 편이다. 그래서 실수할 때가 있다. 한번은 미국에 있는 한 교회에서 초대를 받았는데 개척한 지 10년 정도 된 교회로 어려운 일을 몇 번이나 겪고 있었다. 새벽예배를 마치고 목사님 부부와 함께 차를 마시는데 목사님이 나에게 어떻게 하면 교회가 잘될지 선배로서 조언을 해달라고 했다. 나는 그 순간 생각하고 있던 것을 말해 주고 싶었다. 두 번째 방문했었기에 말해 주고 싶은 것들이 있었다. 그런데 그때 하고 싶은 말을 멈추고 속으로 잠시 '주님, 제가 무엇을 말하길 원하십니까' 하고 기도했다. 그리고 목사님 부부에게 이렇게 말해 주었다.

"주님이 이 말씀을 해주길 원하시는 것 같습니다. 두 분 모두 지난 10년 동안 너무 수고했다고 하십니다."

이 말에 목사님 부부는 그 자리에서 하염없이 울었다. 이분들에게 무엇이 더 필요하겠는가? 내가 수십 가지의 조언을 한다고 해서 그것이 이 교회에 답이 될 수 있겠는가? 나는 하나님보다 앞서가려던 마음을 잠시 내려놓았고, 그것이 목사님 부부에게 해줄 수 있는 최선이었다.

순례자는 자신의 뜻대로 가는 사람이 아니다. 가르쳐 주신 질서가 있다. 하나님이 앞서 행하고 우리는 뒤따라가야 한다. 그 길이 힘들더라도 따라가겠다는 고백이 있어야 한다. 왜냐하면 우리는 주님이 핏값으로 사신 몸이기 때문이다. 주님은 우리를 약속의 땅으로 인도하실 것이기 때문이다.

하나님은 오늘 우리에게 말씀하신다. 내가 인도하고 있으니 힘들어도 기다릴 수 있겠느냐고, 따라올 수 있겠느냐고.

이 순례자의 질서를 회복하기 위해서는 한 가지를 잘해야 한다. 하나님께 물어보는 것이다. '하나님이 원하시는 것은 무엇입니까?' '이렇게 해도 괜찮겠습니까?' 자꾸만 물어봐야 한다. 자신이 제대로 걸어가고 있는지 계속 확인해야 한다. 그리고 주님뿐만 아니라 믿음의 선배들에게도, 나를 사랑하고 기도해 주는 분들과 속해 있는 공동체에게도 물어봐야 한다. 순례의 길은 결코 혼자 갈 수 없기 때문이다.

영국의 한 신학자는 현대적이고 개인주의적인 이 시대 신앙인의 특징을 한마디로 '공동체에 소속되지 않은 채 믿으려는 경향(Believing without Belonging)'이라고 표현했다.[12] 우리는 이것을 조심해야 한다. 왜냐하면 혼자서는 쉽게 쓰러지고, 쉽게 낙심할 수 있기 때문이다. 공동체에 소속되지 않고 혼자서 신앙생활을 하겠다는 사람들은 순례를 완주하기 어렵다. 이 길은 함께여야 끝까지 갈 수 있다.

최근 기독교 신앙이 세상에서 조롱당하고 있다. 그러는 데에는 여러 이유가 있겠지만 그중 가장 큰 원인은 교회가 세상과 별반 다르지 않기 때문이다. 그리스도인에게서 다른 점을 찾지 못했기 때문이다. 이 시점에서 우리는 스스로에게 물어보아야 한다. 우리는 과연 하나님 중심으로 살아가고 있는가, 하나님이 이끌어 가시도록 나를 내어주는 데 익숙한 사람인가 하고 말이다.

우리는 이 세상의 여행자, 나그네다. 천국을 향해 걸어가는 순례자들이다. 순례자는 세상 사람들과 동일한 방식으로 살아가서는 안 된다. 만약 당신이 순례자라면 이 길 위에서 답을 찾아봐야 한다.

천국에 가는 값싼 길은 없다. 약속의 땅에 들어가는 즉효약은 없다. 걸어야 한다. 희망 중에 그 여정을 지속해야 한다.[13]

'지금 내 믿음의 나이는 몇 살인가? 나는 영적으로 싸울 준비가 되어 있는가?'

마지막까지 하나님의 인도하심을 따라 걸어 보겠다는 기도를 가진 자가 진정한 순례자다.

2장

하나님을 사랑하는 마음으로 걷는 길

민수기 3-5장

탕자를 껴안아 주시던 하나님 아버지의 사랑,
그 사랑은 우리가 태어나기 전부터 있었고,
우리가 죽은 후에도 있을 것이다.
50년, 60년, 70년, 100년의 삶은 한순간에 지나지 않는다.
그 기간은 "예, 저도 하나님을 사랑합니다"라고
고백하도록 우리에게 주어진 시간이다.[14]

만약 사막을 여행한다면 무엇을 준비해야 할까? 물론 필요한 것들을 잘 챙길 것이 틀림없다. 그리고 한껏 들뜬 마음으로 길을 나설 것이다. 하지만 막상 사막에 도착하면 출발할 때의 생각과 조금씩 달라질 것이다. 이글거리는 뙤약볕과 싸우며 걷는 동안 설레던 마음은 사라지고 당장 이 여행을 마치고 싶은 생각이 들 것이다. 또한 떠날 때 미처 준비하지 못한 것들도 하나하나 알게 된다. 최선의 준비물이 무엇인지는 여정 가운데 깨닫게 되니 말이다.

인생이라는 여정도 마찬가지다. 상쾌한 산책인 줄 알고 떠났던 여행이 준비되지 않은 긴 마라톤으로 바뀐다.[15]

이스라엘은 하나님이 인도하시는 여정을 떠난다. 약속의 땅에 대한 기대를 가지고 떠났지만 잠깐인 줄 알던 그 시간이 끝날 줄 모르는 광야의 시간으로 바뀐다. 그러니 어떻게 기쁘게만 걸을 수 있겠는가?

신앙생활은 더욱 그렇다. 예수님을 만난 기쁨과 감격으로 시작한 믿음 생활에는 우리가 예상하지 못한 뜻밖의 변수들이 자주 등장한다. 구원받은 기쁨을 맛보았으나 얼마 뒤 사람에 대한 실망감이 몰려온다. '어떻게 예수 믿는 사람들이 이럴 수 있는가' 하고 말이다. 조금 더 시간이 지나면 자신의 죄성과 연약함을 발견하며, 관계의 실패와 낙심되는 일들 앞에 서게 된다.

이렇게 믿음을 무너뜨리는 일들, 감정적으로 바닥을 치게 만드는 일들을 숱하게 경험하면서 우리는 신앙의 길을 걸어간다. 그런데 이런 경험들이 정말로 우리의 신앙을 무너뜨리는 일일까 아니면 더욱 실제적인 믿음으로 세워지는 과정일까? 그 답은 좀 더 생각해 볼 필요가 있다. 왜냐하면 쓰러지고 낙심하여 믿음을 잃어버리는 것처럼 보일 때, 실은 신앙이란 무엇인가를 비로소 분명하게 배울 수 있기 때문이다.

이 모든 것은 길을 떠나 보아야 알 수 있다. 여행에서 무엇이 필요한지는 여행하면서 알 수 있듯이, 신앙생활도 주님을 따라 걸어가야 무엇이 중요한지를 알게 된다. 우리는 이미 순례의 길을 걷기 시작했다. 이 길을 잘 걸어가기 위해 정말로 필요한 것이 무엇인지, 알아야 할 것이 무엇인지를 민수기 3~5장을 통해 살펴보고자 한다.

사랑 없이 걷는 순례길은 고통이다

먼저 제사장에 대한 말씀이 나온다. 그중 아론의 두 아들 나답과 아비후의 이야기다.

> 여호와께서 시내산에서 모세와 말씀하실 때에 아론과 모세가 낳은 자는 이러하니라 아론의 아들들의 이름은 이러하니 장자는 나답이요 다음은 아비후와 엘르아살과 이다말이니 이는 아론의 아들들의 이름이며 그들은 기름 부음을 받고 거룩하게 구별되어 제사장 직분을 위임 받은 제사장들이라 나답과 아비후는 시내 광야에서 여호와 앞에 다른 불을 드리다가 여호와 앞에서 죽어 자식이 없었으며 엘르아살과 이다말이 그의 아버지 아론

앞에서 제사장의 직분을 행하였더라 민 3:1-4

본문은 아론의 아들 중 제사장의 직무를 수행하던 나답과 아비후가 다른 불로 하나님 앞에 제사를 드리다가 죽었다고 증언한다. 성경을 읽다 보면 하나님의 말씀 안에는 축복과 위로도 있지만 하나님의 경고도 있음을 알게 된다. 하나님이 경고하실 때는 멈추어서 귀를 기울여야 한다.

나답과 아비후가 죽은 이 사건은 구약에서 네 번이나 반복해서 나온다(레 10:1-2; 민 26:61; 대상 24:2). 성경이 반복해서 말씀하고 있다는 것은 그만큼 중요한 메시지가 담겨 있다는 뜻이기도 하다. 그들의 마지막은 너무나도 비참하고 서글프다. 더욱 안타까운 것은 이들이 예배를 드리다가 죽었다는 것이다. 세상이 손가락질하는 못된 짓을 하다가 죽은 것이 아니다. 이것은 우리에게 더욱 엄중한 경고일 수 있다. 이들이 왜 죽었는지는 레위기 16장에서 그 이유를 설명하고 있다.

> 향로를 가져다가 여호와 앞 제단 위에서 피운 불을 그것에 채우고 또 곱게 간 향기로운 향을 두 손에 채워 가지고 휘장 안에 들어가서 여호와 앞에서 분향하여 향연으로 증거궤 위 속죄소를 가리게 할지니 그리하면 그가 죽지 아니할 것이며 레 16:12-13

하나님 앞에 나아갈 때는 어떻게 해야 하는지에 대해 설명해 주시는 장면이다. 말씀에 비추어 볼 때 아론의 아들들이 죽은 이유는 두 가지다. 하나는 대제사장이 해야 하는 일을 자신들이 해서이다. 불을 피우는 일은 일반 제사장이 아니라 대제사장이 하는 업무다. 즉 대제사장인 아론만이 할 수 있는 일이다. 그런데 이들은 아버지가 대제사장이니 자신들이 해도 되는 줄 알고 마음대로 했다. 또 하나는 여호와의 제단에서 가져온 불로 향을 피워야만 하는데, 이들은 다른 데서 가져온 불로 분향했다. 하나님이 명하신 방법이 아니라 자기들 멋대로 하다가 여호와 앞에서 죽은 것이다. 가르쳐 준 대로 하면 죽지 않을 것이라고 말씀하셨는데도 그들은 그렇게 하지 않았다.

여기서 중요한 표현은 '여호와 앞에서(before the LORD)'와 '인정받지 못한 불로(with unauthorized fire)'이다. 여호와 앞에서 죽었다는 것인데, 이 표현은 두 번이나 반복되고 있다. 또한 하나님의 승인이 나지 않은 불로 예배를 드리다가 이런 결과를 얻게 되었다.

이 부분에서 성경은 무엇을 말씀하고 있는가? 바로 하나님은 예배드리는 우리의 상태를 다 알고 계신다는 것이다. 우리가 어떤 마음으로 주님 앞에 나왔는지 다 알고 계신다. 그동안 어떻게 예배를 드렸는가? 만약 하나님이 우리를 나답과 아비후처럼 대하셨다면 어떻게 되었을까?

그러나 하나님은 우리를 그들처럼 대하지 않으셨다. 우리의 예배가 형식적일 때가 많았음에도 우리에게는 그렇게 하지 않으셨다. 때문에 우리는 이들의 죽음을 통해 하나님이 말씀하시고자 하는 것이 무엇인지를 진지하게 생각해 보아야 한다.

사실 이들보다 더 심하게 행동했던 제사장도 있다. 사무엘상에 나오는 엘리 제사장의 두 아들 홉니와 비느하스는 하나님을 알지 못하는 불량한 사람이라고 성경은 고발한다. 이들은 제사드리기도 전에 제물인 고기를 익히지도 않은 채 갈고리로 꺼내서 먼저 먹었다. 그들도 결국 하나님의 심판으로 죽었다. 제사보다 제물에 관심이 더 많던 사람들이었다. 이것은 하나님의 제사를 멸시한 행위다. 과연 우리가 이들과 같지 않다고 자신할 수 있는가? 우리의 관심은 어디에 있는가?

하나님은 나답과 아비후의 죽음을 통해 우리 안에 있는 껍데기 같은 신앙의 모습이 다 죽기를 바라신다. 우리 안에 마음 없이 행하는 모든 종교 생활을 죽이라고 말씀하신다. 하나님 나라를 향해 걸어가는 순례자들인데도 불구하고 마치 하나님을 만나지 못할 것처럼 여기거나, 어쩔 수 없이 드리는 형식적인 신앙의 태도는 주님 앞에서 모두 죽어야 한다.

주님도 요한계시록에서 라오디게아 교회를 향해 이러한 경고를 하신 적이 있다.

> 내가 네 행위를 아노니 네가 차지도 아니하고 뜨겁지도 아니하도다 네가 차든지 뜨겁든지 하기를 원하노라 네가 이같이 미지근하여 뜨겁지도 아니하고 차지도 아니하니 내 입에서 너를 토하여 버리리라 계 3:15-16

신앙이 미지근하면 뱉어 버리겠다고 말씀하신다. 그분의 입안에 있던 교회를 말이다. 이는 신약성경에서 단 한 번 등장하는데도 충격적이다. 그런 교회는 역겨워 더 이상 참지 못하고 토해 버리겠다는 것이다. 이렇게 과격한 표현을 사용하신 것은 마음 없이 드리는 예배가 그만큼 위험하기 때문이다.

하나님은 점검해 보길 원하신다. '너희는 나를 어떻게 여기느냐' '지금 누구 앞에서 예배를 드리는 것이냐'를. 그래서 말라기 선지자를 통해 이렇게 말씀하신다.

> 눈먼 짐승을 제물로 바치면서도 괜찮다는 거냐? 절뚝거리거나 병든 짐승을 제물로 바치면서도 괜찮다는 거냐? 그런 것들을 너희 총독에게 바쳐 보아라. 그가 너희를 반가워하겠느냐? 너희를 좋게 보겠느냐? 나 만군의 주가 말한다 말 1:8, 새번역

미국의 복음주의 설교자 프랜시스 챈(Francis Chan) 목사는 이 말라기 말씀을 더 심하게 표현하면서 형식적인 현대 신앙인들의 모습을 꼬집었다. "가난한 사람들을 위해 마련된 헌금함 앞에서 마지못해 던져 넣는 천 원짜리 지폐 한 장. 하나님, 이것이라도 드십시오."[16] 그는 이런 마음으로 하나님을 대하고도 우리가 괜찮을 것 같은지 묻는다.

나답과 아비후를 죽이신 하나님은 우리 안에 스며든 속 빈 강정 같은 신앙생활의 습관들, 익숙해진 신앙의 겉치레를 죽이기를 원하신다. 그리고 이 껍데기를 죽이는 과정을 통해 순례의 길을 걷는 이스라엘 백성에게, 모든 교회와 성도에게 이 여행에서 정말 중요한 것이 무엇인지를 가르쳐 주고자 하신다. 그것은 구약부터 신약까지 성경 전체를 관통하고 있는 한 단어다.

> 내가 사람의 방언과 천사의 말을 할지라도 사랑이 없으면 소리 나는 구리와 울리는 꽹과리가 되고 내가 예언하는 능력이 있어 모든 비밀과 모든 지식을 알고 또 산을 옮길 만한 모든 믿음이 있을지라도 사랑이 없으면 내가 아무것도 아니요 내가 내게 있는 모든 것으로 구제하고 또 내 몸을 불사르

게 내줄지라도 사랑이 없으면 내게 아무 유익이 없느니라 고전 13:1-3

주님이 말씀하신다. 사랑이 없으면 아무것도 아니라고 말이다. 사랑이 없는 신앙은 죽음과도 같다. 하나님이 기다리시는 사람은 흠 없는 사람이 아니다. 완전한 사람도 아니다. 부족한 것을 알기 때문에 하나님을 사랑하고 의지하는 그런 예배자들이다.

민수기 본문 말씀을 통해 하나님이 전하시는 첫 번째 메시지는 '하나님 사랑'이 순례자의 생명이라는 것이다. 하나님 나라를 향해 걸어가는 믿음의 순례자들에게 주님이 가장 원하시는 것은 마음속에 하나님을 향한 사랑이 있는 것이다. 하나님을 사랑하지 않는 순례자는 죽은 것과 다름이 없다. 하나님을 사랑하지 않으면서 행하는 모든 종교 행위는 무의미하며 아무것도 아니다.

그렇다면 여기서 중요한 질문이 있다. 미지근해진 우리의 마음을 어떻게 하면 뜨겁게 회복할 수 있는가. 1년, 5년, 10년 얼마나 많은 시간이 흘렀는지도, 또 언제 그렇게 되었는지도 모르게 우리의 마음이 식어 버렸는데 이것을 어떻게 다시 회복할 수 있을까?

어려운 문제일수록 가장 원론적으로 돌아가야 답을 얻을 수 있다. 세상을 살다가 힘들고 어려운 일을 만나면 어떻게 하는가? 당연히 하나님께 마음을 토해 내며 기도하지 않는가. 당신의 자녀가 일에 실패하거나 병이 들었을 때 도와달라고, 살려 달라고 울면서 기도해 본 적이 있는가? 그런데 내 안에 하나님의 사랑이 없다는 것을 알았을 때는 어떻게 하는가? 그때도 이것을 위해 애통해하며 눈물로 기도해야 하는 것 아닌가? 자식을 위해서는 울면서 왜 내 안에 믿음과 사랑이 없는 것에 대해서는 울면서 기도하지 않는가?

이것이 우리 인생에서 가장 중요한 기도가 되어야 한다. 우리를 창조하신 하나님을 뜨겁게 사랑하기 위해서 우리는 기도해야 한다. 그러기 위해서는 주님의 도우심이 필요하다. 성령이 도와주실 때 묵은 땅과 같은 우리의 마음이 기경될 수 있다. 순례자의 생명은 하나님을 사랑하는 것이다. 이 마음 없이 걷는 순례의 길은 고통일 뿐이다.

사랑이 순례자의 힘이다

이번에는 레위인에 대해 말씀하신다. 하나님은 레위인에 대한 소유권을 주장하신다.

> 여호와께서 모세에게 말씀하여 이르시되 보라 내가 이스라엘 자손 중에서 레위인을 택하여 이스라엘 자손 중에 태를 열어 태어난 모든 자를 대신하게 하였은즉 레위인은 내 것이라 처음 태어난 자는 다 내 것임은 내가 애굽 땅에서 그 처음 태어난 자를 다 죽이던 날에 이스라엘의 처음 태어난 자는 사람이나 짐승을 다 거룩하게 구별하였음이니 그들은 내 것이 될 것임이니라 나는 여호와이니라 민 3:11-13

하나님은 특별히 레위인을 선별해서 이스라엘 백성 전체를 대표하는 사람들로 세우시고 자신의 것임을 선언하신다. 그 근거로 출애굽 직전에 애굽의 장자들을 모두 죽일 때 이스라엘의 처음 난 것들을 살려 주신 일을 말씀하시며, 그것을 대신하여 레위인을 갖겠다고 하신다.

성경을 읽어 보면 하나님은 유독 민수기에서 이스라엘 백성에 대한 소유권을 주장하신다. 심지어 3장 40-47절을 보면 하나님이 이스라엘 모든 남자들 중에 처음 태어난 남자들을 계수하라고 하셨는데, 그 수에 비해 레위인의 남자 수가 273명 모자랐다. 그러자 하나님은 그 모자란 수만큼 이스라엘 지파가 5세겔씩 돈으로 보상하도록 하셨다. 말하자면 레위인이 하나님의 것이 되도록 하는 일에 돈을 지불하게 하신 것이다. 이 사건은 장차 예수님이 오셔서 우리를 위해 죽으심으로 말미암아 그분의 목숨 값으로 우리가 주님의 것이 된다는 사실을 미리 알려 주고 있다. 애굽에서 나올 때 이스라엘 장자를 살려 주기 위해서 양의 피가 필요했다. 그 대가를 지불하고 하나님의 백성으로 삼아 주신 것을 기억하게 하시며, 모든 이스라엘 백성을 대신해서 레위인을 하나님의 소유라고 선언하신다.[17]

하나님은 순례의 길을 가는 이스라엘 백성이 자신의 것임을 매우 강조하신다. 나의 백성이라고 말씀하신다. 민수기뿐 아니라 이사야서에서도 "내가 너를 지명하여 불렀나니 너는 내 것이라"(사 43:1)고 말씀하셨고, 예레미야서에서도 "내가 너를 모태에 짓기 전에 너를 알았고… 너를 성별하였고"(렘 1:5)라고 말씀하셨다.

그런데 하나님은 왜 이토록 소유권을 강조하시는 것일까? 그 이유는 우리가 가늠할 수 없는 하나님의 사랑에서 찾아야 할 것 같다.

이스라엘 백성이 가나안 땅을 향해 갈 때 광야에서 그 길을 어떻게 찾아갔을까? 지금처럼 내비게이션이 있거나 휴대전화 어플로 길 찾기를 할 수 있었던 것도 아닐 텐데 말이다. 그들은 그저 하나님이 보여 주시는 불 기둥과 구름 기둥을 따라갔다.

요즘 사람들은 내비게이션을 보고 갈 것이다. 그 내비게이션에는 길도, 강도, 산도 나온다. 가는 길에 무엇이 있는지 알 수 있고, 목적지를 찍어 놓기만 하면 누구나 찾아갈 수 있다. 그런데 하나님은 이 내비게이션에는 나오지 않는 것들이 있다고 가르쳐 주신다.

순례길에는 내비게이션에 나오지 않는 영적인 장애물들이 등장한다. 그래서 유혹에 넘어지고, 하나님의 사랑과 돌보심을 의심하며, 저차원적인 탐욕에 주저앉게 된다.

우리 인생도 마찬가지다. 예상치 못하는 수많은 인간적, 영적 장애물들이 우리 앞에 무차별적으로 다가온다. 하나님이 '내 것'이라고 소유를 강조하시는 것은 바로 이 때문이다. 가족의 문제, 질병의 문제, 나의 발목을 잡는 문제들을 만날 때 당황하지 말라는 것이다. 우리가 주님의 것이기 때문이다. 이런 장애물을 만날 때 우리는 알게 된다. 우리가 어떤 믿음을 가지고 있는지, 그리고 하나님이 우리를 얼마나 사랑하시는지를 말이다.

시골 교회에서 목회할 때 성도가 조금씩 늘면서 성가대가 생겼다. 매일 마룻바닥에서 예배를 드리다가 성전에 의자를 놓기로 했다. 성가대가 의자에 앉을 수 있는 교회가 되었다는 것이 얼마나 기뻤는지 모른다. 그때는 휴대전화도 없을 때라 의자가 도착하는 날 아침부터 교회 앞에 서성이면서 언제 오나 하고 그 길을 종일 쳐다보았다. 오후쯤 되어서 드디어 차 한 대가 들어오는 것이 보였다. 그런데 이게 웬일인가. 우리 마을로 오려면 경사진 길을 내려오다가 90도로 우회전을 해야 하는데, 차가 속도를 줄이지 못하고 방향을 꺾다가 그만 논바닥에 굴러 떨어지고 말았다. 의자는 산산조각이 났고 사방으로 흩어져 버렸다.

나는 그 광경을 보자마자 뛰기 시작했다. 사람이 다치진 않아 천만다행이었다. 그분은 무척이나 미안해했다. 논바닥에 나뒹굴고 있는 의자를 보니 눈물이 핑 돌았다. 시골 분들이 어렵게 모은 헌금으로 마련한 성구인데 다 깨져 버려 마음이 너무나 아팠다. 그런데 고맙게도 회사에서 새것으로 다시 보내 주겠다고 약속했다. 그날 차를 돌려보내고 내가 제일 먼저 달려간 곳은 예배당이었다. 이제 첫 목회를 시작했는데 왜 이렇게 힘들게 하시냐고 따져 물었다. 그때 주님이 말씀하셨다. "너는 내 것이라. 네 할 일은 마음을 다해 정성껏 예배하는 것이다." 그 말씀 속에서 나는 말할 수 없는 하나님의 사랑을 느꼈다. 그분의 마음이 온몸으로 전해져 왔다.

아프면 보이지 않는 것들이 보이게 된다. 나를 사랑하는 하나님이 보인다. 나를 도우시고 지키시는 그분이 보인다. 순례의 길은 이런 하나님의 사랑을 체험하는 길이다. 이스라엘 백성에게 40년 동안 만나와 메추라기를 주셨던 하나님이다. 그 사랑을 보지 못하면 형식적인 신앙에 빠지지만 그 사랑을 보는 자는 하나님께 감사하는 예배를 드리게 된다. 이것이 순례자의 길을 끝까지 갈 수 있게 만드는 힘이다.

하나님이 왜 자꾸만 '너희는 내 것'이라고 말씀하시는지 이제 알겠는가? 이 사랑을 우리에게 꼭 가르쳐 주고 싶으신 것이다. 이 믿음의 길을 걷다가 혹여 예상치 못한 일을 만난다 할지라도 두려워 말라는 것이다. 그 순간 우리가 하나님의 것이라는 사실이 얼마나 큰 힘이 되는지 여호와의 능력을 맛보아 알게 될 것이기 때문이다.

사랑이 곧 순례자의 삶이다

하나님이 전하시는 두 번째 메시지는 바로 '하나님의 사랑을 맛보는 것'이 순례자의 기쁨이라는 것이다. 하나님이 우리를 붙들고 순례의 길을 같이 가신다. 우리는 주님의 것이기 때문이다. 우리를 사랑하셔서 숱한 사망의 골짜기를 건너가게 하신다. 복 중에 복이다. 그래서 순례자의 길은 하나님의 사랑을 체험하는 여정이 된다.

미국 캘리포니아 출신의 나단 바로우(Nathan Barlow) 선교사는 아프리카 에티오피아에서 60년 동안 의료선교 사역을 했다. 그러다 건강이 나빠지자 그의 딸은 미국으로 아버지를 모셔왔다. 하지만 나단 선교사의 마음은 편치 않았다. 그의 마음은 온통 에티오피아 사람들에게 가 있었다. 그곳에서 만난 하나님의 사랑이 자꾸만 그를 불렀기 때문이다. 그는 곧장 다시 아프리카로 돌아갔다. 그러나 안타깝게도 심한 치통으로 다시 미국으로 돌아올 수밖에 없었다. 상심한 그는 치과의사에게 다시는 치통 때문에 선교지를 떠나고 싶지 않다고 매달렸다. 결국 치과의사는 그의 말대로 해주었다. 그가 사랑하는 에티오피아를 떠나지 않도록 모든 치아를 뽑아 버리고 틀니를 해준 것이다.[18] 그는 마지막까지 그 땅을 기쁨으로 섬기다가 하나님 품으로 떠났다. 비록 세상에는 잘 알려지지 않은 선교사이지만 그가 품은 그리스도의 사랑은 그 무엇보다 귀하다.

순례자의 감격이란 이런 것이다. 가진 것이 없어도, 건강하지 못해도 그 사랑을 체험하는 것이다. 하나님의 사랑을 맛보는 것이야말로 순례자의 인생에서 가장 큰 기쁨이다. 그 사랑을 품은 자의 삶이 얼마나 뜨거운지를 본다. 그러니 하나님은 우리가 억지로 따라가기를 원하지 않으신다. 기쁨으로 걸어가기를 원하신다. 천근만근 무거운 걸음이 아니라 뛰노는 암사슴 발 같기를 바라신다. '너는 내 것이라' 말씀하실 때 우리의 대답은 '아멘'이어야 한다.

민수기 5장은 관계에 대한 말씀이다. 자신과의 관계, 사회에서의 관계, 부부의 관계에 대해 다루고 있다. 특별히 우리가 서로에게 죄를 지었을 때 어떻게 해야 하는지 말씀하신다. 이것은 매우 중요하다.

> 여호와께서 모세에게 말씀하여 이르시되 이스라엘 자손에게 이르라 남자나 여자나 사람들이 범하는 죄를 범하여 여호와께 거역함으로 죄를 지으면 그 지은 죄를 자복하고 그 죄 값을 온전히 갚되 오분의 일을 더하여 그가 죄를 지었던 그 사람에게 돌려줄 것이요 만일 죄 값을 받을 만한 친척이 없으면 그 죄 값을 여호와께 드려 제사장에게로 돌릴 것이니 이는 그를 위하여 속죄할 속죄의 숫양과 함께 돌릴 것이니라 민 5:5-8

먼저 지은 죄를 고백해야 한다. 죄라고 느껴지는 것이 있다면 그것에 대해 하나님과 그 사람 앞에서 자백해야 한다. 나아가 그 죄로 피해를 입은 사람에게 값을 지불하되, 오분의 일을 더해서 갚으라고 하신다. 현대 그리스도인들이 용서를 구할 때 쉽게 간과하는 부분이다. 그러나 이 부분을 절대 소홀히 여겨서는 안 된다. 피해를 끼쳤다면 확실하게 갚아야 한다. 상대가 괜찮다는 뜻을 보이기 전에는 무조건 갚아야 하는 것이다.

심지어 보상받을 피해자나 가까운 친족이 없다면 그 죗값을 여호와께 드려 제사장에게 돌리고 제사장은 그를 위해 속죄하라고 하신다. 우리가 남에게 피해를 주는 죄를 범했을 때 하나님은 철저하게 값을 지불하도록 하신다.

이렇게까지 말씀하시는 데는 두 가지 의미가 있다. 하나님은 이미 우리를 용서하셨지만 갚는 행위로 말미암아 우리 안에 있는 마음의 짐을 내려놓게 하시는 것이다. 그리고 오분의 일을 더하라는 데에는 단순히 숫자적 계산 이상의 의미를 담고 있다.

유대의 젊은 청년들이 한 랍비를 찾아갔다. 율법을 공부해 보니 누구를 속이면 어떤 말씀에는 네 배를 갚으라고 되어 있고, 또 어떤 말씀에는 세 배, 또 어떤 말씀에는 오분의 일이라고 되어 있는데 도대체 무엇이 맞는지 물었다. 랍비는 즉답을 하지 않고 오히려 이렇게 되물었다. "너희들은 몇 배를 갚으면 피해자의 마음이 풀린다고 생각하느냐?" 그 말에 청년들은 아무런 대답을 하지 못했다.

이미 상처받은 사람에게 얼마를 갚아야 보상이 되는 걸까? 만약 물질로 해결되지 않는 마음의 생채기가 생겨 버렸다면 그것은 어떻게 갚아야 하는가? 하나님이 이 보상법을 말씀하신 것은 갚을 숫자가 아니라 남에게 상처 주지 않는 삶을 사는 데 관심을 가지라는 의미다.[19]

여기에도 역시 변함없이 흐르는 한 단어가 있다. 사랑이다. 죄를 덜 짓는 길은 이웃을 사랑하는 것이다. 특히 모세오경을 보면 함께 순례하는 나그네들끼리 서로 잘 위해 줄 것을 신신당부하신다. 비록 그 사람과 인간관계가 깨지고 원수가 되었다 할지라도 그 집의 소가 길을 잃고 방황하고 있다면, 그 소를 찾아서 원수의 집에 데려다주는 수고를 하라고 성경은 가르치고 있다. 하나님은 죄에 대해서 용서도 중요하지만 그보다 먼저 사람을 사랑하는 일이 선행되어야 한다고 말씀하신다.

하나님은 선하시다. 하나님은 사랑이시다. 그래서 우리에게도 서로 사랑하라고 부탁하신다. 그 때문에 이웃과 어긋난 관계를 푸는 열쇠도 사랑에서 찾을 수 있다. 이것이 하나님을 사랑하며 이웃을 사랑하는 증거가 되기 때문이다. 하나님이 전하시는 세 번째 메시지는 바로 옆 사람을 사랑하는 것이 순례자의 삶이라는 것이다.

그렇다면 우리 안에 정말로 그 사랑이 있는가?

프랜시스 챈 목사는 자신 안에 사랑이 있는지를 생각해 보았다. 그리고 성도들과 어떻게 이 마음을 나눌까 고민하다가 고린도전서 13장에 나오는 사랑이라는 단어에 자신의 이름을 넣어 보았다고 한다. 각자 자신의 이름을 넣어서 한번 읽어 보자.

> (사랑은) 오래 참고 (사랑은) 온유하며 (사랑은) 시기하지 아니하며 (사랑은) 자랑하지 아니하며 (사랑은) 교만하지 아니하며 (사랑은) 무례히 행하지 아니하며 (사랑은) 자기의 유익을 구하지 아니하며 (사랑은) 성내지 아니하며 (사랑은) 악한 것을 생각하지 아니하며 (사랑은) 불의를 기뻐하지 아니하며 (사랑은) 진리와 함께 기뻐하고 (사랑은) 모든 것을 참으며 (사랑은) 모든 것을 믿으며 (사랑은) 모든 것을 바라며 (사랑은) 모든 것을 견디느니라 고전 13:4-7

이름을 넣어 보니 어떤가? 우리 자신이 어떤 모습인지 그대로 드러나지 않는가? 남의 이야기가 아닌 나의 이야기가 되어야 한다.

미국에서 '중산층을 꿈꾸는 상류층(Aspiring to the Median)'이라는 운동이 일어난 적이 있다. 말하자면 경제적으로 평균 이상의 수입을 올리는 부유한 사람들이 스스로 중산층이 되려고 하는 운동이다. 중간 정도의 삶만 유지하고 나머지는 사회에 환원하여 어려운 사람들을 돕겠다는 취지로 시작되었다.[20]

누군가는 이렇게 자신이 할 수 있는 방식을 찾아 이웃을 사랑해 보고자 노력한다. 그렇다면 이런 운동에 직접 참여할 수는 없더라도 내 상황에 맞게 내 옆에 있는 힘든 사람, 도와 줄 사람을 돌아보면서 살 수는 없을까? 이것에 대한 마음을 놓지 않는 것이 순례자의 길이 아닐까?

하나님은 형식이나 겉모습이 아니라 우리의 마음을 보시는 분이다. 순례자는 그 마음의 중심이 하나님을 향한 사람이다. 부디 하나님을 사랑하는 마음으로 순례의 길을 걸어가길 바란다. 그리고 하나님의 사랑을 맛보며 기쁨으로 나아가되, 돌아봐야 할 이웃을 생각하는 걸음이길 바란다. 이 길을 걸으면서 고단하고 힘들 때도 있겠지만, 순례의 길 끝에 하나님은 우리가 얻게 될 영원한 기업, 그 영광의 나라에 참여하는 완전한 은혜를 준비해 두셨다.

그 나라에 가기까지 우리는 기억해야 한다. 사랑이 없으면 우리의 예배는 형식이 된다. 그러나 사랑이 회복되면 예배는 감격이 된다. 사랑이 없으면 내 삶의 거룩은 무너진다. 그러나 사랑이 회복되면 거룩해지기를 갈망한다. 그러니 하나님을 사랑하되 뜨겁게 사랑하는 자가 되게 해 달라고 기도해야 한다. 순례자의 길은 하나님을 사랑하는 마음 없이는 죽음과도 같은 길이기 때문이다. 그러나 그 마음이 있다면 비록 광야라 할지라도 마지막 순간까지 기쁨으로 갈 수 있다.

탕자를 껴안아 주시던 하나님 아버지의 사랑, 그 사랑은 우리가 태어나기 전부터 있었고, 우리가 죽은 후에도 있을 것이다. 50년, 60년, 70년,

100년의 삶은 한순간에 지나지 않는다. 그 기간은 "예, 저도 하나님을 사랑합니다"라고 고백하도록 우리에게 주어진 시간이다.[21]

3장

순례자의 정신

민수기 6-8장

하나님을 따르는 삶은 의미부터가 다르다.
'나'를 떠나 '하나님'을 향하라는 부르심이기 때문이다.
곧 하나님을 우리 존재의 중심에 모시라는 부름이다.
기꺼이 '나'를 내려놓고 점차 '주님,
제가 아니라 주님이십니다'라고 아뢰는 것이다.[22]
이 고백을 가지고 걸어가는 자는
어느 곳에서든지 순례자다.

하나님을 진정으로 믿는 사람, 구원의 감격이 있는 사람에게는 한 번쯤은 주님을 위해 자신의 삶을 드려 보고 싶은 작은 소원이 있다. 그래서 목회자로, 선교사로 결단하는 분들도 있지만 또한 자기 삶의 영역에서 헌신하고 싶어하는 분들도 있다.

이런 마음이 들 때, 성경에는 곧바로 실천에 옮길 수 있도록 하는 제도가 소개되어 있다. 바로 구약성경에 나오는 '나실인 제도'다. 나실인은 '나자르'라는 히브리어 동사에서 왔는데 '구별되었다' '거룩하게 성별되었다'라는 의미를 가지고 있다.[23] 그래서 나실인은 하나님께 드린 구별된 사람이란 뜻이다.

그러면 어떤 사람이 나실인이 될 수 있을까? 성경에 보면 나실인은 남자나 여자나 원하는 사람이면 누구든지 될 수 있다. 하나님께 특별한 시간을 드리고 싶은 사람은 누구든지 자원해서 섬길 수 있도록 그 문을 열어 두었다. 구약시대에 성막의 일을 맡은 제사장이나 레위인은 자원제가 아니었다. 이들은 이미 선택되었으며 그중에서 모집해 일을 맡겼다. 그러나 일반 열두 지파 가운데 하나님의 일을 하고 싶은 사람은 나실인으로 서원했다. 이렇듯 제사장이나 레위인과 다르게 일반 사람들 중에서 자신의 삶을 드려 섬기는 사람들을 나실인이라고 불렀다. 이들은 일정 기간 하나님께 헌신하는 시간을 가졌다.

랍비들의 전승에 의하면, 나실인이 자기를 드리는 최소

한의 기간은 30일이었다고 한다. 그 뒤부터는 1년이고 2년이고 원하는 만큼 작정할 수 있었다. 그런데 평생을 나실인으로 산 사람도 있다. 그 대표적인 인물이 삼손과 사무엘이다.[24]

하지만 나실인으로 서원하게 되면 이 모든 날 동안 절대로 해서는 안 되는 세 가지가 있다. 포도와 관련된 것을 먹으면 안 되고, 머리카락을 잘라서도 안 되며, 시체를 가까이해서도 안 된다. 이 세 가지를 철저하게 지켜야만 한다. 이는 하나님께 자신을 드리는 그 순간부터 구별된 삶을 삶으로써 어느 누가 보아도 나실인임을 알 수 있도록 하기 위함이다. 또한 그 사람을 바라보는 사람들에게 도전을 주기 위함이다. 그래서 사람들의 신앙을 계속해서 일깨워 주는 것이 나실인의 사명이라고 할 수 있다.

그렇다면 나실인을 통해서 오늘날 신앙의 길을 걸어가는 순례자들에게 주시는 그리스도의 정신은 무엇인지, 민수기 6~8장의 말씀을 통해 나누고자 한다.

주님만 붙들고 가겠다는 마음

> 포도주와 독주를 멀리하며 포도주로 된 초나 독주로 된 초를 마시지 말며 포도즙도 마시지 말며 생포도나 건포도도 먹지 말지니 자기 몸을 구별하는 모든 날 동안에는 포도나무 소산은 씨나 껍질이라도 먹지 말지며 민 6:3-4

먼저 나실인은 포도와 관련된 것은 아무것도 먹을 수가 없다. 포도주, 포도즙, 생포도, 건포도 등 그 어떤 것도 안 된다. 아무리 포도를 좋아한다 해도 나실인이 된 순간부터는 끊어야 한다. 물론 서원 기간이 끝나면 얼마든지 자유롭게 먹을 수 있었다.

그런데 하나님은 왜 나실인에게 포도를 먹지 말라고 하신 것일까? 포도를 금하신 데에는 영적인 의미가 담겨 있다. 포도는 나무를 심은 뒤 열매를 거두기까지 보통 3년이 걸린다. 나무의 열매를 먹기 위해서는 한곳에 정착해야 한다. 그런데 이스라엘 백성은 지금 광야를 건너 약속의 땅을 향해서 순례를 하고 있는 중이다. 광야는 나무를 심고 정착할 곳이 아니라 머물다 떠나야 하는 곳이다. 나실인에게 포도원(vineyard)은 이 땅에 영원히 정착하는 것을 상징한다.[25] 광야를 지나는 길에 혹시라도 하나님의 백성이 가야 할 곳을 망각한 채 그곳을 종착역이라고 생각할까 봐 포도나무에서 나오는 모든 것을 금하신 것이다. 그것은 순례자의 정신을 가르쳐 주시기 위함이다. 나실인이 포도나무와 관련된 것을 거절하는 행동은 더 나은 본향이 있음을 확신하고 보여 주기 위함이다. 이 세상은 우리의 고향이 아님을 보여 주는 것이다.

또한 한곳에 정착해 포도나무를 심고 집을 지으면, 다음 세대는 자신들이 심지도 않은 것을 물려받게 된다. 이 과정에서 의지하는 대상이 쉽게 바뀔 수 있다는 위험이 있다. 광야에서는 하나님만 의지해 살았는데 정착 후 새로운 자원과 물질의 유익을 누리다 보면 이 모든 것을 공급하시는 하나님보다 물질적 풍요를 더 바라보게 될 수 있다. 그렇게 자기도 모르는 사이에 의지의 대상이 서서히 바뀌게 되는 것이다.[26] 이런 유혹과 어리석음을 막기 위해 하나님은 포도에서 나오는 것을 먹지 말라고 권면하셨다.

이 말씀을 우리 현실로 가져와 보겠다. 우리 삶은 계속 이동하는 것이 아니라 한곳에 정착해서 생활하는 문화적 형태를 가지고 있다. 그렇다면 이 나실인의 태도가 오늘을 살아가는 우리에게 주는 메시지는 무엇일까?

그것은 어느 곳에 살든지 인생은 광야라는 사실을 잊지 말라는 것이다. 그리스도인은 매일 광야를 지나고 있는 사람들이다. 광야를 걷는 사람은 주님을 의지하는 사람이다.

히브리서 11장에서 말하는 믿음의 사람은 언제나 나그네 정신을 가지고 사는 사람이다. 그들은 늘 본향을 그리워한다. 이처럼 자신의 인생을 광야라고 인정하는 사람은 끝까지 영원한 도성, 본향을 바라보며 걸어가게 된다. 포도를 볼 때마다 떠올리기 바란다. 인생은 광야라는 것을, 우리가 정착할 곳은 세상이 아니라 하나님 나라임을 말이다.

나실인에게 포도나무에서 나는 것을 금지하신 일을 통해 가르쳐 주시는 순례자의 정신 첫 번째는 '오직 주님만 붙들고 걸어가겠다는 마음'이다. 먹지 않음으로 언제나 주님만 의지하겠다는 각오다. 그러므로 나실인이 포도에서 나오는 모든 것을 거절할 때, 더 나은 본향을 향해 나아가는 사람이 가지는 헌신을 보다 분명히 드러낸다.

우리는 인생이라는 광야를 걷고 있다. 그곳에서 우리가 평생 의지해야 할 것은 포도나무가 아니라 하나님 한 분이다. 이것이 순례자의 정신이다. 목적지에 도착할 때까지 주님만 붙들고 걸어가는 신앙인이 되길 소망한다.

세상과 구별되어 살겠다는 의지

다음은 나실인의 날 동안 금해야 하는 두 번째 규례에 대해 알아보고자 한다.

> 그 서원을 하고 구별하는 모든 날 동안은 삭도를 절대로 그의 머리에 대지 말 것이라 자기 몸을 구별하여 여호와께 드리는 날이 차기까지 그는 거룩한즉 그의 머리털을 길게 자라게 할 것이며 민 6:5

나실인 기간에는 머리를 자를 수 없다. 하나님을 섬기기로 한 기간이 10년이라도 절대 머리를 잘라서는 안 된다. 그렇다고 해서 지저분해도 된다는 것으로 오해하지 말기 바란다. 씻지도 않고 살라는 말씀이 아니다. 하나님이 머리를 자르지 못하게 하신 이유는 눈에 보이는 분명한 증거를 위해서다.[27]

머리를 기르게 되면 사람들 속에서 그가 나실인임이 금방 드러난다. 눈에 띄라는 것은 자신을 자랑하거나 남보다 앞서야 한다는 의미가 아니라 세상과 다름을 보이라는 메시지다.

하나님께 자신을 드린 사람은 자신이 속한 공동체나 일터에서 일반 사람들과 다르게 사는 모습을 보여야 한다. 말과 행동, 우리의 모든 삶에서 예수 믿는 사람은 뭔가 다르다는 증거가 있어야 한다. 왜냐하면 우리는 그리스도의 편지이며, 향기이기 때문이다. 우리를 통해 그리스도가 전해져야 하기 때문이다. 우리는 그리스도인이라는 증거가 나실인의 그 긴 머리처럼 드러나 있는가?

어느 날 한 가정을 심방했는데 그분이 20년 전 이야기를 불쑥 꺼냈다. 당시 그분의 남편은 신앙생활을 하지 않았는데 그 가족 중 한 분이 한인 슈퍼마켓을 운영했다. 그동안 우리 교인들은 그 가게에서 물건을 샀다. 그런데 공교롭게도 우리 교인 중 한 분이 길 건너편 멀지 않은 곳에 한인 슈퍼마켓을 열었다. 나는 개업 예배를 인도하러 갔을 때 참석한 교인들에게 이런 부탁을 했다. 오늘 우리 교인이 가게를 차렸으니 물론 이곳에도 오셔야 하지만 이전에 다니던 저 건너편 가게에도 가 달라고 말이다. 한 번은 이곳에, 한 번은 저곳에 가서 물건을 사면 좋겠다고 말이다. 사실 이 생각은 개업 예배에 가기 전, 어떻게 하면 좋을지를 놓고 기도할 때 주님이 주신 마음이었다. 그런데 놀라운 것은 이 이야기를 건너편 가게 주인이 전해 듣고는 무척이나 고마워하면서 20년이 넘은 지금도 그때의 일을 이야기하고 있다는 것이다.

하나님을 믿는 사람들은 나만 잘되면 된다는 생각을 가져서는 안 된다. 주님의 마음은 우리 모두 그분의 긍휼 안에 머물며 잘되는 것이 아니겠는가? 이것이 바로 그리스도인의 정신이다.

세상은 이렇게 우리의 이야기를 듣고 있다. 우리가 살아가는 모습을 지켜보고 있다. 긴 머리는 단순히 겉모습의 변화가 아니라 그리스도께 바친 삶의 모습이 분명히 드러나 복음의 증인이 되라는 메시지다.

신약성경에도 그리스도인의 삶에 대한 공명이 있다. 주님을 따르는 길은 새로운 방향으로 옮겨 가는 삶이다. 이전의 삶에서 돌이켜 새로운 방향, 즉 그리스도께로(Christward) 나아가는 것이다.[28] 그리고 순례자는 새로운 방향만 바라보는 것이 아니라 그 안으로 걸어 들어가기 시작한 사람이다.[29]

하나님의 살아 계심을 드러내기

마지막으로 나실인에게 금지된 한 가지는 시체를 만지지 말라는 것이다.

> 자기의 몸을 구별하여 여호와께 드리는 모든 날 동안은 시체를 가까이하지 말 것이요 그의 부모 형제자매가 죽은 때에라도 그로 말미암아 몸을 더럽히지 말 것이니 이는 자기의 몸을 구별하여 하나님께 드리는 표가 그의 머리에 있음이라 민 6:6-7

나실인은 절대로 시체를 만지지 못하도록 했다. 심지어 가족이 죽었을 때조차 만지지 말라고 하셨다. 부모님이 돌아가셨을 때 또는 배우자나 형제자매와 이별했을 때, 그 슬픔을 무엇으로 표현할 수 있을까? 가족이 세상을 떠났다면 그 슬픔을 토해 내야 상실의 감정을 조금이라도 달래지 않겠는가? 그런데 떠나보내는 그 순간마저도 돌아가신 분을 만지지 못하게 하고 있다. 인간적인 생각으로는 어쩌면 많이 섭섭한 말씀일 수 있다. 인간의 도리가 아닌 것만 같다.

그런데 왜 하나님은 이토록 매정해 보이는 행동으로 구별을 요구하실까? 시체를 가까이하지 말라고 하신 데에는 어떤 영적인 의미가 담겨 있는 것일까?

하나님이 살아 계신 분이기 때문에 그렇다. 하나님은 생명을 창조하셨고 또한 우리의 생명을 주관하고 통치하시는 분이다. 그렇기에 나실인이 생명이 없는 것을 만지지 않도록 함으로써 그 안에 하나님의 생명이 있음을 분명하게 하신 것이다.[30] 죽은 것을 만져서 믿음이 죽은 것처럼 되지 않도록 하기 위한 상징적인 행동이다. 언제 무슨 일을 만나더라도 우리 안에 살아 계신 하나님이 있다는 것을 세상에 알리기 원하시기에 시체를 만지지 말라고 금하신 것이다.

만일 실수로 시체를 만지게 될 경우 지금까지 나실인으로 살아온 날들이 전부 무효가 된다. 당장에 머리를 밀고 속죄제를 드린 뒤 다시 처음부터 새롭게 시작해야 한다.[31] 그만큼 이 일은 엄격하고 중요하게 다루어졌다.

이런 행위에 담긴 뜻은 우리의 믿음이 죽지 않도록 경계하라는 것이다. 살아 계신 하나님과 관계가 단절되지 않도록 하라는 의미다. 나실인은 자신의 삶을 바친 사람이기 때문에 반드시 믿음이 살아 있어야 하며, 그것이 하나님과 나의 관계 속에 드러나야 한다.

그러나 인생을 살다 보면 내가 시체를 만진 것도 아닌데, 어떤 고난과 시련으로 인하여 내 믿음이 죽은 것처럼 되어 버릴 때가 있다. 마치 믿음이 없는 것처럼 나를 만들어 버릴 때가 있다. 하지만 그러한 상황에서도 믿음이 펄떡이며 살아 있도록 오히려 믿음으로 선포하며 나아가는 그리스도인이 되라고 이 나실인을 통해 권면하는 것이다.

나실인을 통해 가르쳐 주시는 두 번째 순례자의 정신은 '다르게 살겠다는 정신'이다. 순례자는 단순히 길을 걸어가는 사람이 아니다. 믿음이 죽을 것 같은 상황에서도 살아 계신 하나님을 바라보고 걸어가는 것이 순례자다. 언제나 살아 계신 하나님의 임재를 가지고 살아가는 신앙인이 되길 바란다.

순례자는 주님이 주시는 것을 기다린다

이렇게 나실인의 세 가지 금지 사항을 말씀하신 후 하나님은 끝으로 제사장들이 나그네 길을 걷는 백성을 위해 어떻게 기도해야 하는지를 가르치신다.

> 여호와께서 모세에게 말씀하여 이르시되 아론과 그의 아들들에게 말하여 이르기를 너희는 이스라엘 자손을 위하여 이렇게 축복하여 이르되 여호와는 네게 복을 주시고 너를 지키시기를 원하며 여호와는 그의 얼굴을 네게 비추사 은혜 베푸시기를 원하며 여호와는 그 얼굴을 네게로 향하여 드사 평강 주시기를 원하노라 할지니라 하라 민 6:22-26

광야를 걷는 사람들에게 제일 필요한 것은 무엇일까? 아마도 먹는 것일 테다. 또한 안정된 도시에 정착하는 것일지도 모른다. 그런데 지금 이동하고 있는 백성을 위해 하나님은 제사장들에게 축복기도를 명하신다. 신앙의 길을 걷는 순례자들에게는 세상이 알지 못하는 축복이 있다. 그것은 하나님이 베푸시는 복이다. 우리의 생각을 뛰어넘으시는 그분의 특별한 사랑이다.

성경을 읽다 보면 어느 순간 설명이 필요 없을 때가 있다. 말씀 자체가 곧 능력임을 깨닫는 순간이다. 거기에는 아무런 설명도 필요하지 않다. 그럴 때 나는 컴퓨터 파일에 그 말씀을 옮겨 놓는다. '말씀으로 말씀하라.' 이것이 파일의 제목이다.

지금 비바람 불고 캄캄한 어둠 속의 광야를 걷는 분이 있다면 이 기도를 다시 읽어 보기 바란다. 나는 이 축복기도의 제목을 '하나님의 마음'이라고 이름 붙였다. 하나님이 알려 주신 이 기도는 우리를 향한 하나님의 마음이다.

그 마음은 무엇보다 우리를 생각하고 돌보기 원하시는 마음이다. 우리를 지켜 주기 원하시는 마음이다. 은혜 베푸시기 원하며, 가정마다 평강 주시기 원하는 마음이다. 이토록 뜨거운 주님의 마음을 모른 채 지나온 시간이 얼마나 많았던가?

나실인이 자신을 바치는 것이 하나님께 드리는 사랑이라면, 이 축복기도는 하나님이 우리에게 주시는 사랑이다. 주님이 왜 무엇을 먹을까, 무엇을 입을까 염려하지 말라고 하셨는지 이해가 된다. 이토록 우리를 생각하시는 분이기 때문이다.

하나님 나라를 향해 걸어가는 우리에게 이 기도를 통해서 주님이 질문하시는 것 같다. '너희는 누구를 바라보고 있느냐?' '너희는 무엇을 기다리고 있느냐?'

하나님은 이스라엘 백성에게 40년 동안 만나와 메추라기를 공급하신 분이다. 우리에게도 평생의 만나와 메추라기가 있다. 밤이 지나고 아침이 온다. 매일 아침을 주시는 것이 매일의 만나다. 하루 종일 해만 떠서 모든 것이 메마르지 않도록 저녁에는 달도 별도 뜨고 비와 구름과 바람도 주신다. 심심하지 않도록 봄 여름 가을 겨울도 주신다. 이 모든 자연이 하나님이 우리에게 베푸시는 매일의 만나요 은총이다.

순례자는 갑자기 인생이 바뀌는 대박을 기다리는 자들이 아니다. 이 축복의 말씀을 가슴에 품고 주님을 기다리는 자들이다. 광야는 기다리는 곳이다. 풀 한 포기도 자라기 어려워 사람이 살 만한 곳이 아닌 것처럼 보이지만 우리 하나님은 그곳에 길을 내고 강을 내신다. 우리가 배우는 마지막 순례자의 정신은 '주님이 주시는 것을 기다리겠다는 마음'이다. 이것이 주님의 소원이기 때문이다.

우리는 오늘도 순례의 길을 걸어가고 있다. 이 길을 걷다 보면 세상에 있는 것들이 너무나 크고 좋아 보일 때가 있다. 그러나 우리 인생은 광야임을 기억하기 바란다. 더 나은 본향으로 나아가고 있다는 것을 기억하기 바란다.

"끝까지 주님만 붙들고 걸어가겠습니다. 다르게 살아가겠습니다. 주님이 주시는 것을 기다리겠습니다." 이 순례자의 정신이 우리 인생에 깊이 새겨지는 영적 교훈이 있기를 기도한다.

4장

믿음으로 걷는 길

민수기 9-10장

하나님은 광야에서 지도를 내어주지 않으신다.
주님 없이 그 광야를 건너게 하기 위함이 아니라
주님의 인도하심만 의지하고 건널 수 있도록
밀어붙이기 위함이다.[32]
광야는 버림받는 곳이 아니라 하나님의 보호를 받는 곳이다.
순례의 길은 홀로 걷는 외로운 길이 아니라
주님과 동행하는 기쁨의 길이다.
주님이 길이심을 발견하는 곳, 그곳이 광야다.

하나님 나라를 향해 걸어가는 순례자들에게는 두 개의 눈이 필요하다. 이 세상을 바라보는 지혜의 눈과 하나님 나라를 바라보는 믿음의 눈이다.

순례자는 결코 이 세상을 외면하고 살아가는 현실도피 주의자가 아니다. 현재의 삶과 영원한 삶의 균형을 가진 사람이다. 이 세상에 몸담고 있는 천국 시민으로서 가정과 직장, 내 모든 삶의 영역을 성실히 살아 내고자 애쓰는 사람이다. 주님이 우리에게 가르쳐 주신 기도처럼 하나님의 나라와 그 뜻이 이 땅에서 이루어지길 소망하는 사람이다. 그래서 순례자는 믿음을 이 땅에 실현시키고자 하는 현실 주의자다.

수고롭게 일한 뒤 땀을 닦아 내는 농부처럼, 순례자에게는 하나님의 말씀에 순종하기 위해 몸부림친 그 치열한 싸움의 흔적이 있어야 한다. 농부의 귀한 땀방울처럼 순례자가 흘린 땀은 아름답다. 그러니 자신의 몸에서 그 땀 냄새가 나는지 부단히 살펴봐야 한다.

하나님은 민수기 9장과 10장에서 순례자로서 믿음의 길을 걸어가는 사람들에게 중요한 세 가지를 말씀하신다.

첫째는 믿음으로 잘 걸어가기 위해서 유월절을 지키라고 말씀하신다. 둘째는 구름 기둥의 인도를 받으라 하신다. 셋째는 나팔을 불라고 하신다. 이것은 유월절을 통해 과거에 하나님이 보여 주신 구원을 기억하게 하고, 구름 기둥을 통해 약속대로 미래를 인도하실 하나님을 바라보게 하며, 나팔을 붊으로 현재 하나님이 그들에게 전부임을 잊지 않게 하는 삼중적 차원의 은혜다.[33] 이 세 가지 말씀을 생각해 보면서 오늘날 우리에게 주시는 영적인 메시지가 무엇인지 나눠 보고자 한다.

광야에서 우선순위는 예배다

하나님은 광야를 건너가는 순례자들에게 먼저 유월절을 지키라고 명령하신다.

> 애굽 땅에서 나온 다음 해 첫째 달에 여호와께서 시내 광야에서 모세에게 말씀하여 이르시되 이스라엘 자손에게 유월절을 그 정한 기일에 지키게 하라 그 정한 기일 곧 이 달 열넷째 날 해 질 때에 너희는 그것을 지키되 그 모든 율례와 그 모든 규례대로 지킬지니라 모세가 이스라엘 자손에게 명령하여 유월절을 지키라 하매 그들이 첫째 달 열넷째 날 해 질 때에 시내 광야에서 유월절을 지켰으되 이스라엘 자손이 여호와께서 모세에게 명령하신 것을 다 따라 행하였더라 민 9:1-5

유월절은 이스라엘 민족이 지키는 3대 절기(유월절, 맥추절, 초막절) 중 하나다. 특히 애굽에서 종살이하던 이스라엘을 인도해 내신 하나님을 기억하며 지킨 중요한 날이다. 첫 달 14일에 어린 양을 잡아서 그 피는 문설주에 바르고 고기는 불에 구워 먹었다. 그리고 이튿날부터 일주일간은 애굽에서 급히 탈출하면서 누룩이 없는 떡을 만든 그때의 고난을 생각하며 맛없는 무교병, 즉 누룩 없는 떡을 먹는 무교절을 지켰다.

유월절을 지키라고 하신 하나님의 뜻은 무엇일까? 우리 인생에도 생일이나 결혼기념일 등 저마다 중요하게 지키는 날이 있다. 이런 날들을 기념하면서 그 사람이 얼마나 소중한가를 다시 한 번 느끼게 된다. 때문에 유월절을 지키라는 말씀 속에는 하나님이 우리에게 얼마나 특별하고 소중한 분인가를 다시 기억해 보라는 의미가 있다.

그런데 여기서 한 가지 짚고 넘어가야 할 것이 있다. 이스라엘 백성이 애굽을 떠나서 약속의 땅을 향해 떠난 순례의 출발점이 언제인가 하는 점이다. 바로 유월절 다음 날이다. 우리 역시 천국을 향해 나선 길이 언제부터인 줄 아는가? 자신이 예수 그리스도를 믿음으로써 거듭난 날부터다. 애굽에서 해방되었듯이 죽음을 뛰어넘는 내 삶의 유월절이 있던 날부터 그 순례는 시작된다. 자신의 삶 속에 유월절의 체험이 없는 사람은 아직 순례가 시작된 것이 아니다.

훗날 이스라엘 백성 중에 광야를 지나면서 불평하는 사람들이 등장한다. 이들의 불평과 탐욕은 전염병처럼 퍼져 나갔다. 성경에서는 그들을 가리켜 '이스라엘 백성 가운데 섞여 사는 무리'라고 표현한다. 다른 번역에는 '중다한 잡족'이라고 말한다. 이 사람들은 순례자가 아니다. 그들은 길에서 빠질 수도 있다. 그런데 놀랍게도 9장 14절에서 하나님은 타국인이 이스라엘 중에 거류하며 유월절을 지키기 원한다면 동일하게 지키도록 배려하셨다. 이스라엘 사람으로 태어나야 하는 것이 아니라 믿음으로 하나님 앞에 나오는 자는 누구든지 그 은혜의 약속을 받을 수 있는 절기인 것이다.[34] 유월절은 하나님 앞에 나오는 모든 자에게 평등하게 열려 있는 하늘나라 잔치의 예고편이었다. 이렇듯 유월절을 지킨다는 것은 그때 애굽에서 건져 주신 하나님이 오늘 우리가 어떤 문제를 만나더라도 반드시 건져 주시리라는 믿음의 확신을 갖는 것이다.[35]

이스라엘 백성은 광야에서 유월절을 지켰다. 인생은 매일이 광야와 같다. 미래에 어떤 장애물이 나타날지 모르지만 하나님 앞에서 어려운 것은 아무것도 없다.[36] 불가능한 상황에서도 하나님은 일하신다. 불가능은 나의 시선이지 하나님의 시선이 아니다. 바로 이 믿음을 회복하는 것이 유월절이다. 여러분의 삶에도 이 유월절이 기억되길 바란다.

그렇다면 유월절을 지키기 위해서는 어떻게 해야 할까? 이스라엘 백성은 40년 동안 광야를 통과해야 했다. 한시라도 빨리 약속의 땅 가나안에 들어가는 것이 모두의 바람이었을 것이다. 하지만 유월절을 지키기 위해서 그들은 가던 길을 멈추었다. 일주일 동안 행진을 중단하고 구원의 하나님을 예배했다.

순례자는 걷는 법만 배우지 않는다. 멈추는 법도 배워야 한다. 그것은 하나님의 하나님 되심을 신뢰하고 예배하기 위해서다. 구원의 하나님을 기억함으로 오늘 어려움에서 건지시는 분이 누구인지를 분명하게 깨닫기 위함이다. 전능하신 하나님을 바라보며 우리의 걸음을 멈출 때, 그 하나님 앞에서 우리 모든 삶의 문제는 멈출 것이다.

성경은 새로운 유월절이 우리 인생에서 일어날 수 있다고 예고한다. 우리가 원해서가 아니라 다른 여러 이유 때문에 가던 길을 멈추어야 할 날이 있다. 뜻밖에 찾아오는 질병은 우리 걸음을 강제로 멈추게 한다. 이 멈춤의 시간은 너무나 고통스럽고 힘들다. 그러나 기독교 신앙에는 신비가 있다. 병이 깊은 사람일수록, 죽음의 위협을 느끼는 사람일수록 그 멈춤의 시간에 죽음보다 크신 하나님을 찾게 된다. 그날 찾는 하나님은 나의 죽음을 이기시는 하나님이다. 힘든 그 시간이 오히려 나를 죽음과 두려움에서 건져 내는 전능하신 하나님을 의지하고 체험하는 유월절이 될 수 있다. 그것이 기독교 신앙의 신비다.

당신의 가정에 이런 질병과 고난이 에워싸고 있다면 부디 그것이 유월절을 체험하는 자리가 되길 바란다. 믿음으로 걸어가는 우리에게 가르쳐 주시는 첫 번째 메시지는 바로 이것이다. 그리스도인의 걸음에는 '멈춤'이 있어야 한다. 멈춘다고 해서 도태되는 것이 아니다. 주님과 함께 더욱 힘차게 나아가기 위한 준비다. 순례자는 주님을 기억하기 위해 멈출 줄 알아야 한다. 그래야 목적지에 도착할 수 있다.

광야에서는 영적 감각이 깨어난다

다음은 구름 기둥에 관한 이야기다. 하나님은 순례자들에게 구름을 따라 걸어가라고 말씀하신다.

> 구름이 성막에서 떠오르는 때에는 이스라엘 자손이 곧 행진하였고 구름이 머무는 곳에 이스라엘 자손이 진을 쳤으니 이스라엘 자손이 여호와의 명령을 따라 행진하였고 여호와의 명령을 따라 진을 쳤으며 구름이 성막 위에 머무는 동안에는 그들이 진영에 머물렀고 민 9:17-18

구름에 관한 이 두 구절은 읽을 때마다 감동스럽다. 우리는 내 마음대로 사는 것에 익숙한데 이들은 구름, 즉 하나님의 인도하심을 따라가고 있다.

이스라엘 백성은 40년을 걸어가면서 구름이 뜨면 움직이고 구름이 머물면 멈추었다. 순례자는 가고 싶을 때 가고, 쉬고 싶을 때 쉴 수 없다. 이동할 때와 머물러야 할 때를 내가 아닌 주님이 결정하신다. 구름은 이스라엘 백성이 하나님을 의지하도록 시험하는 도구였다.[37] 항상 위험이 도사리고 있는 광야에서 이스라엘 백성이 이동해야 할 날과 머물러야 할 최적의 때가 언제인지 하나님은 알고 계신다. 그렇기 때문에 순례자는 지금이 떠날 때인지 멈출 때인지 분별하는 감각이 살아 있어야 한다.

지금처럼 휴대전화가 보편화되기 전에는 지인들의 전화번호를 대부분 암기했다. 그때는 수십 개의 번호도 거뜬히 외웠다. 그런데 요즘은 휴대전화가 없으면 힘들다. 할 수 있는 능력이 없는 것이 아니라 우리가 사용하지 않는 것이다. 기계도 쓰지 않으면 녹슬듯이 사람의 뇌와 감각도 점차 퇴화되고 둔해지는 것은 당연하다.

영적 감각도 마찬가지다. 하나님은 이스라엘 백성뿐 아니라 우리 신앙인이 영적 감각을 잃어버리지 않기를 원하신다. 누구에게나 믿음이 연약해지는 날이 있다. 하나님 없이 홀로 걷다가 넘어지는 날도 있다. 하지만 하나님은 이스라엘 백성이 영적으로 실패하고 넘어진 날에도 결코 구름을 거두어 버리신 적이 없다.[38] 이것이 은혜요 감사다. 그래서 이스라엘은 언제나 변함없이 동행하시는 하나님의 사랑(unfailing companionship)을 의지할 수 있었다.[39]

사람이 나이가 들면서 육적인 감각이 떨어지는 것은 충분히 이해할 수 있다. 그러나 영적인 감각은 세월이 흘러도 간직할 수 있다. 아니 오히려 하나님이 무엇을 원하시는지 더욱 잘 알 수도 있다. 그 감각을 가지고 걸어갈 때, 순례자는 이 믿음의 여정이 하나님의 뜻 안에 있다는 것과 모든 걸음이 주님의 인도하심 아래 있음을 발견하게 될 것이다.[40]

> 혹시 구름이 저녁부터 아침까지 있다가 아침에 그 구름이 떠오를 때에는 그들이 행진하였고 구름이 밤낮 있다가 떠오르면 곧 행진하였으며 이틀이든지 한 달이든지 일 년이든지 구름이 성막 위에 머물러 있을 동안에는 이스라엘 자손이 진영에 머물고 행진하지 아니하다가 떠오르면 행진하였으니 민 9:21-22

구름이 머물러 있을 때는 한 달이든지 일 년이든지 떠나지 않았다. 아무리 가고 싶어도 그때는 움직이지 않았다. 그러나 구름이 떠오를 때는 비바람이 거세게 불어도 가야 했다. 아무리 위험해 보여도 출발해야 했다. 구름이 이스라엘 백성의 길을 인도한 것처럼 순례자는 주님이 인도하신다. 하나님은 날마다 우리의 인도자가 되길 원하신다. 광야에서 그들을 인도한 것은 구름 기둥과 불 기둥이었지만 지금 우리에게는 말씀이 있다. 주의 말씀이 내 발에 등이요 내 길에 빛이 될 것이다(시 119:105).

하나님이 이스라엘 백성을 인도하기 위해 구름 기둥을 주셨는데 왜 그러셨는지에 대한 흥미로운 해석이 있다. 사실 성막 위에 작은 구름 하나만 갖다 놓아도 하나님의 임재 역할은 다 할 수 있었다. 그런데 성경에 나오는 표현에 의하면, 이 구름은 큰 구름 기둥이었다. 하나님이 당신의 임재를 작은 구름이 아닌 큰 구름 기둥으로 보이신 이유는 그곳에 있는 모든 사람이 결코 놓쳐서는 안 되므로 누구나 알아볼 수 있도록 그랬다는 설명이다.[41]

이렇듯 하나님의 사랑은 알듯 모를 듯한 사랑이 아니다. 누구나 알 수 있는 절대적인 사랑이다. 이것이 바로 하나님의 사랑과 배려다.

그렇다면 하나님은 언제부터 구름 기둥으로 인도하신 걸까?

> 여호와께서 그들 앞에서 가시며 낮에는 구름 기둥으로 그들의 길을 인도하시고 밤에는 불 기둥을 그들에게 비추사 낮이나 밤이나 진행하게 하시니 낮에는 구름 기둥, 밤에는 불 기둥이 백성 앞에서 떠나지 아니하니라
>
> 출 13:21-22

바로 유월절 직후다. 하나님이 애굽의 장자를 모두 죽이고 이스라엘 장자를 살려 주신 그날부터 낮에는 구름 기둥으로 밤에는 불 기둥으로 약속의 땅에 들어가는 40년 동안 하루도 빠짐없이 그렇게 인도하신 것이다.

신앙의 옛 선조들은 말씀과 기도보다 앞서지 말라, 성령보다 앞서지 말라고 권면한다. 여호와께서는 언제나 우리보다 앞서가시는 분임을 믿는다. 아무리 캄캄한 날에도 하나님은 이스라엘 백성이 어느 길로 가야 하는지 분명하게 알려 주셨다. 이렇게 사랑과 은혜로 인도하셨다. 우리도 그것을 믿는다면 고통과 시련의 어두운 밤이 찾아온다 할지라도 우리보다 앞서서 인도하시는 하나님을 바라볼 수 있다.

40년간 이 사랑을 보여 주셨는데 하나님이 나를 사랑하시는 줄 모르겠다고 말한다면 그것은 하나님의 마음을 아프게 하는 죄악이다. 성경이 말하는 하나님의 사랑은 희미하거나 모호한 것이 아닌 크고 놀라운 사랑이다. 그래서 수백 년이 지난 뒤 느헤미야 선지자는 이스라엘 백성

을 인도하신 사건에 대해 이렇게 기록했다.

> 주께서는 주의 크신 긍휼로 그들을 광야에 버리지 아니하시고 낮에는 구름 기둥이 그들에게서 떠나지 아니하고 길을 인도하며 밤에는 불 기둥이 그들이 갈 길을 비추게 하셨사오며 또 주의 선한 영을 주사 그들을 가르치시며 주의 만나가 그들의 입에서 끊어지지 않게 하시고 그들의 목마름을 인하여 그들에게 물을 주어 느 9:19-20

광야는 버림받는 곳이 아니라 하나님의 보호를 받는 곳이다. 주님이 우리를 얼마나 사랑하시는지를 깨닫는 곳이다. 내 상황이 얼마나 어두운가는 문제가 되지 않는다. 그보다 하나님은 하나님의 방식으로 우리를 인도해 주신다고 생각해야 한다. 구름 기둥을 보여 주신 것은 순례자에게 지도를 주시지 않았기 때문이다. 그 대신 매일매일 하나님을 의지하고 따라가도록 하셨다.[42] 그것이 하나님의 방식이다.

예수님 역시 훈련받은 제자들에게 지도를 주지 않으셨다. 대신 두 가지를 말씀하셨다. 첫째는 '내가 길이다(I am the way)'라고 하셨다. 예수님이 곧 우리의 길이 되어 주시겠다는 말씀이다. 그리스도인은 목적지에 도착할 때까지 하루하루 주님의 인도하심을 받으며 주님과 함께 걷는 순례자다. 둘째는 보혜사 성령을 보내 주신다고 하셨다. 하나님은 성령을 통해 우리를 인도해 주신다. 우리의 길이 되신 예수님이 말씀을 주시고 또한 믿는 자의 마음에 성령을 보내 주셨다. 그렇기 때문에 우리가 말씀을 읽을 때 성령이 하나님의 말씀을 깨닫도록 조명해 주신다. 그 말씀이 곧 길이 되어 주신다. 우리가 가야 할 모든 여정에 말씀이 길이 되는 축복이 있기를 바란다.

이렇게 순례자에게는 지도 대신 말씀이 있다. 또한 성령이 계신다. 우리에게 주신 말씀을 통해서 멈추라고 하시는지 아니면 가라고 하시는지를 분별하는 감각을 민감하게 만들어 주시는 분이 주님이다. 그리고 말씀을 통해 하나님의 인도하심을 따라갈 수 있도록 우리 안에 계신 성령이 길을 열어 주신다. 따라서 순례자는 말씀을 읽으며 하나님이 원하시는 것이 무엇인지 깨닫는 영적 감각이 살아 있어야 한다.

이것은 신앙인에게 매우 중요한 일이다. 구약시대에는 구름 기둥을 봐야 했지만 우리에게는 성경이 있다. 믿음으로 걸어가는 우리에게 주시는 두 번째 메시지는 바로 '하나님께 귀 기울이는 영적 감각이 살아 있어야 한다'는 것이다.

광야에서 우리가 집중해서 추구해야 할 것은 하나님의 공급하심이 아니라 그분의 마음이다.[43] 광야는 우리를 훈련하시는 하나님의 열정과 그분만을 의지하려는 우리의 갈망이 만나는 곳이다. 그때 광야는 믿음의 지성소가 된다.

집에서 가끔 스포츠 뉴스를 시청하고 있을 때 아내가 자녀에 관한 일로 전화를 할 때가 있다. 그러면 나는 "응… 응…" 하고 대답한다. 그러면 아내는 잠시 후에 다시 전화를 걸어 자기가 조금 전에 뭐라고 했는지 확인한다. 내가 대답을 하면 "제대로 들었네?" 하고 끊는다. 자식 이야기인데 어떻게 안 들리겠는가? 눈으론 TV를 보지만 귀는 아내의 말에 귀 기울이고 있는 것이다. 어머니들의 감각도 뛰어나다. 드라마를 보며 전화 통화도 하고 방 안에 있는 자식까지 챙긴다. 자녀들도 방에서 게임하면서 부모님 오시는 소리는 기가 막히게 듣는다.

이처럼 우리의 육적인 감각은 놀라울 정도로 살아 있다. 그렇다면 순례자로서 우리의 감각은 어떠한가? 순례와 방황 사이를 오가며 사느라 감각 역시 혼돈스러울 때가 많다. 광야는 하나님께 귀를 기울여 주의 음성을 듣는 곳이다. 우리의 영적 감각을 살려 내는 곳이다. 그때 우리가 혼돈했던 문제가 무엇인지 보게 된다. 그것은 우리가 원하는 것이 모두 필요하다고 여기는 혼돈이다.[44] 육적인 요구를 영적인 요구와 동일시하는 혼돈이다. 광야는 우리가 원하는 것을 멈추게 하고 우리에게 필요한 것이 무엇인지 분별하도록 하는 곳이다. 영적 감각을 살리고 민감하도록 빚어 주기 위해 우리를 광야로 인도하시는 분은 하나님이다.

찬송이 있는 곳에 능력과 기적이 있다

마지막으로 나팔 소리에 관한 이야기를 생각해 보자. 하나님은 순례자들에게 나팔을 불라고 하신다. 여기에서 나팔을 불라는 것은 무슨 뜻일까?

> 여호와께서 모세에게 말씀하여 이르시되 은 나팔 둘을 만들되 두들겨 만들어서 그것으로 회중을 소집하며 진영을 출발하게 할 것이라 나팔 두 개를 불 때에는 온 회중이 회막 문 앞에 모여서 네게로 나아올 것이요 하나만 불 때에는 이스라엘의 천부장 된 지휘관들이 모여서 네게로 나아올 것이며 너희가 그것을 크게 불 때에는 동쪽 진영들이 행진할 것이며 두 번째로 크게 불 때에는 남쪽 진영들이 행진할 것이라 떠나려 할 때에는 나팔 소

리를 크게 불 것이며 또 회중을 모을 때에도 나팔을 불 것이나 소리를 크게 내지 말며 그 나팔은 아론의 자손인 제사장들이 불지니 이는 너희 대대에 영원한 율례니라 또 너희 땅에서 너희가 자기를 압박하는 대적을 치러 나갈 때에는 나팔을 크게 불지니 그리하면 너희 하나님 여호와가 너희를 기억하고 너희를 너희의 대적에게서 구원하시리라 민 10:1-9

유대인 전통에 따르면, 나팔을 부는 것은 두 가지 의미가 있다.[45] 나팔을 길게 불 때는 백성을 모으거나 예배를 드리기 위함이다. 그리고 나팔을 짧게 끊어서 불 때는 이동을 시작하거나 전쟁에서 사용했다.

하나님은 이스라엘 백성이 행진할 때 나팔을 불라 하셨다. 그것은 출발을 알리는 소리다. 이제 다시 떠날 때가 되었음을 알리는 것일 뿐 아니라 하나님의 왕 되심을 선포하는 것이다. 나팔을 부는 사람은 제사장들이었다. 그 나팔 소리는 하나님이 이스라엘 모든 진영을 통치하고 계심을 강조하는 것이었다.[46]

광야를 건너가는 순례자들은 영적인 싸움을 하는 사람들이다. 이들에게 나팔을 불라고 하신 이유는 무엇일까? 이는 나팔을 불 때 왕 되신 하나님이 대적에게서 우리를 구원하시겠다는 선포다. 가는 길에 비바람 부는 날이 왜 없겠는가? 원수를 만날 일이 왜 없겠는가? 그러나 출발할 때 나팔을 부는 것은 승리를 미리 선포하며 나아가라는 것이다. 철옹성 같던 여리고성을 무너뜨릴 때도 제일 앞에 선 것은 나팔을 부는 일곱 제사장이었다. 하나님의 승리는 전쟁터에서 결정 나는 것이 아니라 나가기 전에 이미 결정된다. 오늘 세상을 향해 나가기 전에 나팔을 불고 가길 바란다.

또한 나팔을 크게 불라고 하신다. 나팔을 크게 분다는 것은 무슨 의미일까? 바로 찬송하라는 뜻이다. 주님은 만왕의 왕이시다. 하나님이 반드시 승리하신다. 그 하나님을 믿음으로 찬송하며 걸어가라는 것이다. 우리 안에 찬송이 있다면 이기는 삶을 살 수 있다.

성경도 하나님을 찬양했을 때 놀라운 일들이 일어났다고 기록한다. 다윗이 수금으로 찬양했을 때 사울에게 있던 악귀가 떠나갔고, 바울과 실라가 감옥에서 기도하고 찬양했을 때 묶인 쇠사슬이 풀리고 옥문이 활짝 열렸다. 역대하 20장에서 여호사밧왕은 여호와를 찬송하였고, 하나님은 그의 전쟁을 승리로 이끄셨다. 찬송이 있는 곳에는 능력과 기적이 있다. 당신은 고난을 만났을 때 부를 찬송이 준비되어 있는가?

나는 중국의 한 교회에서 세례식을 베풀어 달라는 요청을 받고 몇 차례 다녀온 적이 있다. 그런데 매번 세례식이 열리기로 한 날짜와 장소가 갑작스럽게 변경되었다. 안전을 위해서였다. 공안들이 올까 봐 예정된 일정을 바꾸는 것이다. 은밀히 인도되어 가 보면 작은 가정집이었다. 아파트 거실에 30여 명이 빼곡히 모여 있는데 세례식을 할 때마다 얼마나 감동이 있었는지 모른다. 그들이 눈물을 흘리며 예수를 영접하는 모습도 감동이지만, 더 큰 감동은 이들이 찬양을 부를 때다. 현지에 있는 사역자가 찬송을 인도하면서, 혹시 밖에서 누가 들으면 안 되니 입은 크게 벌리되 소리는 내지 말라고 한다. 그러면 그곳에 모인 사람들이 다같이 입을 모아 소리 없는 찬양을 부른다. "나의 갈 길 다 가도록 예수 인도하시니…." 그 순간 온몸에 전율이 흐른다. 마음껏 부르고 싶어도 부르지 못하는 그들의 뜨거운 찬송을 들으며 애통함과 감격이 함께 몰려온다. 또한 내가 자유롭게 찬송할 수 있는 나라에서 살고 있다는 것이 미안하고 또 감사하다. 나는 상상해 본다. 좁은 아파트에 옹기종기 모여 부른 그들의 찬송이 비록 우리의 귀에는 들리지 않았지만 하나님 나라에서는 얼마나 크게 울려 퍼질 것인가? 얼마나 큰 나팔 소리로 들릴 것인가?

나팔 소리는 하나님의 백성을 하나 되게 만든다. 연합하여 한 방향으로 나아가게 한다. 우리는 혼자가 아니라 함께 영적인 전쟁을 치러야 한다. 순례의 길을 걸어가는 그리스도인들은 영적인 전쟁에 익숙한 하나님의 용사들임을 기억하길 바란다.

광야에서 우리가 가진 것이 무엇인가? 이스라엘 백성은 하나님밖에 없었다. 하나님이 이들의 전부였다. 우리 인생도 하나님이 전부다.

나팔 소리는 하나님을 믿는 믿음이다. 믿음은 세상에서 작은 소리일 수 있다. 그러나 순례의 길에서는 영적인 승리를 선포하는 나팔 소리다. 믿음으로 걸어가는 우리에게 주시는 마지막 메시지는 바로 '승리의 찬송을 부르며 나아가는 것'이다. 그리스도인의 인생에는 승리의 찬송이 있어야 한다. 그것은 삶의 모든 영역에서 승리를 선포하는 것이다.

그 마음으로 함께 고백하고 싶은 찬송이 있다.

나의 갈 길 다 가도록 (찬송가 384장 3절)

나의 갈 길 다 가도록 예수 인도하시니
그의 사랑 어찌 큰지 말로 할 수 없도다
성령 감화 받은 영혼 하늘나라 갈 때에
영영 부를 나의 찬송 예수 인도하셨네
영영 부를 나의 찬송 예수 인도하셨네

우리에게 고난을 이기는 찬송, 세상을 이기는 찬송이 있기를 바란다. 마태복음에 보면 예수님이 다시 오시는 날 나팔 소리가 울린다. 그때 하나님이 택한 모든 백성이 찬송하며 나아온다.

> 그가 큰 나팔소리와 함께 천사들을 보내리니 그들이 그의 택하신 자들을 하늘 이 끝에서 저 끝까지 사방에서 모으리라 마 24:31

그리고 요한계시록에 보면 마지막 나팔 소리가 들린다.

> 일곱째 천사가 나팔을 불매 하늘에 큰 음성들이 나서 이르되 세상 나라가 우리 주와 그의 그리스도의 나라가 되어 그가 세세토록 왕 노릇 하시리로다 하니 계 11:15

마지막 나팔 소리가 울려 퍼지는 날 온 세상이 주님의 나라가 될 줄로 믿는다. 그날을 기다리며 우리 모두 이 땅에서 최선을 다해 열심히 살아가야 한다. 머릿속에 있는 모든 걱정은 다 내려놓고 유월절의 하나님을 기억하라. 애굽에서 건지신 하나님이 오늘 우리 가정에 있는 모든 문제에서 건져 내실 것이다. 왕 되신 주님, 이미 모든 것을 이기신 그분을 찬양하며 믿음으로 걷는 순례자들이 되기를 바란다.

5장

광야를 지나는 법 (1)

민수기 11-12장

세상의 사랑은 거래다.
사랑이 거래다 보니 사람들은 늘 문제에 빠져 허덕인다.
그러나 예수 그리스도의 사랑은
이익 따위는 생각하지 않는다.
아무런 보답을 바라지 않는 사랑이다.
우리는 광야에서 이 사랑에
접속되게 해달라고 기도해야 한다.

그래야 나 자신이 혼자가 아님을 알고
광야에서 다시 일어나 걸어갈 수 있다.

가족과 차를 타고 여행하다 보면 출발한 지 두어 시간 지날 때 즈음이면 어김없이 나오는 말이 있다. "아직 멀었어요?" "거의 다 왔어요?"

이런 말들이 나온다는 건 이제 슬슬 힘들고 지겹다는 의미다. 그만 차에서 내리고 싶다는 뜻이다. 하지만 목적지는 어느 정도 시간이 걸려야 도착할 수 있다. 인생의 여정도 어쩔 수 없이 그만큼의 시간과 노력이 있어야 통과할 수 있다.

이스라엘 백성도 그렇게 광야를 한창 지나고 있는 중이다. 본문 11장과 12장 말씀을 살펴보면서 광야는 어떤 곳인지, 또한 어떻게 하면 이 긴긴 광야를 잘 지나갈 수 있을지 생각해 보고자 한다. 본문을 중심으로 두 차례에 걸쳐 이른바 광야를 지나는 법에 대해 나눠 보겠다.

출애굽 후 1년

먼저 본문을 이해하기 위해서는 이 시점이 언제쯤인지 살펴볼 필요가 있다. 민수기 1장의 시작은 이스라엘 백성이 애굽에서 나온 후 만 1년이 지난 해, 즉 햇수로 2년 차가 된 2월 1일이다. 그리고 본문의 바로 앞장인 10장은 2년 차 2월 20일이다. 말하자면 1장과 10장 사이는 19일 정도 차이가 난다고 볼 수 있다. 그 사이에 이스라엘 백성은 바란 광야까지 갔다.

민수기 9장과 10장에서 하나님은 이스라엘 백성을 구름 기둥으로 인도하시며 그들이 출발할 때 나팔을 불며 나아가라고 말씀하셨다. 그런데 그것이 끝이 아니라 10장 마지막 부분에서 이동과 정착을 할 때 모세는 이런 기도를 했다.

> 궤가 떠날 때에 모세가 외쳤다. "주님 일어나십시오, 주님의 원수들을 흩으십시오. 주님을 미워하는 자들을 주님 앞에서 쫓으십시오." 궤가 쉴 때에도 모세가 외쳤다. "주님, 수천만 이스라엘 사람에게로 돌아오십시오."
>
> 민 10:35-36, 새번역

모세는 두 가지를 기도했다. 떠날 때는 승리를 달라고 기도했고, 멈출 때는 하나님의 임재가 있기를 기도했다. 이것은 강하고 신실하신 하나님을 높이는 찬송이었다.[48] 그 노래는 여호와께서 그들의 원수를 이기실 권세를 가지고 계심을 확신하는 것이었다.

시간적으로 볼 때 애굽에서 탈출한 지 1년 2개월째다. 아직은 가슴속에 해방의 감동이 살아 있을 때다. 우리가 36년간의 일제 강점기에서 자유를 얻은 날 온 나라가 기뻐했던 것처럼, 이들 역시 400년 동안 갇혀 있다가 풀려난 지 1년 지난 무렵이니 그때의 감격이 쉽게 잊히지는 않았을 것이다. 더군다나 구름 기둥으로 인도함을 받으며 나팔을 불며 나아가는 행진이라면 비록 몸은 힘들지만 사기는 하늘을 찌를 듯했을 것이다. 그러니 승리의 행진, 기쁨의 행진, 믿음의 행진이 이어졌을 것이라는 상상을 해보게 된다.

어쩌면 하나님도 그 모습을 기대하셨을지 모른다. 이런 배경에서 이스라엘 백성은 어떤 모습으로 광야를 지나가고 있었는지 11장을 보자.

광야는 고난과 결핍으로 불평하기 쉬운 곳이다

> 여호와께서 들으시기에 백성이 악한 말로 원망하매 여호와께서 들으시고 진노하사 여호와의 불을 그들 중에 붙여서 진영 끝을 사르게 하시매 백성이 모세에게 부르짖으므로 모세가 여호와께 기도하니 불이 꺼졌더라 그곳 이름을 다베라라 불렀으니 이는 여호와의 불이 그들 중에 붙은 까닭이었더라 민 11:1-3

지난 10장까지의 분위기로 봐서는 이제부터 꿋꿋하게 행진할 것이라는 상당한 기대가 있었건만, 예상 외로 11장에서 백성의 원망과 불평이 터져 나오고 있다. 개역개정 성경에는 백성이 악한 말로 원망했다고 되어 있지만 무엇 때문에 원망하는지는 생략되었다. 그런데 헬라어 원문과 영어 번역에서는 그들이 힘든 고난과 불행 때문에 원망했다고 설명하고 있다.

하나님이 광야를 걸어갈 수 있도록 배려해 주셨건만 그럼에도 원망이 쏟아지자 하나님은 여호와의 불로 진영을 불사르셨다. 하지만 전체가 아니라 끝부분만 타게 하셨다. 백성을 한번 놀라게 하신 것이다. 그곳의 이름을 '다베라(Taberah: 'Burning', a place in the desert)'라고 부르는데, 불타고 있다는 뜻이다. 여호와의 불이 붙은 것을 보고 하나님께서 진노

하고 계심을 알게 되었다. 분명 하나님의 반응은 분노와 맹렬한 심판이었다.[49]

민수기를 읽으면 불평하고 원망할 때 하나님의 진노가 사람들의 머리 위에 와 있다는 것이 명확하게 보인다. 사실 11장은 불평과 원망의 장이다. 하나님은 이스라엘 백성이 이런 마음을 쏟아 낼 때마다 하나님의 진노로 징계하며 부분적 심판과 응징을 하신다. 이것이 민수기 전체에서 반복되고 있다. 그런데도 백성의 불만은 계속되고 있다.

> 그들 중에 섞여 사는 다른 인종들이 탐욕을 품으매 이스라엘 자손도 다시 울며 이르되 누가 우리에게 고기를 주어 먹게 하랴 우리가 애굽에 있을 때에는 값없이 생선과 오이와 참외와 부추와 파와 마늘들을 먹은 것이 생각나거늘 이제는 우리의 기력이 다하여 이 만나 외에는 보이는 것이 아무것도 없도다 하니 민 11:4-6

이스라엘 백성 사이에 섞여 사는 사람들이 먹는 문제로 탐욕을 품었다. 이것저것 먹고 싶은 것을 늘어놓으며 불평하기 시작하자 이것이 마치 전염병처럼 이스라엘 사람들한테 옮겨 갔다. 불평은 전염성이 매우 크고 빠르기 때문에 쉽게 다른 사람에게로 흘러간다. 사실 불평의 뿌리는 불신앙이다.[50]

지난날에 먹던 음식을 그리워하는 것은 충분히 이해한다. 내가 캐나다에 온 지 얼마 안 되었을 때 가장 많이 생각난 것이 한국 음식이었다. 그중에서도 시원한 평양냉면이 너무나 먹고 싶었다. 하지만 이곳에는 그런 냉면집이 없다. 그래서 한국을 방문할 기회가 있으면 무조건 냉면

집부터 들렸다. 그러니 이들의 마음을 이해 못하는 바는 아니다.

하지만 지금은 하나님의 인도하심을 따라 광야를 지나는 중이다. 섞여 사는 무리는 애굽에 있었을 때는 먹고 싶은 것을 값없이 먹었다고 불평했다. 그런데 과연 그 음식들을 즐거이 먹었을까? 공짜였다면 노예였기 때문이다. 수백 년이나 고생고생하며 살던 시절이었다.

하나님의 배려하심으로 매일의 만나를 얻었음에도 이들은 만나 외에는 없다고 말하고 있다. 이 얼마나 가슴 아픈 표현인가? 자유롭게 살 수 있는 길이 열렸는데도 그것을 보지 못하고 있다. 마음이 어려우면 이렇게 시야가 좁아진다. 보이는 것이 협소해진다. 땅만 바라보니 하늘을 올려다볼 여유도 없는 것이다. 불평은 우리의 비전을 왜곡시켜 마치 과거를 황금의 땅처럼 상상하게 만든다. 또한 현재 우리를 둘러싸고 있는 하나님의 선물을 우습게 여기고, 하나님이 미래에 주실 약속을 완전히 무시하게 만든다.[51] 여기서 주의할 교훈은 하나님의 백성도 불평하는 사람들의 영향을 받을 수 있고, 그것이 우리를 죄에 이르도록 할 수 있다는 사실이다.[52]

민수기를 읽으면 세 가지가 보인다. 첫째는 인간이 어떤 존재인지 보이고, 둘째는 광야가 어떤 곳인지 보이며, 셋째는 하나님이 어떤 분인지 보인다. 이것은 성경 안에서 계속 흐르고 있는 내용이다.

먼저 인간은 두 가지 특징을 가지고 있다. 자기 삶의 현실을 불평하며 살아가는 존재이자 동시에 최악의 상황에서도 그것을 천국처럼 여기며 살아갈 수 있는 존재다. 그런데 본문을 보면 지금 이스라엘 백성은 전자에 속한다. 하나님이 진노하셔서 불을 내리는 것을 눈앞에서 보고도 또 불평하고 있다.

과연 광야가 어떤 곳이기에 사람을 이렇게 만드는 것일까? 한마디로 광야는 내게 부족한 것이 잘 보이는 곳이다. 내게 없는 것, 모자란 것이 무엇인지 알게 되는 곳이다. 지금 그들에게 없는 것은 무엇인가? 먹을 것이 없다. 편히 쉴 곳이 없다. 없는 게 많기 때문에 더욱 가지고 싶은 욕망이 일어나는 곳이 광야다. 없기에 불평하고 원망하기 쉽다. 하지만 자신이 원하는 것을 항상 가질 수는 없다는 것 역시 발견하게 되는 곳이다. 그래서 이곳은 원망을 넘어 사람을 과거 지향적으로 만들어 버린다. 애굽에 있을 때를 그리워하게 만드는 것처럼, '그때가 좋았지'라는 말로 현재를 살지 못하게 한다. 이렇게 불만이 가득하다는 것은 내가 있는 이곳을 정녕 피하고 싶기 때문이다.

도널드 맥컬로우(Donald W. McCullough) 목사의 《광야를 지나는 법》이라는 책 첫 장에는 두 사람의 이야기가 소개되어 있다.[53] 하나는 시애틀의 중산층 가정에서 태어난 짐 웰달이라는 남자 이야기다. 그의 아버지는 기독교인이면서 성공 지향적인 사람이었고, 추구하는 정신은 '하면 된다'였다. 짐은 아버지에게서 배운 근면과 성실을 무기로 성공을 꿈꾸며 달려왔고, 사업에 도전했다. 몇 번의 실패를 거듭했지만 마침내 상당한 규모의 회사를 경영하게 되었고 다른 기업에 메가톤급 거액을 받고 넘기면서 평생 자신이 꿈꾸던 목표를 이루었다. 그러던 어느 날 몸에 이상을 느껴 병원에서 검사해 보니 온몸이 굳어지는 병을 앓고 있으며, 짧으면 3년, 길면 7년밖에 살지 못한다는 충격적인 진단을 받게 된다. 뜻밖에 찾아온 믿을 수 없는 현실 앞에서 그는 두려움과 원망, 분노가 뒤섞인 채 마음의 광야를 걷기 시작했다.

이런 일이 일어나면 많은 사람들이 가장 먼저 정말일까 의심한다. 받아들이기 어렵기 때문이다. 그다음에는 심리적 불안과 공포, 두려움이 찾아온다. 그리고 내 힘으로 해결할 수 없다는 것을 알게 되었을 때 분노와 원망이 올라온다. 이것은 인간이라면 느끼는 지극히 정상적인 반응이다. 이 시간은 마치 하나님이 침묵하시는 것처럼 느껴진다.

나는 이 책을 읽으면서 우리에게는 두 가지 광야가 있다는 생각을 했다. 우리에게 닥친 고난이 한 가지 광야요, 그로 인해 찾아온 마음의 광야가 두 번째 광야다. 이런 광야에서는 '하면 된다'는 정신만으로는 건널 수가 없다. 광야는 내 힘으로는 불가능한 것이 있음을 발견하는 곳이다.

광야는 하나님을 얻는 곳이다

두 번째 이야기는 메리 세이어즈라는 여성의 이야기다. 그녀는 어린 나이에 결혼해서 아들을 낳았다. 그런데 아이는 태어나면서부터 심각한 다운증후군이었고 게다가 심장과 폐가 온전치 못해 평생 병원 신세를 져야 한다는 진단을 받았다. 그때 사람들이 찾아와 기도해 주었는데 그 기도에는 뭔가 뼈가 들어 있었다. '엄마가 너무 어린 나이에 결혼해서 아이가 아픈 것 아닙니까?' '혹시 이 가정에 숨은 죄가 있어서 그런 것 아닙니까?' 하는 식의 기도를 한 것이다. 심지어 부모의 믿음이 좋아야 아이도 건강해진다는 쪽지를 남기고 간 사람도 있었다. 남편은 어떻게 이럴 수 있냐며 괴로워했다. 메리도 힘들었지만 정말로 자신의 믿음이 부족한 탓인가 싶어 더욱 기도에 매달렸다. 그러나 아이는 차도가 없었고 메리의 죄책감은 더욱 깊어졌다. 결국 아이는 수술 후 깨어나지 못한 채 세상을 떠나고 말았다. 메리는 아들의 죽음을 보면서 왜 하나님이 도와주지 않으셨는지 의심하기 시작했고, 이후 또 다른 죽음이 그녀에게 찾아왔다. 바로 신앙의 죽음이었다. 그녀는 그때 마치 자신의 믿음이 죽은 것 같았다고 고백했다.

메리의 고통은 여기서 끝나지 않았다. 아이가 죽은 후에 남편은 탈선해 마약까지 했고, 우여곡절 끝에 다시 임신했지만 그녀는 낙태를 한 뒤 결국 이혼하고 만다. 얼마 후 재혼했지만 새 남편과의 사이에서 낳은 아이에게도 질병이 찾아왔다. 절망과 충격에 빠진 메리는 결국 병원에 입원하게 되었고, 그때 이 책의 저자인 목사님을 만나게 된다. 그리고 시간이 흘러 그녀는 교회 주일학교 교사로 사역하며 인정받는 셀리더가 되었다. 목사님은 자기 딸의 신앙 교육을 맡기고 싶은 가장 첫 번째 사람으로 바로 메리를 꼽았다.

무엇이 그녀를 바꾼 것일까? 모든 것이 죽은 것 같은 광야에서 하나님은 그녀의 믿음이 다시 살아나게 하셨다. 그녀는 부정하고 싶은 인생, 감추고 싶은 과거에서 탈출하고 싶었다. 실수와 고통으로 점철된 모든 날들에서 떠나고 싶었다. 그러나 예배를 드리며 하나님의 말씀이 이 여인의 인생에 역사하기 시작했다. 하나님은 그녀의 모든 과거와 상처를 품으시고 그 여인을 사랑해 주셨다. 그 사실을 깨달았을 때 메리는 일어나기 시작했다. 자신을 용납해 주셨음을 말씀을 통해 알게 된 것이다.

그녀는 자신이 겪은 고통, 실패의 과거를 부인하지 않았다. 하나님의 사랑으로 자신의 모든 과거를 껴안은 것이다. 이렇듯 하나님의 사랑 안에서 자신을 받아들이면 험난한 광야를 지나갈 수 있다. 앞으로 혼자 살아갈 그녀를 걱정하는 사람들에게 그녀는 이렇게 대답했다. "저도 자신은 없습니다. 그러나 모든 것을 잃어버렸어도 주님이 저와 함께하신다는 사실만으로 기뻐하고 만족하며 오늘을 살아갈 것입니다."

이 여인에게 남편으로 인한 기쁨은 없다. 잃어버린 아들에게서 받을 수 있는 기쁨도 없다. 이것이 냉정한 현실이다. 그렇다고 인생의 기쁨이 모두 사라진 것은 아니다. 하나님으로 인한 말할 수 없는 기쁨이 그 여인에게 새롭게 채워질 수 있는 것이 광야를 걷는 순례자의 여정이다. 이제 그녀는 하나님이 주신 그 기쁨으로 광야를 건너고 있다.

건강을 잃었던 짐도 마찬가지다. 그가 가졌던 성공의 기준이 마음의 광야를 걷는 동안 놀랍게 바뀌었다. 이전에는 부를 쌓고 높은 지위에 올라가는 것이 그가 생각하던 성공이었다면, 이제는 하나님을 기쁘시게 하고 다른 사람을 섬기는 것이 진정한 삶의 성공임을 깊이 깨달았다. 그의 병은 많은 것을 빼앗아 갔다. 그러나 전부를 잃은 것은 아니었다. 그는 하나님을 얻었다. 건강할 때 소홀히 여기던 하나님을 이제 자신의 인생에서 가장 소중한 분으로 여기게 되었다.

그는 병을 얻기 전에도 하나님을 믿었고, 누구를 속이려고 하지도 않았다. 다만, 예전에는 자신이 바라고 원하는 것에 초점을 두고 살았다면, 이제는 하나님이 원하시는 것에 초점을 맞추게 되었다.

광야는 이렇게 하나님을 보게 하는 곳이다. 우리 삶의 우선순위에서 저만치 밀려나 있는 하나님을 다시 찾게 하는 곳이다.

광야를 지나는 법

당신은 지금 어떤 모습으로 광야를 지나고 있는가? 이스라엘 백성은 지금 원망과 불평 속에 광야를 걷고 있다. 이 모습을 통해 하나님은 우리에게 광야를 지나는 방법을 가르쳐 주신다.

첫 번째, 내 인생의 광야를 받아들여야 한다. 지금 내가 서 있는 곳, 그 현실을 받아들여야 한다. 우리가 처한 상황은 각자 다르다. 그런데 남과 비교하다 보면 자꾸만 없는 것이 보이고, 끝없는 상대적 박탈감으로 마음의 샬롬을 빼앗길 수밖에 없다. 있는 그대로, 내 모든 상황을 받아들이는 사람은 광야를 건널 준비가 된 것이다. 그래야만 길이 보인다. 비로소 하나님을 찾을 준비가 된 것이다.

이스라엘 백성이 불평하는 것은 그들이 지금 어디에 있는지 인정하지 않고, 받아들이려 하지 않기 때문이다. 심지어 애굽으로 돌아가고 싶어 한다. 원망과 불평은 놀라울 정도로 빠르게 주변으로 전염된다. 좋은 습관보다 나쁜 습관에 더 금방 물들듯이 부정적인 것은 애쓰지 않아도 쉽사리 확산되는 속성이 있다. 그래서 광야에서는, 아니 광야일수록 좋은 사람들의 말에 귀 기울여야 한다. 사람은 어려움에 처하면 분별력을 잃기 쉽기 때문이다.

현실을 받아들이지 못하면 광야를 지나갈 수 없다. 하지만 반대로 지금 살고 있는 곳이 광야임을 인지하면 삶을 대하는 자세가 바뀌게 된다.

나는 신학교를 졸업하고 군종장교로 군 복무할 기회가 있었다. 그러나 젊은 나이에 고생 한번 해봐야겠다는 마음으로 일반 사병의 길을 선택했다. 훈련소에 들어가면 일주일도 안 돼 커다란 장정들의 눈에 눈물이 고이기 시작한다.

첫 번째 맞이한 주일 아침의 논산 훈련소 메뉴가 라면이었다. 수천 명의 라면을 일일이 끓일 수 없어서 면만 따로 찌고 수프 국물을 만들어 식판에 부어 준다. 그런데 나는 달걀을 푼 라면을 좋아한다. 내가 달걀은 넣어 주지 않느냐고 물어봤다면 어떻게 되었을까? 그곳은 군대다. 어떤 음식이든 무조건 감사하며 먹어야 한다.

군대에서는 더 놀라운 일도 일어난다. 주일에 교회에 갈 사람이 있는지 물으니 수십 명이 손을 든다. 그동안 교회에 발 한 번 안 디뎌 본 사람들도 따라간다. 더 충격적인 것은 예배를 드리며 사내들이 펑펑 운다는 사실이다. 이렇게 광야는 하나님을 찾게 한다.

자기가 있는 곳이 어딘지 알면 태도가 바뀐다. 우리는 광야를 지나고 있다. 나는 진밥이 좋아, 된밥이 좋아 투정 부릴 때가 아니다. 감사해야 할 때다. 아내가 밥을 차려 주는데 오늘 밥이 되다 질다 투정하면 안 된다. 그저 감사함으로 잘 먹어야 한다. 여자든 남자든 똑같은 일을 매일 가족을 위해 해주는 사람이 있다는 것이 얼마나 고마운가? 사람은 광야에 있을 때 불평만 하는 존재가 아니다. 반대로 작은 것에 감사할 수도 있다. 어떤 것을 선택할지는 각자에게 달렸다.

민수기의 이스라엘 백성은 먹을 것으로 불평하고 있다. 지금 진밥 된밥 가릴 때가 아님에도 말이다. 자신의 현실을 받아들이지 못하면 작은 것에도 불평하게 되지만, 광야에 있음을 알면 작고 소소한 것에도 감사하게 된다.

2016년 무렵 전라북도 교육청에서 주최한 어린이 글쓰기 대회가 있었다. 당시 초등학교 6학년 이슬이라는 학생이 동시 부문 최우수상을 수상했는데 그 시가 한 일간지에 소개되었다. 시의 제목은 '가장 받고 싶은 상'이다. 이 학생의 어머니는 37세의 젊은 나이에 병으로 세상을 떠났다고 한다. 그 시를 소개하겠다.

가장 받고 싶은 상

- 이슬

아무것도 하지 않아도
짜증 섞인 투정에도
어김없이 차려지는
당연하게 생각되는 그런 상

하루에 세 번이나
받을 수 있는 상
아침상 점심상 저녁상

받아도 감사하다는
말 한마디 안 해도 되는 그런 상
그때는 왜 몰랐을까?
그때는 왜 못 보았을까?
그 상을 내시던
주름진 엄마의 손을

그때는 왜 잡아 주지 못했을까?
감사하다는 말 한마디
꺼내지 못했을까?

그동안 숨겨놨던 말
이제는 받지 못할 상
앞에 앉아 홀로 되뇌어 봅니다
"엄마, 사랑해요"
"엄마, 고마웠어요"
"엄마, 편히 쉬세요"
세상에서 가장 받고 싶은 엄마상
이제 받을 수 없어요

이제 제가 엄마에게
상을 차려 드릴게요
엄마가 좋아했던 반찬들로만
한가득 담을게요

하지만 아직도 그리운
엄마의 밥상
이제 다시 못 받을
세상에서 가장 받고 싶은
울 엄마 얼굴(상)

이 시는 심사위원 전원이 만장일치로 뽑았다고 한다. 한 심사위원은 이 시를 본 순간 아무 말도 할 수 없었다면서 일기처럼 써 내려간 아이의 글과 종이에 썼다 지웠다를 반복한 흔적이 마음에 깊이 남았다고 한다. 이 아이는 커서 시인이 되지 않더라도 삶을 살아 낼 힘을 가진 어른으로 자랄 것이라 믿는다고 평가했다.

이 아이는 어린 나이에 엄마가 없는 힘든 광야를 지나고 있었다. 하지만 아이는 엄마가 없는 현실을 받아들였다. 그리고 그 고통을 감사로 승화시켰다.

우리에게는 이보다 더 큰 믿음이 있다. 우리가 믿는 하나님으로 말미암아 내가 잃어버린 것들보다 더 소중하고 위대한 것을 가지고 건너갈 수 있다. 광야는 내가 원하는 모든 것을 가질 수 있는 곳이 아니다. 어차피 가야 할 이 길을 끝까지 불평하면서 살아갈 것인가?

하나님은 우리가 힘든 광야를 지나갈 수 있는 두 번째 방법을 가르쳐 주신다. 그것은 '작은 일에 감사하는 것'이다. 나는 지금까지 살면서 아내가 왜 당신은 남들 같은 큰 키를 갖지 못했냐고 이야기하지 않은 것을 감사하게 생각한다. 왜 돈을 많이 못 벌어 오냐고 말하지 않는 것이 고맙다. 어떤 사람은 키 큰 남편한테 키만 멀뚱히 커서 실속은 하나 없다고 타박하는데 그러지 말길 바란다. 광야는 큰 것을 바라는 것이 아니라 작은 것에 감사하는 곳이다. 삶을 대하는 태도를 바꾸어 작은 감사, 작은 기쁨을 누리길 바란다. 이것이 하루하루 일용할 양식이 되길 바란다.

너 혼자 지지 아니하리라

민수기에서 이스라엘이 불평할 때 여호와의 진노가 있었던 것을 볼 수 있다. 그런데 이렇게 불만 가득한 백성을 이끌고 가는 모세의 심정은 어떠했을까? 모세는 하나님 앞에 엎드려 기도한다. 아니 탄식하고 있다.

> 백성의 온 종족들이 각기 자기 장막 문에서 우는 것을 모세가 들으니라 이러므로 여호와의 진노가 심히 크고 모세도 기뻐하지 아니하여 모세가 여호와께 여짜오되 어찌하여 주께서 종을 괴롭게 하시나이까 어찌하여 내게 주의 목전에서 은혜를 입게 아니하시고 이 모든 백성을 내게 맡기사 내가 그 짐을 지게 하시나이까 이 모든 백성을 내가 배었나이까 내가 그들을 낳았나이까 어찌 주께서 내게 양육하는 아버지가 젖 먹는 아이를 품듯 그들을 품에 품고 주께서 그들의 열조에게 맹세하신 땅으로 가라 하시나이까 이 모든 백성에게 줄 고기를 내가 어디서 얻으리이까 그들이 나를 향하여 울며 이르되 우리에게 고기를 주어 먹게 하라 하온즉 책임이 심히 중하여 나 혼자는 이 모든 백성을 감당할 수 없나이다 주께서 내게 이같이 행하실진대 구하옵나니 내게 은혜를 베푸사 즉시 나를 죽여 내가 고난 당함을 내가 보지 않게 하옵소서 민 11:10-15

지금 모세도 그들과 함께 광야에 있다. 솔직히 말해서 집에 있는 아들딸도 감당하기 버겁지 않은가? 그런데 200만 명을 이끌고 광야를 지나는 모세는 어떻겠는가? 온갖 악한 말과 원망을 듣고 참다 참다 모세는 가슴속에 있던 이야기를 털어놓는다.

이 힘든 짐을 왜 자신에게 지도록 하시는지 하소연한다. 이 백성을 혼자서는 감당하지 못하겠다고 말이다. 괴로움에 몸부림치며 차라리 자신을 죽여 달라고까지 한다.

모세는 이 광야에서 하나님을 찾았고, 온몸으로 부르짖었다. 그 역시 자신의 힘으로는 결코 살아갈 수 없는 곳임을 깨달았기 때문이다. 몸도 마음도 무력해질 때가 있다. 감정도 지치고, 믿음도 지칠 때가 있다.

그런데 이 상황에서 우리가 기억해야 할 말씀이 있다. 하나님이 모세를 불러 호렙산에서 이 사명을 맡기셨던 순간을 다시 살펴봐야 한다.

> 여호와께서 이르시되 내가 애굽에 있는 내 백성의 고통을 분명히 보고 그들이 그들의 감독자로 말미암아 부르짖음을 듣고 그 근심을 알고 내가 내려가서 그들을 애굽인의 손에서 건져내고 그들을 그 땅에서 인도하여 아름답고 광대한 땅, 젖과 꿀이 흐르는 땅 곧 가나안 족속, 헷 족속, 아모리 족속, 브리스 족속, 히위 족속, 여부스 족속의 지방에 데려가려 하노라 이제 가라 이스라엘 자손의 부르짖음이 내게 달하고 애굽 사람이 그들을 괴롭히는 학대도 내가 보았으니 이제 내가 너를 바로에게 보내어 너에게 내 백성 이스라엘 자손을 애굽에서 인도하여 내게 하리라 출 3:7-10

하나님은 이스라엘 백성을 애굽에서 건져 내어 젖과 꿀이 흐르는 땅으로 인도하겠다고 하셨다. 그런데 이 일을 모세를 통해 하겠다고 하신다. 이것은 하나님이 아브라함 때부터 약속하신 것으로, 적어도 출애굽하기 전 수백 년을 고통 속에서 준비하며 맡기신 사명이다. 결코 어느 날 갑자기 생각해 낸 아이디어가 아니다. 우리 역시 어느 날 우연히 각

자의 가정에 배치된 것이 아니다. 하나님이 한 사람 한 사람을 택하셔서 우리가 있어야 할 자리에 아버지로 어머니로 자녀로 세워 주신 것이다. 그 자리는 힘들어도 내가 아니면 감당할 사람이 없다. 나만이 우리 가정의 남편일 수 있고, 아내일 수 있으며, 나만이 자녀요, 그 아이들의 부모일 수 있다. 혹시라도 혼자된 분이 있다면 당신만이 그 아이들을 키울 수 있으며, 그 아이들을 데리고 광야를 건너가도록 하나님이 부탁하신 사람이다.

그런데 지금 모세는 더 이상 갈 수 없을 만큼 지쳤다. 모세와 이스라엘 백성처럼 우리도 각자 자신의 광야를 가지고 있다. 그런 우리에게 하나님은 광야를 지나는 마지막 방법을 알려 주신다. 그 대답은 모세에게 있지 않다. 우리에게도 있지 않다. 바로 주님이 대답하신다. 광야에서 부르짖는 모세의 절규에 하나님이 이렇게 대답하신다.

> 여호와께서 모세에게 이르시되 이스라엘 노인 중 백성의 장로와 유사 되는 줄을 네가 아는 자 칠십 인을 모아 데리고 회막 내 앞에 이르러 거기서 너와 함께 서게 하라 내가 강림하여 거기서 너와 말하고 네게 임한 신을 그들에게도 임하게 하리니 그들이 너와 함께 백성의 짐을 담당하고 너 혼자 지지 아니하리라 민 11:16-17, 개역한글

하나님이 모세에게 주신 말씀은 바로 "너 혼자 지지 아니하리라"이다. 이 말씀에는 어떤 부연 설명도 필요하지 않다. 지금 광야를 건너가고 있는 우리에게 주님이 말씀하신다. 이 무거운 짐을 "너 혼자 지지 아니하리라"고 말이다. 하나님이 도와주실 것이다. 하나님이 우리 손을 붙

들고 이 거칠고 힘든 광야를 지나게 하실 것이다.

나는 힘들 때면 찬송가 337장(내 모든 시험 무거운 짐을)을 자주 부른다. 찬양은 우리의 모든 시험과 무거운 짐, 닥치는 환난 앞에서 주님이 우리를 친히 구해 주시리라 고백하고 있다.

> 무거운 짐을 나 홀로 지고
> 견디다 못해 쓰러질 때
> 불쌍히 여겨 구원해 줄 이
> 은혜의 주님 오직 예수

주님은 우리에게 인생의 모든 짐을 결코 혼자 지도록 하지 않겠다고 말씀하신다. 오히려 "수고하고 무거운 짐 진 자들아 다 내게로 오라 내가 너희를 쉬게 하리라"(마 11:28)고 말씀하신다.

이 말씀을 붙들 때, 우리는 이런 결론에 도달하게 된다. 광야는 내 힘으로 건너가는 곳이 아니라는 것, 광야는 하나님이 건너가게 하신다는 것이다. 몸과 마음과 믿음이 지쳤는가? 당신 혼자 그 짐을 지게 하지 않을 것이다. 이 말씀을 가슴에 품고 살아가길 바란다.

우리 모두에게는 저마다의 출애굽 이야기가 있다. 각자 가정환경이 다르고, 떠난 곳은 다르지만 목적지는 동일한 천국이다.

광야는 냉정하고 객관적이어서 나만 봐주지 않는다. 내 모습 그대로가 드러나고 피곤하며 목마른 곳이다. 그러나 그 현실을 부정하지 않고 받아들이게 해달라고, 인정하게 해달라고 기도해야 한다. 그 길에서 하나님을 원망하는 자가 아니라 작은 것에 감사하는 삶이 되길 바란다. 당신은 선택할 수 있다. 그렇다면 아무것도 없는 곳에서 주님이 나의 최고의 기쁨이 될 것이다. 그곳에서 우리를 구원해 주실 분은 주님이시다. 이것이 복음이다. 복음은 사람을 일으킨다. 모두가 절망해도 당신은 일어날 수 있다. 부디 그 주님과 함께 당신의 광야를 잘 건너가길 바란다.

6장

광야를 지나는 법 (2)

민수기 11-12장

삶으로 드리는 최고의 예배는
어려운 상황 속에서도 아름다운 태도를 잃지 않는 것이다.[54]
이스라엘은 광야에서 최고의 예배를 드릴 수 있는 기회를 맞이한다.
하지만 그들의 신앙은 바닥을 치고 만다.
우리의 순례 여정에도 그 실패의 흔적들은 선명하다.
그럼에도 불구하고 끝까지 그 길을 마칠 수 있는 이유는
오직 하나님의 은혜 때문이다.

사람은 저마다 타고난 기질이 있다. 분명하고 정확한 것을 좋아하는 사람이 있는가 하면 조금 틀려도 너그럽게 품어 주는 사람이 있다. 어떤 성향이든 장단점은 있게 마련이다. 그런데 100% 정확하면서 동시에 100% 너그러울 수가 있을까? 하나님이 그렇다. 무섭도록 정확하시며 또한 이 세상 누구보다 따뜻하시다. 모세오경을 읽으면 이러한 하나님의 두 가지 모습이 자주 드러난다.

특히 민수기 11장과 12장에서는 이스라엘 백성의 행동과 하나님의 반응 사이에서 두드러지게 나타나는 모습이 있는데, 두 단어로 요약하자면 불평과 진노다. 백성이 힘들다고 원망하고 불평할 때 하나님은 진노하신다. 그러면서도 고기가 없다고 불평하자 고기를 주신다. 아론과 미리암이 리더인 모세에 대해 불평할 때도 하나님은 진노하심으로 나병을 내리신다. 그러나 또한 회복시켜 주신다. 이와 같은 패턴을 반복하며 이스라엘 백성은 지금 광야를 건너고 있다.

그렇다면 하나님의 이런 진노하심에 대하여 우리가 깨달아야 할 것은 무엇일까? 우리의 민낯이 훤히 드러나는 광야에서 하나님은 어떻게 우리를 이끌고 계시는지 민수기 12장을 중심으로 광야를 지나는 법 두 번째 이야기를 해보고자 한다.

푯대를 향해 걸어야 한다

먼저 모세를 향한 아론과 미리암의 불평이 어떻게 시작되는지 살펴보자.

> 모세가 구스 여자를 취하였더니 그 구스 여자를 취하였으므로 미리암과 아론이 모세를 비방하니라 그들이 이르되 여호와께서 모세와만 말씀하셨느냐 우리와도 말씀하지 아니하셨느냐 하매 여호와께서 이 말을 들으셨더라 이 사람 모세는 온유함이 지면의 모든 사람보다 더하더라 민 12:1-3

아론과 미리암이 모세를 비방했다. 모세가 구스 여자 즉 이방 나라 여인을 아내로 얻었기 때문이다. 우상을 섬기는 민족과 결혼하는 것을 하나님이 금하셨기 때문에 미리암과 아론이 그 부분을 지적하는 것은 어떻게 보면 틀린 말이 아니다. 그런데 문제는 그들의 태도다. 그들은 애정이 담긴 조언이 아니라 동생을 비방하고 있다. 남의 잘못과 실수를 들춰 온 동네를 떠들썩하게 만들고, 더 나아가 공격하고 있다. 정확하게 짚어 주는 것이 결코 나쁜 행위는 아니지만, 그것에 상대방을 끌어내리려는 의도가 담겼다면 그 태도는 옳지 않다.

그렇다면 이들은 왜 모세를 공격하는 것일까? 그 이유는 하나님이 모세와만 말씀하시는 것이 아니라 자신들과도 말씀하신다고 하는 대목에서 여실히 드러난다. 자신들도 하나님의 음성을 듣는 자라는 것이다. 두 남매는 지금 모세의 지도력에 반기를 들고 있다. 그들도 백성 앞에 나서고 싶은 숨겨진 욕망이 있었던 것이다. 어찌 보면 인간의 밑바닥에 있는 욕망과 시기심이 그 추한 얼굴을 드러내는 순간이다. 게다가 이들의 모습이 더욱 부끄럽게 느껴지는 것은 탐욕스러운 중다한 잡족들(이스라엘 민족과 섞여 살던 이방 족속들로 많은 수의 혼합된 민족들)의 불평이 아니라 가장 가까운 가족, 형과 누나의 공격이기에 그렇다.

특히 아론은 대제사장이다. 광야를 이동하는 중에 대제사장이 해야 할 가장 중요한 사명은 누구보다도 먼저 구름의 이동을 살피는 것이다. 즉 하나님의 인도하심을 가장 빠르고 민감하게 알아차려야 한다. 이스라엘 백성이 행진하는 동안 성막을 치고 거두는 일을 진두지휘해야 하기 때문이다. 그런데 1년 넘게 잘 도와주던 형의 마음에 다른 생각이 들어온 듯하다. 자신도 모세의 자리에 서고 싶어진 것일까? 자신도 홍해를 가르는 그 기적을 인도하고 싶다는 마음이 든 것일까?

나는 이들의 생각 자체를 비방할 마음은 없다. 이것은 인간의 본능일 수 있기에 심정적으로 이해된다. 누구나 부러워할 수 있고, 누구나 그 자리를 탐할 수 있기 때문이다. 그러나 왜 이렇게 된 것일까, 그것이 문제다.

우리는 언제, 왜 이렇게 마음이 바뀌게 되는 것일까? 다시 말하지만 지금 이 백성은 애굽을 떠나 광야를 지나는 중이다. 이들의 최종 목적지는 약속의 땅 가나안이다. 하나님이 애굽에서 건져 내실 때 이들이 이미 갈 곳을 정해 놓으셨다는 말이다. 이것이 하나님의 큰 그림이다. 모세와 함께 힘을 합쳐 백성을 약속의 땅에 데리고 가는 것이 아론의 중요한 임무다.

우리 교회는 초창기에 성경적 문화를 정착시키기 위해서 성도들과 이런 구호를 외쳤다. "천국 가는 길이 아니면 다 양보하자." 큰 그림을 볼 수 있으면 작은 것은 얼마든지 놓을 수 있다.

이쯤에서 다시 한번 물어보겠다. 우리의 목적지는 어디인가? 천국이 맞는가? 그렇다면 천국을 향해 가는 사람은 어떻게 살아야 할까? 지금처럼 사는 것이 맞을까? 신앙의 고백과 삶의 고백이 맞지 않을 때 참으로 괴로울 수 있지만 그렇기에 재차 물으며 가 보는 것이다. 아론과 미리암의 모습이 내게 없는가? 욕심과 시기심으로 가득한 채 내 멋대로 살면서 우리가 정말 천국으로 가는 사람이라고 당당하게 말할 수 있을까?

아론과 미리암이 이렇게 된 것은 큰 그림을 상실했기 때문이다. 목표를 잃어버린 것이다. 원래 하나님은 출애굽 과정에서 이 형제들을 통해 이루실 계획이 있었다. 그래서 이 형제들을 함께 부르신 것이다.

> 모세가 이르되 오 주여 보낼 만한 자를 보내소서 여호와께서 모세를 향하여 노하여 이르시되 레위 사람 네 형 아론이 있지 아니하냐 그가 말 잘하는 것을 내가 아노라 그가 너를 만나러 나오나니 그가 너를 볼 때에 그의 마음에 기쁨이 있을 것이라 너는 그에게 말하고 그의 입에 할 말을 주라 내가 네 입과 그의 입에 함께 있어서 너희들이 행할 일을 가르치리라 그가 너를 대신하여 백성에게 말할 것이니 그는 네 입을 대신할 것이요 너는 그에게 하나님같이 되리라 출 4:13-16

하나님이 부르실 때 모세는 처음에 거절했다. 자신은 이 일을 못할 것이라 생각했다. 스스로는 감당할 능력이 없으며 말재주도 없다고 여겼다. 그때 하나님은 형 아론이 곁에 있음을 알려 주신다. 모세에게 말씀을 주시면 그의 형이 대변인이 되어 백성에게 전하였다. 이처럼 하나님은 협력하여 광야를 지나갈 수 있도록 모세를 부르실 때 아론도 함께 부르셨다.

이것은 누가 더 높고 낮음의 문제가 아니다. 각자 해야 할 역할이 다를 뿐이다. 두 사람 모두를 두고두고 회자될 출애굽 역사에 귀하게 사용하시겠다는 뜻이었다. 그러나 아론은 안타깝게도 하나님의 그 뜻을 붙잡지 못했고, 마음속에 일어난 작은 욕심이 큰 그림을 가리고 말았다.

알프스에서 폭설로 길을 잃은 한 등반가가 13일 만에 구조되었는데, 그는 산에서 내려오기 위해 매일 12시간씩 걸었다고 한다. 그런데 나중에 알고 보니 그는 겨우 반경 6km 안에서 빙빙 돌고 있었다. 자신은 앞으로 열심히 걷고 있다고 생각했지만 사실은 원을 그리며 돌기만 한 것이다. 이런 현상을 링반데룽(ringwanderung) 또는 환상방황(環狀彷徨)이라고 한다. 링반데룽 현상은 독일어로 링(ring, 둥근 원)과 반데룽(wanderung, 걷는다)이 합해진 말로 등산 조난 용어다. 등산 도중에 짙은 안개나 폭설, 폭우 등 악천후로 인해 방향감각을 잃어버려서 같은 지역을 맴돌게 되는 현상을 가리킨다.

이 현상을 발견한 사람이 독일의 존 소우만(Jon Souman) 박사인데 그는 사하라 사막과 비엔워드 숲에서 이 실험을 했다. 참가자들은 해나 달이 잘 보이는 맑은 날엔 똑바로 걸었지만 시야가 어두운 날에는 방향감각을 잃었다. 실험 참가자들의 몸엔 GPS를 부착했는데 그들 중에는 방향을 잃고 계속해서 같은 자리를 맴도는 사람들이 있었다. 하지만 그들은 자신이 똑바로 걷고 있다고 착각했다. 소우만 박사는 눈 덮인 산이나 사막 같은 곳에서 우리의 시야가 가려졌을 때는 앞으로 나아가지 못하고 이렇게 방향을 잃고 헤매게 된다고 했다. 링반데룽에서 빠져나오려면 우선 자신이 같은 자리를 맴돌고 있다는 사실을 깨달아야 한다. 그리고 잠시 멈추고 방향과 위치를 재확인해야 한다. 잘 걸을 수 있는 방법은 목표물을 떠올리며 성큼성큼 걷거나, 30보쯤 걷다가 잠시 멈춘 뒤 새로운 마음으로 다시 시작하는 것이라고 한다.

이 세상은 설산이나 사막보다 더한 곳이다. 우리의 눈을 가리고 판단력과 방향감각을 잃어버리게 하는 것이 너무도 많다. 그나마 목표가 있다면 똑바로 갈 수 있지만 목표마저 상실하면 방황할 수밖에 없다. 잊지 않길 바란다. 우리의 목표는 천국이다.

나는 고등학교 시절 한 선교단체에서 올린 무언극 한 편을 본 적이 있다. 한 청년과 사탄이 등장하고, 그들 앞에는 포도주 열 잔이 놓여 있었다. 사탄이 청년에게 한 가지 제안을 한다. 이중에 하나를 골라 마시면 10억을 주겠다고. 지금도 어마어마한 돈이지만 그 당시 10억은 어린 내 머리로는 상상이 안 되는 큰돈이었다.

하지만 이 열 잔 중에 하나는 독이 들어 있다는 것이 함정이었다. 독이 든 잔을 마시면 죽는 것이고 아니면 10억을 받게 된다. 고민하던 청년은 그중 하나를 골라 마신다. 다행히 살았다. 정말로 10억이라는 돈을 사탄이 건넨다. 그러면서 돈이 떨어지면 언제든 다시 오라고 말한다. 그때는 두 배를 주겠다면서.

얼마 후 청년은 10억을 다 써 버리고 다시 사탄을 찾았다. 그는 또 한 잔을 마신다. 이번에도 죽지 않았다. 사탄은 약속대로 10억을 준다. 이렇게 그의 나이 70세가 될 때까지 그는 사탄을 찾아갔고 결국 그의 앞에는 단 두 잔만이 남게 되었다. 마지막으로 엄청난 돈을 가질 수 있는 기회를 얻게 된 순간, 이왕 이렇게 된 것 그는 망설임 없이 한 잔을 골라 마셨다. 다행히 독이 없었다. 돈을 받아 돌아가려는데 사탄이 그를 부른다. 그리고 그가 보는 앞에서 남은 한 잔을 마시면서 처음부터 포도주에는 독이 없었다고 말한다. 사탄의 목표는 오직 그의 인생을 망치는 것이었다. 목표를 상실하면 결국 자신의 인생조차 망가뜨릴 수 있다.

아론과 미리암은 하나님이 모세에게만 말씀하신 것이 아니라 자신들과도 말씀하셨다고 이야기한다. 그런데 이 말을 하나님이 들으셨다. 이는 단순히 이들의 말을 들으신 것이 아니라 그 마음을 보셨다는 것으로 해석된다.

인생을 살면서 배운 것은 하나님은 마음을 감찰하시는 분이라는 사실이다. 아주 정확하게 꿰뚫어 보신다. 사람 눈은 속일 수 있어도 하나님은 속일 수 없다. 하나님은 마음이 뒤틀리는 것에 대해 경고하신다. 연약한 것과 비뚤어진 것은 엄연히 다른 문제다. 미리암과 아론은 옳지 못한 마음을 먹었다. 하나님은 이 일에 진노하신 것이다.

아론과 미리암이 흔들리고 있다. 자신의 욕망을 성취하는 것이 잠시 그들의 목표가 되었다. 인생 여정에서 나름대로의 꿈은 필요하다. 그러나 큰 그림을 놓쳐서는 안 된다. 하나님이 주신 목표를 바라보지 못하고 나아갈 방향을 잃어버리는 순간 우리는 흔들리고 방황하게 된다.

민수기 12장을 통해 배우는 광야를 건너는 방법 첫 번째는 '푯대를 향해 걸어가라'는 것이다.

예수님도 광야에 가신 적이 있다. 40일을 금식하신 후에 성령에 이끌려 가셨는데 그곳에서 세 가지 시험을 받으셨다. 그것은 민수기 11장에 나오는 이들의 시험과 똑같다.

첫 번째가 음식이다. 돌이 떡이 되게 하라는 시험이다. 광야는 먹을 것이 필요한 곳이니 얼마나 민감한 부분인가? 그런데 예수님은 사람이 떡으로만 사는 것이 아니라 말씀으로 살아야 한다고 말씀하신다. 광야를 건너려면 먹을 것만이 아니라 매일 하나님의 말씀을 가지고 살아야 한다. 두 번째는 성전 꼭대기에서 뛰어내리라는 것이다. 기적을 보이라는 것이다. 이것은 광야 한가운데서 고기를 내놓으라는 것과 같다. 그때 예수님은 하나님을 시험하지 말라고 하신다. 하나님은 우리가 원하는 때에 우리의 입맛에 맞게 기적을 행하시는 분이 아니다. 우리가 주님께 기적을 강요할 수는 없다. 다만 하나님을 기다리며 신뢰해야 한다. 하나님은 실수하지 않으시는 분임을 믿는 것이다. 내 인생이 바닥을 칠 때도 나를 끝까지 인도하시는 분이라는 그 믿음 말이다. 그러니 고난의 길을 걷는다 해도 하나님을 시험하지 않기를 바란다.

세 번째 시험은 사탄 앞에 절을 하면 만국을 주리라는 것이다. 명성을 얻게 해주겠다는 것이다. 민수기의 사탄은 인간의 마음을 너무도 잘 알고 있었다. 아론과 미리암은 유명해지고 싶었고 자신이 맨 앞에 서고 싶었다. 그래서 사탄의 간교에 쉽게 넘어지고 말았다. 그러나 예수님은 달랐다. 예수님은 "사탄아 물러가라"고 말씀하셨다. 이스라엘 백성이 실패한 그 광야에서 예수님은 승리하셨다. 영적 전쟁에서 이기신 것이다. 200만 명의 이스라엘 백성이 실패한 그 길을 예수님은 완전한 순종으로 승리하며 걸어가셨다.[55]

예수님이 승리할 수 있었던 것은 이 땅에 오신 목표가 하나였기 때문이다. "인자가 온 것은 섬김을 받으려 함이 아니라 도리어 섬기려 하고 자기 목숨을 많은 사람의 대속물로 주려 함이니라"(막 10:45). 예수님은 십자가를 지러 오셨다. 이것은 사탄이 제일 반대하는 것이다. 왜냐하면 십자가를 지고 예수 그리스도가 죽는 순간 모든 사람이 구원받을 수 있는 길이 열리기 때문이다. 사탄은 예수님에게 하나님의 계획에 순종하지 말고 세상의 명성을 붙들라고 유혹했다. 그러나 예수님에게는 흔들리지 않는 십자가의 목표가 있었다. 한순간도 이것을 놓치지 않았다. 우리에게도 주님처럼 꿋꿋하게 날마다 푯대를 향해 걸어가는 은혜가 있기를 바란다.

하나님은 언제 진노하시는가?

우리는 여기에서 하나님의 진노를 생각해 보고자 한다. 의미심장한 것은 하나님의 진노라는 단어가 백성의 불평만큼 자주 등장한다는 점이다. 이것은 우리의 불평에 대해 하나님이 진노로 반응하신다는 뜻이기도 하다.

> 여호와께서 들으시기에 백성이 악한 말로 원망하매 여호와께서 들으시고 진노하사 여호와의 불을 그들 중에 붙여서 진영 끝을 사르게 하시매 민 11:1

> 백성의 온 종족들이 각기 자기 장막 문에서 우는 것을 모세가 들으니라 이러므로 여호와의 진노가 심히 크고 모세도 기뻐하지 아니하여 민 11:10

불은 성경에서 하나님의 신적 행위의 표지로서, 축복이나 심판에서 나타난다.[56] 이 상황에서 백성이 악한 말로 원망했을 때 하나님이 들으시고 진노하신다. 심지어 이스라엘 백성은 애굽으로 돌아가고 싶어 한다. 그 말은 하나님이 자신들을 잘못 인도하고 계시다는 생각에서 나온 것이다. 혹시 당신도 그렇게 생각하고 있는가? 애굽에서 나오면 모든 시름을 벗어던지고 꽃길만 걸을 줄 알았는데 막상 힘든 상황에 부딪혀 보니 잘못되었다고 생각하는 그들처럼, 혹시 당신도 기대하던 길이 아니라서 하나님에 대한 실망과 불신을 갖고 있지는 않은가?

우리는 당장 눈앞에 놓인 것만 보지만 하나님에게는 우리가 보지 못하는 큰 그림이 있다는 것을 알아야 한다. 지금 이 순간도 하나님의 손이 은혜의 섭리 가운데 우리를 인도하고 계심을 믿는 것이 신앙이다. 요나가 물고기 뱃속에 들어가 있던 그 순간에도 하나님은 그를 인도하셨다. 이런 믿음을 가져야 광야를 건널 수 있다. 삶으로 드리는 최고의 예배는 어려운 상황에서도 믿음의 태도를 잃지 않는 것이다.

> 냄새도 싫어하기까지 한 달 동안 먹게 하시리니 이는 너희가 너희 중에 계시는 여호와를 멸시하고 그 앞에서 울며 이르기를 우리가 어찌하여 애굽에서 나왔던가 함이라 하라 민 11:20

백성의 아우성에 하나님은 고기를 주기로 결정하신다. 그것도 하루 이틀이 아니라 한 달 내내 먹이시는데 냄새도 맡기 싫어질 때까지 주시겠다고 한다. 여기서 하나 질문해 보겠다. 지금 하나님의 심정이 어떠신 것 같은가? 미운 놈 떡 하나 더 주는 정도를 넘어 다시는 그 소리를 하지 않을 만큼 해주겠다는 것으로 보인다. 아무리 맛있는 음식도 매일 지겹도록 먹으면 쳐다보기 싫어지지 않는가? 심리적으로 볼 때 부족하면 갈급하게 되고 그것을 얻고자 하는 욕구가 생기지만, 충분히 채우고 나면 욕구도 가라앉게 마련이기에 하나님은 지금 부어 주시겠다고 하는 것 같다. 그러나 자세히 보면 하나님은 이스라엘 백성에게 적당히 만족할 만큼이 아닌 지나치게 주신다는 메시지를 전하고 있다. 왜냐하면 여기에 하나님의 심정이 담겨 있기 때문이다.

"냄새도 싫어하기까지"는 영어성경에서 '코에서 이것이 나올 때까지'로 되어 있다. 히브리 원어에 '진노'는 아프(אַף)라는 단어다. 원형은 진노와 코가 같은 어원이며, 이 단어는 '분노(anger)'로도 번역되고, '코로 냄새를 맡는다(nostril)'로도 번역된다. 말하자면 "냄새도 싫어하기까지"라는 말은 하나님의 진노하심의 다른 표현이라고 할 수 있다.

> 고기가 아직 이 사이에 있어 씹히기 전에 여호와께서 백성에게 대하여 진노하사 심히 큰 재앙으로 치셨으므로 민 11:33

하나님은 메추라기 떼를 보내어 그들이 먹기 싫어질 정도로 고기를 실컷 먹이신다. 그러나 또한 씹어서 다 삼키기도 전에 진노하심으로 재앙을 내리신다. 그리고 징계하신 그곳 이름을 기브롯핫다아와, 즉 '탐욕의 무덤'이라고 지었다. 메추라기에 욕심을 낸 사람들은 거기에서 죽었다.

광야를 지나는 동안 하나님은 백성을 굶기지 않으셨고, 만나를 통해 매일 살아갈 수 있게 하셨다. 사실 만나를 매일 내려 주신 목적은 그들이 매일 하나님의 말씀과 그 은혜를 먹으며 살아야 함을 가르치시기 위함이었다.[57] 그런데도 인간은 그 은혜에 감사할 줄 모른다. 인간의 탐욕은 마치 밑 빠진 독처럼 채워도 채워도 만족할 줄 모르며, 바로 전에 구름 기둥으로 하나님의 보호하심과 인도하심을 경험했으면서도 단기 기억상실처럼 돌아서면 언제 그랬냐는 듯 까맣게 잊고 불평과 원망이 앞선다.[58] "욕심이 잉태한즉 죄를 낳고 죄가 장성한즉 사망을 낳느니라"(약 1:15)는 말씀처럼 탐욕의 끝은 결국 죽음이다.

본문에서 하나님의 진노는 아론과 미리암에게도 향하고 있다. 이들이 모세를 시기하고 원망했을 때 하나님은 세 사람을 회막으로 부르셨고, 이후 아론과 미리암을 따로 부르신다. 그리고 하나님이 하시는 말씀을 들으라고 하신다. 답은 언제나 하나님께 있다.

> 여호와께서 갑자기 모세와 아론과 미리암에게 이르시되 너희 세 사람은 회막으로 나아오라 하시니 그 세 사람이 나아가매 여호와께서 구름 기둥 가운데로부터 강림하사 장막 문에 서시고 아론과 미리암을 부르시는지라 그 두 사람이 나아가매 이르시되 내 말을 들으라 너희 중에 선지자가 있으면 나 여호와가 환상으로 나를 그에게 알리기도 하고 꿈으로 그와 말하기도 하거니와 내 종 모세와는 그렇지 아니하니 그는 내 온 집에 충성함이라 그와는 내가 대면하여 명백히 말하고 은밀한 말로 하지 아니하며 그는 또 여호와의 형상을 보거늘 너희가 어찌하여 내 종 모세 비방하기를 두려워하지 아니하느냐 여호와께서 그들을 향하여 진노하시고 떠나시매 민 12:4-9

본문에는 '여호와의 진노'라는 직접적인 표현이 네 번이나 나온다. 냄새를 싫어할 때까지를 진노의 표현으로 본다면 총 다섯 번이나 반복되고 있다. 인간과 하나님의 진노 사이에는 차이가 있다. 사람의 진노가 화를 내는 부정적인 감정이라면, 하나님의 진노는 인간의 죄악과 잘못된 행위에 반응하는 하나님의 의로운 반응이다. 여기서 중요한 것은, 하나님의 감정이 상해 있다는 사실이다. 우리는 우리의 삶과 행동이 하나님을 화나게 할 수 있다는 사실을 인식해야 한다. 내가 주님의 일을 한다고 하지만 그것이 하나님을 진노하게 하거나, 마음을 아프시게 할 수도 있다. 하지만 하나님은 지금 이 상황에도 이스라엘 백성을 배려해서 인도하신다.

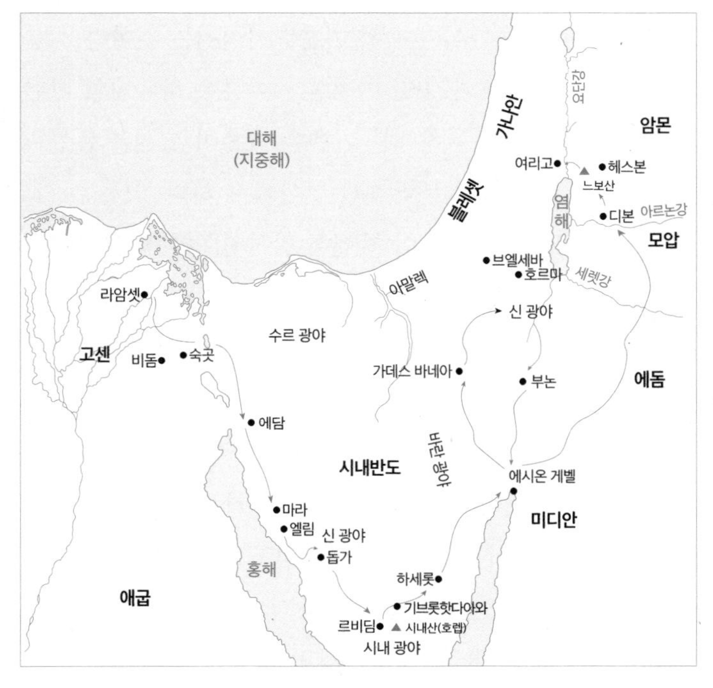

이스라엘의 출애굽 경로

지도를 보면 가나안까지는 보름이면 갈 수 있는 길이다. 그런데 이스라엘은 빠른 길을 두고 일부러 돌아가는 길로 갔다. 왜냐하면 강력한 군사력을 가진 블레셋이 진을 치고 있는 곳이라 그들과 전쟁을 치르다가는 이스라엘 백성이 다시 애굽으로 돌아가고자 할까 봐 하나님은 돌아가도록 하셨다(출 13:17).

그렇다면 하나님은 이런 문제를 가지고 염려하는 분이란 말인가? 그렇지 않다. 오히려 우리에게 내일 일을 염려하지 말라고 늘 말씀하시는 분이다. 다만 이 장면을 보면서 깨닫는 것은 하나님이 우리 때문에 고민하신다는 점이다. 나를 사랑하셔서, 나 때문에 근심하실 때가 있다는 것이다. 그래서 광야 길을 돌아가게 하고 훈련시키시는 것이다.

그런데 광야 학교를 통과 중인 미리암과 아론은 하나님의 이런 큰 계획을 거부한다. 하나님이 원하시는 기쁨은 아론이 모세를 돕는 것이다. 이것은 하나님이 아론에게 부탁하신 것이기도 하다. 그들은 하나님이 원하시는 기쁨을 잃어버렸다. 더 자세히 말하면, 하나님의 계획이 이루어지는 기쁨 대신 모세를 끌어내려 자기의 기쁨을 갖고 싶어 했다.

요나단은 다윗과 대척점에 있는 사울왕의 아들인데도 끝까지 다윗을 보호한다. 사울은 다윗을 죽여 자신의 기쁨을 얻으려 하지만 요나단은 다윗을 지켜 하나님의 기쁨을 구하고자 한다. 우리는 어떤 기쁨을 구하는가? 하나님의 기쁨인가 아니면 나의 기쁨인가?

강원도 시골 교회에서 목회할 때의 일이다. 교회에 오려면 차를 두 번이나 갈아타서 올 만큼 먼 거리에 사는 권사님이 계셨는데, 그분은 여름성경학교 때마다 아이들을 위해 복숭아며 옥수수 같은 먹을 것을 한 대야 챙겨서 머리에 이고는 땀이 범벅이 되어 교회까지 가져오셨다. 얼마나 힘드실까 싶으면서도 한편으로는 기뻤다. 아이들을 생각하는 그 마음이 감사했고, 땀을 닦는 그분의 얼굴에 담긴 기쁨을 보며 나도 함께 기뻤다. 고되고 힘들지만 절대 돈으로 살 수 없는 기쁨일 것이다.

광야를 건너는 법에는 십자가가 관통하고 있다. 남을 죽이는 것이 아니라 내가 십자가를 지는 기쁨이 남을 기쁘게 한다.

추수감사절 때였다. 시골 교회는 추수감사절이 헌금을 잘할 수 있는 유일한 날이다. 다들 농사를 짓기 때문이다. 그런데 건장한 체격의 한 여자 집사님은 매년 추수감사절에 쌀 한 가마니를 등에 지고 온다. 버스에서 내려 20분이나 땀을 뻘뻘 흘리며 교회까지 지고 온 뒤에 강대상 앞에 털썩 내려놓으며 하는 말이 뭔 줄 아는가? "아이고… 더럽게 무겁네." 하나님 앞에 드리면서 하는 말이다. 그 말을 들었을 때 하나님이 진노하셨을까? 그분을 바라보며 내 얼굴에 미소가 지어졌던 것처럼 아마 우리 주님도 그러셨을 거라 생각한다. 주님은 우리의 마음을 보신다. 나의 기쁨이 아닌 하나님의 기쁨을 먼저 구하는 우리가 되길 바란다. 이것이 하나님이 주시는 답이다.

하나님을 기쁘시게 하는 것, 나는 이것을 '깨끗한 기쁨'이라고 표현하고 싶다. 하나님이 본문을 통해 알려 주신 광야를 건너는 법 두 번째는 이런 '깨끗한 기쁨을 구하는 것'이다. 광야는 힘든 곳이기에 더욱 남의 것을 빼앗으려 한다. 마음이 광야이기 때문이다. 그러나 하나님을 기쁘시게 하는 것은 모든 사람을 기쁘게 한다. 그러므로 세상의 수많은 기쁨 중에서도 깨끗한 기쁨을 구하는 우리의 인생이 되길 바란다.

철저하게 죽는 기도의 자리를 통과해야 한다

본문을 보면 하나님의 기쁨이 아닌 자신의 기쁨을 구한 아론과 미리암에게 하나님이 진노하신다.

여호와께서 그들을 향하여 진노하시고 떠나시매 구름이 장막 위에서 떠나갔고 미리암은 나병에 걸려 눈과 같더라 아론이 미리암을 본즉 나병에 걸렸는지라 아론이 이에 모세에게 이르되 슬프도다 내 주여 우리가 어리석은 일을 하여 죄를 지었으나 청하건대 그 벌을 우리에게 돌리지 마소서 그가 살이 반이나 썩어 모태로부터 죽어서 나온 자같이 되지 않게 하소서 모세가 여호와께 부르짖어 이르되 하나님이여 원하건대 그를 고쳐 주옵소서

민 12:9-13

하나님의 진노로 미리암이 나병에 걸렸다. 그러자 아론과 미리암은 그들의 죄를 회개하기 시작했다. 이제야 자신의 잘못과 어리석음을 깨닫고 고백하는 것이다. 그때 모세는 이 상황을 외면하지 않고 누이를 고쳐 달라고 하나님께 부르짖어 기도한다. 자신을 비난하고 공격한 누이를 위해 중보기도 하는 모세에게서 하나님의 사람이 가진 영적인 따뜻함이 드러난다. 그러나 뜻밖에도 하나님은 냉정하셨다.

여호와께서 모세에게 이르시되 그의 아버지가 그의 얼굴에 침을 뱉었을지라도 그가 이레 동안 부끄러워하지 않겠느냐 그런즉 그를 진영 밖에 이레 동안 가두고 그 후에 들어오게 할지니라 하시니 이에 미리암이 진영 밖에

이레 동안 갇혀 있었고 백성은 그를 다시 들어오게 하기까지 행진하지 아니하다가 그 후에 백성이 하세롯을 떠나 바란 광야에 진을 치니라 민 12:14-16

이스라엘 전통 가운데 어떤 사람이 잘못했을 경우 그에게 침을 뱉음으로써 공개적으로 모욕을 주는 문화가 있다. 예를 들어, 부양의무가 있는 사람이 그 의무를 이행하지 않아 가까운 친족이 대신 부양해야 할 경우, 그 의무를 저버린 사람을 가리켜 '신 벗기운 자'라고 부른다. 그때 그의 얼굴에 침을 뱉고 신발을 벗긴다. 잘못을 저지른 자가 모욕과 수치를 당한 뒤 7일 동안 근신하는 것이 상례였기 때문에 그것을 들어 설명하시며 미리암을 진영 밖에 7일간 가두게 하셨다. 그리고 미리암이 격리되어 있는 동안은 광야의 행진도 멈추었다. 징계가 끝난 후에야 이동을 시작했다.

하나님의 은혜는 이들을 품고 다시 떠날 만큼 넉넉하다. 미리암은 징계를 받았으나 은혜 아래 용서받았다. 그러나 죄는 하나님을 슬프게 한다. 은밀하게 죄를 짓는다 해도 우리의 죄 때문에 하나님의 마음이 상하고, 다른 사람에게 나쁜 영향을 끼칠 수 있다. 남들은 모른다 해도 그 죄의 결과는 여전히 존재하게 된다. 죄로 인해 우리가 조심스럽게 지켜 오던 경건함이 더럽혀지고 삶의 간증이 손상을 입는다.

한시라도 빨리 광야를 건너가야 하는데 이 문제가 광야의 행진을 멈추게 했다. 아론과 미리암의 시기심, 그들의 개인적인 야망이 광야에 있는 다른 수많은 백성의 발목을 붙잡았다.

그런데 한 가지 궁금한 것이 있다. 아론과 미리암이 함께 모세를 공격했는데 왜 미리암만 나병에 걸렸을까? 하나님이 아론을 편애하시는가 아니면 둘 중 한 사람만 나병에 걸리게 함으로써 모두에게 회개를 유도하려는 것인가? 그 이유는 하나님만이 아실 것이다. 다만 중요한 것은 둘 다 회개했다는 것이다.

마지막으로 살펴볼 것은 미리암이 진영 밖에서 7일 동안 격리되어 있었다는 점이다. 이 7일은 공동체에서 분리되어 있는 기간이다. 철저한 고독의 시간, 수치심으로 가득한 시간이다. 그녀는 혼자 떨어져서 외로움과 부끄러움을 견뎌 내야 했다. 이렇게 사람들과 떨어져 있음으로 말미암아 단순히 나병의 문제가 아니라 모세를 공격하여 하나님이 진노하셨다는 것이 이 죄의 결과임을 모든 사람이 알게 되었다.[59]

하나님은 이 수치의 시간을 아론과 미리암이 오롯이 통과하도록 하신다. 이 고독의 7일을 지내며 미리암은 무엇을 했을까? 인간적인 부끄러움으로 끝나지 않고 자신 안에 있는 탐욕과 헛된 욕심을 모두 죽이는 기도의 시간을 가졌을 것이다. 기도의 골방에 미리암이 머물렀을 것이다.

신약성경을 보면 예수님이 어떤 집에서 설교하고 있는데 친구 네 명이 중풍병자를 데려온다. 하지만 많은 사람들로 인해 안으로 들어갈 수 없자, 친구들은 지붕을 뚫어 중풍병자인 친구를 예수님이 계신 아래로 내려보낸다. 여기서 중풍병자의 입장을 한번 생각해 보았으면 한다. 중풍은 선천적인 병이 아니라 정상적으로 살던 사람에게 뇌혈관 문제가 일어나 생긴 병이다. 몸에 마비가 오고 언어나 감각 등에 장애가 생기면서 말하는 것도, 스스로 걷는 것도 불편해진다. 그런데 이 사람의 입장에서 보면, 자신이 이런 병에 걸렸다는 것이 만천하에 드러나게 생겼다. 그때 그의 심정은 어떠했을까? 수치심은 없었을까? 그러나 고침을 받기 위해서는 통과해야 할 것이 있다. 나의 문제가 드러나는 것이다. 집 안에만 있던 중풍병자는 밖으로 나옴으로써 고침을 받았다. 하나님과의 관계에서는 감추면 안 된다.

미리암에게도 이 7일은 고통스럽더라도 수치가 드러나야 고침을 받을 수 있는 시간이었다. 나병에 걸린 미리암은 어쩌면 이 수치심 앞에서 죽고 싶었을지도 모른다. 사람들 앞에서 여인이자 하나님의 음성을 듣는 리더인 자신의 문제가 다 드러났기 때문이다. 하지만 하나님은 그 시간을 기도의 자리로 사용하신다. 그 7일은 나의 모든 문제와 비참함을 다 쏟아내고 고백하는 자리다. 모든 교만이 죽고 하나님 앞에 머무는 시간이다. 또다시 추한 모습이 드러날 수 있지만 그런 자신과 싸우리라 결심하는 자리다. 그렇기에 그 고독의 시간에 미리암은 회복과 치유를 누릴 수 있었다. 결국 이 시간이 지나고 나서 하나님은 그녀를 살리시고 꺼내 주셨다.

이렇게 광야는 내가 어떤 사람인지가 확연히 드러나는 곳이다. 하나님은 그런 우리를 고치신다. 광야는 나의 문제가 훤히 드러나지만 그래서 고침을 받게 되는 곳, 하나님이 나를 만지시는 곳이다. 이것이 은혜요 희망이다.

광야를 건너는 방법 그 마지막은 이렇게 자신이 '철저하게 죽는 기도의 자리를 통과하는 것'이다. 광야는 남을 죽이는 곳이 아닌 내 안에 있는 쓸데없는 욕심을 죽이는 자리다. 또한 십자가의 목표가 있어야 하며, 십자가의 깨끗한 기쁨이 있어야 한다. 십자가는 내가 죽는 것이다. 그리스도와 함께 못 박히고 내 안에 그리스도가 사시는 것이다.

홀로 있는 외로움을 영어로 loneliness라고 한다. 그 반대는 무엇일까?

‘함께함(togetherness)’이 아닐까 싶다. 내가 죽으면 함께 살 수 있다. 가정에서도 인생에서도 내가 죽으면 같이 살아갈 수 있다. 그 십자가가 곧 승리의 길이다. 성경이 내리는 결론은 바로 이것이다.

당신의 목표는 무엇인가? 혹시 잘못된 목표를 설정해 놓고 달려가고 있지는 않은가? 혹시 방향을 잃어버린 것은 아닌가? 당신의 푯대가 무엇인지를 다시 점검해 보길 바란다. 하루의 기쁨을 누리되, 더럽고 추한 기쁨을 구하지 않고 먼저 하나님의 기쁨을 구하며 깨끗한 기쁨을 선택하며 살게 되길 바란다. 오늘도 남을 죽이는 것이 아니라 내 교만과 이기심, 원망과 불평을 죽이는 하루, 그 미리암의 기도의 골방이 우리에게 있기를 소망한다.

광야에서 가진 것은

오직

하나님뿐이다.

Part 2.

비틀거리는 순례자,
붙드시는 은혜

7장

언제나 살아 있는 믿음

민수기 13-14장

우리는 너무 오랜 시간 그분과 멀찍이 거리를 유지할 수 없다.
그분이 집요하게 문을 두드리시면
우리는 분발하여 응답하게 된다. 그리고 응답하는 순간,
그분은 우리 안에 들어오신다.
우리는 불쑥 들어오신 그분과 제대로 사랑에 빠지고
부활의 능력으로 찬양의 삶에 다시 뛰어들게 된다.[60]
광야에서 믿음이 살아 있는가 죽어 있는가는 상황이 아니라
주님에 대한 우리의 태도에 의해 결정된다.

볼거리가 많지 않던 과거에는 서커스단이 큰 인기를 끌었다. 감탄이 절로 나는 기예와 화려한 쇼로 남녀노소 모두 재밌게 관람했다. 서커스를 본 적 있는 사람들은 알겠지만, 가장 아슬아슬한 공연은 바로 공중 곡예다. 곡예사들이 공중에 달린 그네를 타고 날아다니는 모습이나 줄 하나 없이 맨몸으로 옮겨 갈 때면 다들 조마조마한 심정으로 쳐다보며 탄성을 지르게 된다.

나는 상상해 보았다. 자기가 잡고 있던 그네를 놓고 상대방의 손을 잡기까지 공중에 떠 있는 시간 동안 이 사람은 무슨 생각을 할까? 첫째는 손을 놓치면 어떡하지 하는 불안과 두려움, 의심이 들 수 있다. 또 하나는 상대를 믿고 기다리는 것이다. 열심히 연습했으니 분명 저 사람이 잡아 줄 것이라는 신뢰를 가지는 것이다. 그런데 혹여 그 사람이 손을 놓쳐 그네에서 떨어진다고 해도 그 아래에는 그물이 쳐 있다. 요즘은 트램펄린이 깔려 있어서 일부러 안전하게 떨어지는 모습을 보여 주기도 한다. 나름대로 안전장치가 있는 것이다. 그런데 사람들은 밑에 있는 그물보다 아슬아슬하게 공중을 돌고 있는 곡예사에게 온통 초점이 맞춰져 있다.

우리의 인생도 마치 저 공중에 떠 있는 시간처럼 아무 의지할 것 없는 그런 광야의 시간을 보낼 때가 있다. 그때는 아마도 수많은 생각이 오갈 것이다. 그러나 그 상황에서도 주님은 우리의 손을 잡아 주실 것이며, 혹여 바닥으로 떨어진다 해도 그물을 쳐 놓고 기다리고 계신다.

이에 대해 사도 바울은 "누가 우리를 그리스도의 사랑에서 끊으리요 환난이나 곤고나 박해나 기근이나 적신이나 위험이나 칼이랴… 그러나 이 모든 일에 우리를 사랑하시는 이로 말미암아 우리가 넉넉히 이기느니라"(롬 8:35, 37)고 고백하고 있다. 어떤 위기가 와도 우리를 품어 주시는 그분의 사랑을 끊을 수 없다. 이것을 믿는 사람은 인생의 광야에서 자신의 믿음이 살아 있음을 체험하게 될 것이다.

우리가 읽고 있는 민수기는 광야 여정기다. 지금까지 많은 문제가 일어났고, 불평과 원망이 이어졌으며, 하나님의 진노하심도 경험했다. 이번에 나눌 13장과 14장에서는 하나님께서 이스라엘 백성들로 하여금 40년 동안 광야를 돌게 하신 가장 결정적인 이유가 된 사건이 다뤄진다. 바로 12명의 정탐꾼을 보낸 이야기인데, 이 일로 가나안 땅 입성이 보류된 채 광야에서 방황하게 된다.

또다시 불평에 대한 이야기를 하려는 것이 아니다. 오히려 이 혼란 중에도 어둠 속 별처럼 빛나는 사람들이 있다는 것을 말하고자 한다. 그들을 통해 살아 있는 믿음이란 무엇인지, 그 믿음을 어떻게 발휘하며 살아갈 것인지를 함께 생각해 보고자 한다.

하나님이 시작이요 마침표다

본문의 내용을 간략히 정리해 보면 12명의 정탐꾼이 40일간 가나안 땅을 살펴보고 돌아온다. 그중에 10명은 비록 그곳이 좋은 땅이긴 하나

거인들이 살고 있는 곳으로 이길 승산이 없다고 보고한다. 그러나 남은 2명, 곧 여호수아와 갈렙은 이와는 반대로 그들을 넉넉히 이길 것이라고 말한다. 이렇게 서로 엇갈린 평가가 나오자 백성은 다수의 말을 듣고 흔들리기 시작했고 자신들의 생각대로 다른 계획을 세운다.

이 일로 하나님은 정탐한 40일을 기준으로 하루를 1년으로 계산해서 총 40년 동안 광야에서 방황하게 하신다. 결국 그러는 사이, 출애굽한 사람들 중 민수기 1장에서 계수했던 20세 이상의 1세대들은 가나안에 들어가지 못하고 모두 광야에서 죽게 된다.

여기서 눈여겨볼 것은 비록 객관적으로 소망이 없어 보이는 상황이지만 여호수아와 갈렙, 이 두 사람의 믿음은 뭔가 달라 보인다는 점이다. 게다가 마치 하나님이 이 두 사람의 믿음을 우리에게 자랑하시는 것처럼 느껴지기도 한다.

그렇다면 이 어려운 상황에서도 남들과 다르게 반응하고 있는 이 두 사람의 특별한 믿음은 과연 어디에서 오는 것일까? 아니, 어떻게 그런 믿음을 발휘할 수 있는 것일까?

예수님을 따르던 베드로는 모두가 주님을 버린다 해도 자신은 절대로 버리지 않겠다고 고백했다. 베드로의 이 말은 진심이었을까 아니면 거짓이었을까? 분명 진심이었을 것이다. 다만 그가 처한 상황과 압박감 때문에 그 믿음을 발휘하는 데 실패했을 뿐이다.

우리도 베드로처럼 위기가 닥쳐올 때 본심과 달리 믿음을 지키지 못하는 순간이 올 수 있다. 그러나 낙심하거나 절망하지 않기를 바란다. 그 패배자 같은 심정의 끝에서 내가 그동안 무엇을 의지하고 있었는지를 깨닫게 되는 게 곧 은혜요 소망이다. 그것을 깨닫는 순간, 하나님만 붙들 수 있기 때문이다.

믿음은 내 능력으로 지키는 것이 아니다. 성령께서 도와주셔야 한다. 여호수아와 갈렙은 수많은 백성이 반기를 들고 돌로 쳐 죽이려고 하는 순간에도 하나님을 향한 믿음을 발휘했다. 우리도 본문을 살펴보면서 이 살아 있는 믿음을 배우고 사용할 수 있기를 바란다.

먼저 생각해 볼 것은 누가 이 가나안 땅 정탐을 계획했는가이다.

> 여호와께서 모세에게 말씀하여 이르시되 사람을 보내어 내가 이스라엘 자손에게 주는 가나안 땅을 정탐하게 하되 그들의 조상의 가문 각 지파 중에서 지휘관 된 자 한 사람씩 보내라 모세가 여호와의 명령을 따라 바란 광야에서 그들을 보냈으니 그들은 다 이스라엘 자손의 수령 된 사람이라 민 13:1-3

가나안 정탐을 모세가 계획한 것으로 아는 사람들도 있겠지만 이 일을 결정한 분은 바로 하나님이시다. 모세는 하나님의 명령에 따라 바란 광야에서 12명을 뽑아 가나안으로 보냈다. 이뿐 아니라 출애굽을 계획하고 진두지휘하신 분도 하나님이시다. 그 전에 이스라엘 백성이 애굽에 정착하도록 요셉을 총리로 세우신 분도 하나님이시다. 그 이전에 아브라함에게 너희 백성이 이방의 객이 되어 섬길 것이라고 하신 분도 하나님이시다. 그리고 더 이전에 이 세상을 창조하신 분이 하나님이시다.

그렇다면 우리 인생을 시작하신 분이 누구인가? 나를 이 땅에 있게 하신 분이 누구인가? 인생의 수많은 역경 속에서 나를 인도하고 계신 분이 누구인가?

여호수아와 갈렙은 이 일을 시작하신 분이 누구인지를 알았다. 그들을 보낸 분이 하나님이심을 안 것이다. 약속의 땅으로 보내신 분이 과연 그들을 죽이기 위해 보내시는 것일까?

목회를 하다 보면 우리 성도들 사이에서 비극적 사건들이 종종 일어난다. 병으로 어느 날 갑자기 세상을 떠난 분도 있고, 자식이 부모보다 먼저 떠난 일도 있다. 그 사건 자체는 이루 말할 수 없는 절망이다. 그러나 기억해야 할 것은 내 가족에게 생명을 주신 분이 주님이라는 사실이다. 또한 이끌어 가시는 분도 주님이시다. 모든 것이 주께로부터 왔고, 주로 말미암아 진행되며, 주께로 돌아갈 것이다.

믿음이 살아 있으려면 잊지 말아야 할 것이 있다. 첫째는 '하나님이 나의 삶을 시작하셨고 인도하시며 마치게 하신다'는 사실이다. 푸른 초장, 쉴 만한 물가로 인도하실 때뿐 아니라 사망의 골짜기를 지날 때도 인도하신다. 또한 하나님이 정한 시기에 삶을 마치게 하실 것이다. 이것을 붙들 때 우리는 비극 가운데서도 좌절하지 않게 된다.

세례 요한이 주님의 오심을 외치다가 목이 베어 죽임을 당했다고 해서 우리는 절망하지 않는다. 왜냐하면 그 사건이 하나님의 약속과 섭리 가운데 있음을 믿기 때문이다. 스데반이 복음을 전하다가 돌에 맞아 죽었어도 우리는 비통에 잠겨 있지만은 않는다. 하나님 보좌 우편에 앉아 있을 수 없어 선 채로 스데반을 바라보셨던 그 주님을 우리도 믿기 때문이다.

하나님은 지금도 일하고 계신다. 여호수아와 갈렙은 이것을 신뢰했다. 그들은 이 믿음의 연습을 하고 있었다. 우리의 모든 위기는 믿음을 연습하는 기회가 된다.

분명한 것은 정탐하도록 하신 분이 하나님이라는 사실이다. 가나안으로 보내신 분도 하나님이다. 그곳에 들어가게 하실 분도 하나님이다. 이 사실을 믿을 때 우리의 믿음은 언제나 살아 있는 믿음이 된다. 그러니 어떤 좌절 속에 있더라도 주님의 인도하심을 믿고 그 믿음을 사용하는 우리가 되길 바란다.

전쟁은 하나님께 속했음을 기억하라 ·

다음은 12명의 정탐꾼을 선택하는 장면이다. 각 지파에서 한 명씩 택하여 선발했는데 그중에 특별히 두 사람을 눈여겨보아야 한다. 한 명은 장차 예수님이 오시는 유다 지파의 갈렙이고, 또 한 명은 야곱의 손자인 에브라임 지파의 호세아다. 호세아는 여호수아다. 이들은 40일 동안 가나안 땅을 정탐하고 돌아와 모세와 온 백성에게 살펴본 내용을 보고했다. 정탐꾼 대다수는 좋은 소식과 나쁜 소식 두 가지를 전했다.

> 모세에게 말하여 이르되 당신이 우리를 보낸 땅에 간즉 과연 그 땅에 젖과 꿀이 흐르는데 이것은 그 땅의 과일이니이다 그러나 그 땅 거주민은 강하고 성읍은 견고하고 심히 클 뿐 아니라 거기서 아낙 자손을 보았으며
>
> 민 13:27-28

그들이 전한 좋은 소식은 그 땅이 정말로 젖과 꿀이 흐른다는 사실이다. 그러나 나쁜 소식은 성읍이 크고 견고하며, 거주민은 아낙 자손이라는 것이다. 말하자면 땅은 아주 좋지만 차지하기에는 불가능한 요소들

이 많으니 가서는 안 된다는 것이다. 그러나 함께 다녀온 갈렙의 생각은 달랐다.

> 갈렙이 모세 앞에서 백성을 조용하게 하고 이르되 우리가 곧 올라가서 그 땅을 취하자 능히 이기리라 하나 민 13:30

갈렙은 다른 정탐꾼들과는 완전히 반대되는 의견을 제시한다. 똑같은 곳을 보고 왔음에도 그는 능히 이길 것이라고 보고한다. 그러자 열 명은 갈렙의 말을 막으며 그들의 의견을 더욱 강력하게 피력한다.

> 그와 함께 올라갔던 사람들은 이르되 우리는 능히 올라가서 그 백성을 치지 못하리라 그들은 우리보다 강하니라 하고 이스라엘 자손 앞에서 그 정탐한 땅을 악평하여 이르되 우리가 두루 다니며 정탐한 땅은 그 거주민을 삼키는 땅이요 거기서 본 모든 백성은 신장이 장대한 자들이며 거기서 네피림 후손인 아낙 자손의 거인들을 보았나니 우리는 스스로 보기에도 메뚜기 같으니 그들이 보기에도 그와 같았을 것이니라 민 13:31-33

대다수 정탐꾼들은 그 땅에 대해 악평했다. 그곳은 아낙 자손이 있는 곳이다. 아낙 자손은 네피림의 후손으로 기골이 장대한 거인족이며 고대에 용사로 명성이 난 사람들이다. 이런 사람들을 상대로 싸우는 것은 무모한 일일 수 있다. 싸워도 질 것이 불 보듯 뻔한 일일 수 있다. 그들 앞에서 이스라엘 백성은 메뚜기같이 연약한 존재임을 확인할 수 있다. 어쩌면 10명의 정탐꾼들이 정확한 보고를 했을 수 있다. 그들은 객관적인 사실을 전한 것이다.

하지만 여호수아와 갈렙은 능히 이길 것이라고 말하고 있다. 10명의 정탐꾼과 이 두 사람의 차이는 과연 무엇일까?

이 땅에는 수많은 전쟁이 있는데, 그 전쟁마다 종류도 다르고 싸우는 법도 각기 다르다. 힘으로 부딪혀 싸우는 전쟁이 있는가 하면 힘으로 싸우지 않는 전쟁도 있다. 출애굽 때를 생각해 보라. 전쟁을 해서 나왔는가? 홍해에서 애굽 군대를 수장시킬 때 힘으로 했는가? 이런 싸움을 영적 싸움이라고 한다. 이스라엘 백성은 이미 하나님의 힘으로 싸워 승리를 경험한 사람들이다.

영적 싸움은 우리의 힘으로 싸우는 것이 아니다. 이런 싸움을 해본 대표적인 사람이 바로 다윗이다. 그의 상대 골리앗 역시 아낙 자손이 사는 가드 출신이다. 그의 키가 여섯 규빗 한 뼘이나 된다고 했으니 오늘날로 보면 2m 이상 되는 거인이다. 그런 자와 마주하고 있는 다윗은 자신이 어떤 싸움을 하고 있는지 정확히 이해했다.

> 다윗이 블레셋 사람에게 이르되 너는 칼과 창과 단창으로 내게 나아오거니와 나는 만군의 여호와의 이름 곧 네가 모욕하는 이스라엘 군대의 하나님의 이름으로 네게 나아가노라 삼상 17:45

다윗은 자신의 힘이 아니라 만군의 여호와의 이름으로 나아갔다. 이것이 다윗과 여호수아, 갈렙의 공통점이다. 이들은 힘으로 이길 수 없다는 것을 알고 있다. 죽을 수 있다는 것도 안다. 그런데도 나아가는 이유는 믿음을 연습해 본 경험이 있기 때문이다. 다윗은 들판에서 양을 칠 때 사자나 곰이 와서 양을 움켜쥐면 쫓아가서 때려눕혔다. 양을 구하기 위해 달려간 소년의 주먹이었음에도 맹수들이 졌다. 그때 다윗은 자기 힘이 아니라 주님의 도우심으로 제압할 수 있었음을 체험했다.

위기 상황은 내 믿음을 연습하는 최고의 기회다. 이런 승리를 경험한 다윗은 골리앗과 대결하는 위협적인 상황에서도 똑같이 반응했다. 승리의 원동력은 바로 살아 있는 믿음에 있음을 그의 고백이 보여 주고 있다.

> 또 여호와의 구원하심이 칼과 창에 있지 아니함을 이 무리에게 알게 하리라 전쟁은 여호와께 속한 것인즉 그가 너희를 우리 손에 넘기시리라
>
> 삼상 17:47

다윗의 고백처럼 영적 전쟁은 하나님께 속했다. 이 승리는 우리의 힘에 있지 않고 주님의 능력과 권세에 있다. 이것에 대해 영어성경은 "The Lord always wins his battles, and he will help us defeat you"(CEV)라고 한다. 하나님은 그의 전쟁을 반드시 이기신다. 그리고 하나님은 승리하도록 우리를 반드시 도우신다. 우리가 연약할지라도 만군의 여호와 이름으로 나아가길 바라신다. 이 말은 싸움의 적들을 우리에게 넘겨주시겠다는 의미다. 그러니 인생을 살면서 내 앞에 어떤 싸움이 놓여 있는지 분별하는 지혜가 필요하다.

우리가 살아 있는 믿음을 지키기 위해 기억해야 할 두 번째는 '전쟁은 여호와께 속한 것'이라는 고백이다. 지금 10명의 정탐꾼은 그들이 가진 힘으로 싸워야 하는 전쟁인 줄 알고 있다. 그러니 스스로가 한없이

작고 연약해 보였을 것이다. 그러나 여호수아와 갈렙은 당장 눈앞에 보이는 것이 아니라 이 땅을 주겠다고 하신 하나님의 약속을 믿었다. 하나님이 정탐꾼을 보낼 때 분명히 "이스라엘 자손에게 주는 가나안 땅"을 정탐하라고 말씀하셨다. 이미 주겠다고 약속하신 그 땅에, 하나님이 먼저 보내셨다는 사실을 놓치면 안 된다. 10명의 정탐꾼은 절대로 이길 수 없다고 믿었으나, 갈렙과 여호수아는 하나님이 허락하셨기에 하나님의 능력과 권세로 이긴다고 믿었다. 이 믿음의 차이가 확연한 차이를 만들었다.

죄와 싸울 때도 마찬가지다. 우리는 질 수밖에 없지만 여호와의 이름으로 나아가면 그분이 이기실 줄로 믿는다. 끊어지지 않는 질긴 죄가 있다 하더라도 여호와의 능력과 권세를 붙들고 기도할 때 그 죄악들이 파쇄되는 은혜가 있을 것이다.

다윗도 믿음이 흔들린 적이 있다. 다윗이라고 어둠 속에 머물 때가 왜 없었겠으며, 한없이 연약해질 때가 왜 없었겠는가? 그러나 믿음이 흔들릴 때마다 그는 선포하며 기도했다. 그 믿음을 연습하기 위해 그토록 수많은 시편의 기도가 있었던 것이다. 신앙인들은 자신만의 시편을 가지고 살아야 한다. 내 인생의 시편, 내 인생의 눈물의 기도가 있어야 한다. 다윗이 이긴 비밀은 무엇인가? 바로 전쟁은 여호와께 속한 것임을 알았다는 것이다.

말씀이 사람의 말을 이긴다

마지막으로 백성의 모습을 살펴보자. 10명의 사람이 그 땅에 가면 안 된다고 말하니 백성은 다수의 의견을 따른다. 그러나 구원은 다수의 말에 의해 이루어지는 것이 아니다. 진리가 하는 일이다. 동서남북은 투표로 결정하지 않는다. 이미 정해져 있기 때문이다. 필요한 것은 나침반이다. 그럼에도 불구하고 백성은 또다시 원망을 쏟아낸다.

> 온 회중이 소리를 높여 부르짖으며 백성이 밤새도록 통곡하였더라 이스라엘 자손이 다 모세와 아론을 원망하며 온 회중이 그들에게 이르되 우리가 애굽 땅에서 죽었거나 이 광야에서 죽었으면 좋았을 것을 어찌하여 여호와가 우리를 그 땅으로 인도하여 칼에 쓰러지게 하려 하는가 우리 처자가 사로잡히리니 애굽으로 돌아가는 것이 낫지 아니하랴 이에 서로 말하되 우리가 한 지휘관을 세우고 애굽으로 돌아가자 하매 민 14:1-4

백성은 차라리 애굽에서 나오지 말았어야 한다고 말한다. 그들은 지금 하나님이 하신 일을 거부하며 부정하고 싶어 한다. 이것이 끝이 아니다. 그들의 원망이 하나님에게로 뻗어 간다. 하나님이 그들을 모두 죽게 만든다고까지 생각한다. 출애굽 후 홍해를 건너 구름 기둥을 따라 만나와 메추라기를 먹으면서도 지금 하나님이 인도하고 계심을 전혀 믿지 않고 있다.

우리는 어떠한가? 그들과 다를 것 같은가? 사람은 위기가 오면 별의별 생각을 다 한다. 백성은 밤새도록 통곡하며 모세와 아론을 원망했다.

급기야는 모세가 아닌 다른 지휘관을 정해서 애굽으로 돌아가자고 했다. 이런 사람들끼리 지도자를 다시 뽑다가는 엄청난 싸움이 일어날지도 모른다. 60만 명의 장정 중에 얼마나 많은 사람이 지도자가 되겠다고 나서겠는가?

이런 혼란스러운 상황에서 모세와 아론은 온 회중 앞에 엎드린다. 이런 믿음 없는 사람들을 보면서 여호수아와 갈렙은 옷을 찢었다. 마음이 너무 아파서다. 사실은 주님의 마음이 아프신 것이다.

> 모세와 아론이 이스라엘 자손의 온 회중 앞에서 엎드린지라 그 땅을 정탐한 자 중 눈의 아들 여호수아와 여분네의 아들 갈렙이 자기들의 옷을 찢고 이스라엘 자손의 온 회중에게 말하여 이르되 우리가 두루 다니며 정탐한 땅은 심히 아름다운 땅이라 여호와께서 우리를 기뻐하시면 우리를 그 땅으로 인도하여 들이시고 그 땅을 우리에게 주시리라 이는 과연 젖과 꿀이 흐르는 땅이니라 다만 여호와를 거역하지는 말라 또 그 땅 백성을 두려워하지 말라 그들은 우리의 먹이라 그들의 보호자는 그들에게서 떠났고 여호와는 우리와 함께하시느니라 그들을 두려워하지 말라 하나 온 회중이 그들을 돌로 치려 하는데 그때에 여호와의 영광이 회막에서 이스라엘 모든 자손에게 나타나시니라 여호와께서 모세에게 이르시되 이 백성이 어느 때까지 나를 멸시하겠느냐 내가 그들 중에 많은 이적을 행하였으나 어느 때까지 나를 믿지 않겠느냐 민 14:5-11

하나님은 오래전부터 그 땅을 주겠다고 하셨다. 그리고 그 약속을 지키기 위해 광야에서 성실하게 인도하고 계셨다. 여호수아와 갈렙은 그 하나님이 우리와 함께하시니 두려워 말라고 외쳤다. 그러나 백성은 오히려 그들을 돌로 치려 했다. 이런 상황이 되자 결국 하나님이 회막에 나타나신다. 그동안 수많은 이적을 보였건만 어느 때까지 나를 믿지 않겠느냐고 책망하신다. 답답한 속마음을 열어 보이신 것이다.

이것은 우리에게 하시는 말씀일 수 있다. 무슨 일만 생기면 믿음이 흔들리고, 아니 믿음이라는 것이 과연 있었는가 싶을 만큼 믿음 없는 사람처럼 군다. 믿음이 있어도 사용하지 못한다면 도대체 어떤 믿음인가? 비 오고 바람 불면 곧 쓰러져 버리는 모래 위에 세운 집이 아니겠는가? 입으로는 주님을 부르면서 정작 삶에서는 주님이 아무런 영향도 미치지 못하는 신앙의 날들을 보낸 게 아닌가? 이런 우리에게 하나님은 물으신다. 언제까지 믿지 않을 것인가? 언제까지 그런 삶을 반복하며 살아갈 것인가?

위기가 닥치면 쭉정이와 알곡이 가려지듯이 진짜 믿음과 가짜 믿음이 가려진다. 죽은 믿음과 살아 있는 믿음이 드러난다. 믿음은 어려운 상황에 맞닥뜨렸을 때 나타나는 하나님에 대한 우리의 태도다. 여호수아와 갈렙은 적대적인 군중을 향해 하나님이 어떤 분이신지 분명히 선포한다. 하나님은 은혜 베풀기를 원하시는 선한(generous) 분이라는 것, 결코 거리를 두고 멀리 계신 분이 아니라 이스라엘과 매우 인격적인 관계를 맺으시는(personal and sensitive) 분이라는 것, 그리고 지금 고통의 현장에 함께 계시는(present) 분이라는 선포였다.[61]

이렇게 신앙과 불신앙이 충돌하고 있을 때 모세는 백성의 죄를 대신해 하나님 앞에 용서를 구한다. 하나님은 모세의 말을 들어주셨지만 이스라엘 백성의 모습을 보고 중대한 결정을 내리신다.

여호와께서 이르시되 내가 네 말대로 사하노라 그러나 진실로 내가 살아 있는 것과 여호와의 영광이 온 세계에 충만할 것을 두고 맹세하노니 내 영광과 애굽과 광야에서 행한 내 이적을 보고서도 이같이 열 번이나 나를 시험하고 내 목소리를 청종하지 아니한 그 사람들은 내가 그들의 조상들에게 맹세한 땅을 결단코 보지 못할 것이요 또 나를 멸시하는 사람은 한 사람도 그것을 보지 못하리라 그러나 내 종 갈렙은 그 마음이 그들과 달라서 나를 온전히 따랐은즉 그가 갔던 땅으로 내가 그를 인도하여 들이리니 그의 자손이 그 땅을 차지하리라 민 14:20-24

결국 그 두려움 때문에 가나안 땅에 바로 들어가지 못하게 되었다. 하나님이 행하신 숱한 이적을 보고도 청종하지 않는 사람은 그 누구도 그 땅에 들어가지 못한다고 말씀하신다.

하지만 여호수아와 갈렙은 다르다. 이 두 사람만은 그 땅을 차지할 것이라고 하신다. 무엇이 그 10명의 정탐꾼들과 달랐던 것일까? 바로 믿음이다. 다수가 반대하고 나섰고, 백성이 죽일 듯이 달려드는 막다른 상황에서도 그들은 끝까지 믿음을 보였다. 살아 있는 믿음을 말이다.

이 믿음을 얻기 위해서는 민수기 13장과 14장 전체에서 두 단어를 유심히 살펴보아야 한다. 바로 '말'과 '말씀'이다. 수많은 사람의 말이 있고, 하나님의 말씀이 있다.

여호와께서 모세와 아론에게 말씀하여 이르시되 민 14:26

인생 중에 들리는 사람들의 무성한 말이 있고, 또 주님의 말씀이 있다. 여호와의 말씀이 임하면 사람의 말은 고개를 숙일 수밖에 없다. 하나님의 말씀이 수많은 사람의 말을 이기기 때문이다. 살아 있는 믿음은 말이 아닌 말씀을 붙들 때 힘을 발휘하게 된다.

하나님이 여호수아와 갈렙이 다른 이들과 다르다고 하신 것은 이들이 사람의 말이 아닌 하나님의 말씀을 붙들었기 때문이다. 하나님의 약속을 신뢰하는 눈이 활짝 열린 것이다.[62] 두 사람은 그 말씀을 믿었고, 그 말씀에 의해 행동했으며, 그 말씀에 따라 대답했다.

믿음이 살아 있게 하기 위해서는 세 번째로 '말씀이 사람의 말을 이긴다는 것'을 기억해야 한다.

마가복음 5장에 보면 예수님이 회당장 야이로의 딸이 아프다는 말을 듣고 만나러 가는 길에 이미 그의 딸이 죽었다는 소식을 듣게 된다. 그러나 그 소식을 듣고도 예수님은 그의 집에 가셨다. 주변 사람들은 이미 딸이 죽었다고 통곡하며 절망하고 있을 때, 예수님은 "이 아이는 죽은 것이 아니라 잔다"고 말씀하셨다. 예수님의 말씀이 선포되었다면 이 아이는 죽은 것인가, 자고 있는 것인가? 예수님이 그 아이에게 다가가려고 하자 사람들이 조롱했다. 그럼에도 예수님은 그들의 말을 무시하고 "달리다굼, 소녀야 일어나라"고 말씀하신다. 그때 기적이 일어났다.

말씀이 오면 죽은 자가 살아난다. 하나님의 말씀이 우리 가슴에 들리면 죽은 믿음이 살아날 줄로 믿는다. 이렇게 살아 있는 믿음의 특징은 말씀이 사람의 말을 이긴다는 것이다. "달리다굼, 일어나라" 말씀하시면 그때 죽은 믿음이 산 믿음이 된다.

여호수아와 갈렙은 정복해야 할 상대가 크고 강력하다는 것을 인정했다. 이상주의자처럼 그 자체를 무시한 것이 아니다. 다만 하나님이 그 땅을 취하라고 말씀하셨기에 그들은 나아가자고 한 것이다. 현실은 바로 눈에 보이지만 약속은 믿어야 보인다. 두 사람이 믿음을 지킨 것은 사람의 말보다 하나님의 말씀에 반응했기 때문이다. 그러므로 하나님은 12명의 정탐꾼 가운데 이 두 사람의 믿음에 우리가 주목하기를 바라신다.

우리 인생은 주님이 시작하셨다. 그러니 어떤 위기가 닥쳐도 주님이 인도하신다. 또한 주님이 그 뜻 안에서 우리 인생을 마치게 하실 것이다. 이것을 믿는다면 전쟁 또한 여호와께 속해 있음을 믿어야 한다. 두려운 마음, 좌절과 낙심의 동굴로 들어가지 않고 날마다 이 믿음을 선포하며 나아가길 바란다. 마주한 문제가 아무리 커도 주님이 시작하셨다면 승리는 이미 주님께 있다. 우리를 흔드는 주변의 무성한 말들에 휩쓸리지 않고, 오직 하나님의 말씀을 붙드는 살아 있는 믿음을 발휘하는 우리가 되길 기도한다.

주님이 말씀하시면 성난 파도도 잔잔해지며, 주님이 말씀하시면 물이 포도주가 되며, 주님이 말씀하시면 죽은 자도 일어난다. 하나님은 우리에게 언제까지 믿지 않겠느냐고 하신다. 이 일로 이스라엘 백성은 40년을 광야에서 헤맸다. 이제 우리의 믿음이 일어날 때다. 어려움 앞에 무너지고 있다면 다시 한번 살아 있는 믿음으로 회복되길 바란다. 순례자인 우리의 걸음은 이미 하늘에 닿아 있다.[63]

하나님의 말씀을

붙드는 자가

살아 있는 믿음의 소유자다.

8장

풀은 마르고 꽃은 시드나

민수기 16-19장

아래로 자란다는 말이 우습게 들릴 수 있다.
그러나 우리는 '아래로' 자람으로써 낮아짐을 통해
예수님의 수준에 이르기까지
'위로' 성장한다는 진리를 깨달아야 한다.
그리스도인은 작아짐으로써 더 크게 성장한다.[64]

민수기 16장부터 19장까지의 내용에 대해 여러 성서학자들이 정리한 것 중 가장 명확하게 다가온 주제가 있다면 바로 '권위'다.[65] 권위라는 단어를 떠올릴 때 흔히 부정적으로 생각하기 쉬운데 성경에서 권위는 아주 긍정적이고 중요한 단어로 사용되고 있다. 마태복음에서는 산상수훈을 가르치신 예수님을 소개하는 장면이 나오는데, 말씀하시는 것이 다른 서기관이나 바리새인과 같지 않고 권위 있는 자와 같았다고 표현하고 있다(마 7:28-29).

권위의 현대적 정의는 한마디로 '다른 사람을 움직이는 힘'이라고 설명할 수 있다. 어떤 사람이 권위 있다는 말은 그 사람의 말을 따르게 되는 영향력을 가졌다는 의미다. 다만 권위(Authority)와 권위주의(Authoritarianism)는 엄연히 다르니 혼동해서는 안 된다. 세상의 모든 권위는 하나님이 부여 주시는 것이다. 그러나 권위주의는 인간 스스로가 가지려는 것이다. 권위주의의 사전적 의미는 상대의 의견은 무시한 채 기존의 권위에 기대어 사람을 대하거나 사태를 바라보는 행동양식이다. 여기에는 자연스러운 영향력이 아닌 강제성을 가지고 힘으로 지배하려는 원리가 작용한다.

권위주의는 권위가 아니다. 어떤 사람들은 높은 사회적 신분이나 지위를 가져야 권위가 있다고 오해한다. 그래서 자신에게 권위가 없다는 것을 아는 사람들은 권위주의의 옷을 즐겨 입는다. 그러면 권위가 있어 보이는 것처럼 착각하기 때문이다. 이런 사고방식 때문에 어떻게든 그 자리에 올라가고자 하며, 때로는 수단과 방법을 가리지 않는다.

왜 이렇게까지 하는 것일까? 높아지고자 하는 욕망은 참으로 매혹적이기 때문이다. 우리가 본문에서 보게 될 이른바 '고라의 반역' 사건은 바로 권위주의의 옷을 움켜쥐려는 자들의 이야기라고 할 수 있다.

나의 영광이 아닌 순종의 면류관을 쓰라

이야기의 시작은 이렇다. 총회에서 선택받은 자 250명이 일어나서 모세를 대적한다.

> 레위의 증손 고핫의 손자 이스할의 아들 고라와 르우벤 자손 엘리압의 아들 다단과 아비람과 벨렛의 아들 온이 당을 짓고 이스라엘 자손 총회에서 택함을 받은 자 곧 회중 가운데에서 이름 있는 지휘관 이백오십 명과 함께 일어나서 모세를 거스르니라 그들이 모여서 모세와 아론을 거슬러 그들에게 이르되 너희가 분수에 지나도다 회중이 다 각각 거룩하고 여호와께서도 그들 중에 계시거늘 너희가 어찌하여 여호와의 총회 위에 스스로 높이느냐 민 16:1-3

고라와 함께 모인 사람들은 모세와 아론이 스스로를 높였다고 주장한다. 말하자면 모세와 아론도 자기들과 별반 다르지 않은 사람인데 왜 자신들을 지휘하는 직책을 맡았느냐고 반기를 든 것이다. 이들이 모세를 거슬렀다고 나오지만 뒤에 나오는 말씀을 보면 여호와를 거스른 것이다. 또한 하나님이 이들의 숫자를 정확하게 250명이라고 기록하신 것은 하나님의 일을 대적하는 사람이 누구인지 분명하게 알고 계심을 보여 준다.

한 가지 확실한 것은, 모세와 아론은 자처해서 나선 사람들이 아니라는 것이다. 자기 직책을 스스로 정한 것이 아니었다. 오히려 모세는 못하겠다고 거부했다. 처음부터 두 사람을 세우신 분은 하나님이다. 하나님이 직접 모세를 선택해 이스라엘 백성을 출애굽시키시고 아론에게 모세의 입으로서 제사장 직분을 맡기셨다.

모세와 아론이 그 역할을 성실히 이행했음을 그들도 알 텐데 그럼에도 고라 일당이 비방하고 나선 것은 마음속에 다른 음모가 있기 때문이다. 바로 자신들이 높아지고 싶은 것이다. 레위 지파로서 아론의 자리를 차지하고 싶은 것이다. 왜냐하면 그 자리가 그들 눈에 좋아 보였기 때문이다. 힘의 논리가 지배하는 탐나는 권력처럼 보였기 때문이다.

고라는 레위 지파의 후손으로서 아론과는 매우 가까운 친척이다. 그런데도 이렇게 척을 지고 반목하는 것을 어떻게 봐야 할까? 인간으로서 명예와 지위, 힘을 갖고 싶은 마음까지는 이해할 수 있다. 왜냐하면 사탄도 예수님을 그것으로 시험할 만큼 모든 사람에게는 남보다 인정받고 싶은 욕구, 높아지고 싶은 욕구가 본능처럼 있기 때문이다. 그러나 인간 안에 이런 욕망이 있을지라도 이것을 구체적으로 표현하고 실천에 옮기게 되면 곧 교만이 되고 죄가 될 수 있다. 그 생각을 행동으로 옮길 때부터 우리는 그것에 책임을 져야 한다.

이 문제를 놓고 모세가 고라 무리에게 한마디 한다.

모세가 또 고라에게 이르되 너희 레위 자손들아 들으라 이스라엘의 하나님이 이스라엘 회중에서 너희를 구별하여 자기에게 가까이하게 하사 여호와의 성막에서 봉사하게 하시며 회중 앞에 서서 그들을 대신하여 섬기게 하심이 너희에게 작은 일이겠느냐 하나님이 너와 네 모든 형제 레위 자손으로 너와 함께 가까이 오게 하셨거늘 너희가 오히려 제사장의 직분을 구하느냐 이를 위하여 너와 너의 무리가 다 모여서 여호와를 거스르는도다 아론이 어떠한 사람이기에 너희가 그를 원망하느냐 민 16:8-11

고라 자손도 레위 지파이기 때문에 성막과 관련된 일을 맡았다. 이 일은 다른 지파와 달리 하나님이 특별히 레위 지파에게 맡기셨다. 모세는 이들에게 성막에서 봉사하는 일이 과연 작은 일이냐고 반문한다.

하나님의 일에 크고 작은 것이 있는가? 어떤 것은 귀하고 어떤 것은 하찮은가? 하나님이 우리에게 맡기신 일은 모두 소중하다. 교회 안에 맡겨진 직분, 섬기는 손길들, 어느 것 하나 귀하지 않은 일이 없다. 주님은 어떤 일이든 진실한 마음으로 섬기기를 원하신다.

그런데도 사람은 참 신기하다. 주님의 일을 하면서도 남들보다 돋보이고 싶고, 큰 일처럼 보이는 것을 하고 싶어 한다. 모세는 이런 고라와 그 무리에게 꼬집어 묻는다. 그런 연유로 너희가 제사장의 직분을 얻고자 하는 것이냐고 말이다.

하지만 제사장 직분은 하나님이 직접 정하셨기에 만약 그 자리를 원한다면 여호와를 거스르는 일임을 분명히 지적한다. 단지 모세와 아론을 대적하는 것이 아니라 이 직분을 맡기신 하나님을 대적하는 것임을 분명히 한 것이다.[66]

이들에게는 그들의 영광을 구하려는 의도가 짙게 깔려 있다. 이 장면을 보면서 우리가 명심해야 할 것이 있다. "모든 육체는 풀과 같고 그 모든 영광은 풀의 꽃과 같으니 풀은 마르고 꽃은 떨어지되 오직 주의 말씀은 세세토록 있도다"(벧전 1:24-25)라는 말씀이다. 인생은 계절을 따라 잠시 피었다 지는 꽃과 같다. 길면 100년을 산다 해도 그 세월 동안 아등바등 쌓아올린 자신의 영광들 역시 꽃처럼 사라지고 만다. 그러나 오직 주님의 말씀은 세세토록 있다. 예수 믿는 사람은 이렇게 허망하게 없어질 것을 위해 살지 말고 영원히 있을 말씀과 하나님의 영광에 관심을 두어야 한다.

고라와 다단, 아비람은 생존의 위기가 넘나드는 광야에서 자리다툼을 하고 있다. 광야를 건너면서도 자신의 영광을 구하고 있다는 것이 얼마나 슬픈 코미디인지 모른다. 혹시 우리도 천국을 향해 걸어가는 순례자라고 하면서 눈에 좋아 보이는 것들을 좇지는 않는가?

더 위험한 것은 이렇게 욕심을 부리는 행위가 어느새 습관이 되는 것이다. 이스라엘의 초대 왕은 사울이다. 하나님이 사울을 왕으로 세우실 때까지만 해도 그는 아주 수줍은 남자였다. 베냐민 지파에서 제비를 뽑아 왕으로 선택된 순간 그는 부끄러워 숨어 버렸다. 이렇게 순진했던 사울이 왕이 된 후에는 교만해지기 시작했고, 급기야는 하나님을 버리고 만다. 그는 자신의 권력에 견줄 만한, 아니 위협이 된다고 여기는 존재가 등장하면 그를 죽이는 데 온 힘을 기울였다. 그 결과 하나님을 버린 사울왕을 하나님도 버리신다.

이어지는 사무엘하에서 다윗이 왕이 되는 과정이 소개되는데 1장에서 꽤나 상징적인 이야기가 등장한다. 다윗이 아말렉과의 싸움을 마치고 돌아와 시글락에서 머물고 있을 때, 한 아말렉 청년이 다윗 앞에 나와 자신이 사울왕을 죽였다고 말한다. 사울이 전쟁 중에 부상을 입고 고통 속에서 자신을 죽여 달라고 해서 그의 말대로 했다는 것이다. 그러나 이것은 거짓말이다. 아마도 이 사람은 사울이 죽는 장면을 근거리에서 목격한 것 같다. 또한 다윗이 사울을 피해 도망 다니던 사실을 알았을 것이다. 만약 자신이 사울왕을 죽였다고 한다면 다윗이 크게 기뻐하며 상을 내리지 않을까 생각했을 것이다. 하지만 그 소식을 듣고 다윗이 저녁까지 사울의 죽음을 애통해했기에 이 청년은 슬슬 걱정되기 시작했을 것이다.[67]

그는 사울의 왕관을 가져와 다윗 앞에 바쳤다. 사울왕이 그렇게도 지키고자 하던 왕관이다. 사울의 왕관이 상징하는 것은 무엇인가? 바로 인간의 욕심이다. 아말렉 청년이 그 면류관을 다윗에게 준 것은 다윗도 사울처럼 이런 왕관을 탐하는 사람이라 생각했기 때문이다.

우리 삶에는 두 종류의 면류관이 있다. 하나는 내 영광을 위한 면류관이며 또 하나는 하나님의 영광을 위한 면류관이다. 알다시피 다윗은 이 청년이 생각한 영광을 구한 사람이 아니다. 그는 사울을 죽일 수 있는 절호의 기회가 있었지만 그러지 않았다. 다윗은 그 왕관이 아닌 주님의 영광의 면류관을 구했다. 왕이 되기 위해 정적을 죽이는 것이 아니라 하나님이 원하시는 방법으로, 그분의 시간에 이루어지길 기다릴 줄 아는 사람이었다. 그런 다윗은 하나님의 기름 부음 받은 자를 함부로 죽인 이 청년을 오히려 그 자리에서 죽여 버린다. 거짓에는 상급이 없다.[68]

인간의 모든 거짓은 영원할 수 없다. 만약 다윗이 이런 왕관을 구한 사람이었다면 이 청년은 융숭한 대접을 받았을 것이다. 어쩌면 다윗 곁에서 충신이 되었을지도 모른다. 그러나 영원토록 살아 있는 하나님의 영광을 구하는 사람 앞에서 모든 거짓은 힘을 잃게 된다.

고라 일당은 모세와 아론이 높은 지위를 가졌다고 생각했을지 모른다. 그러나 모세와 아론이 맡은 임무는 그런 것과는 다르다. 또한 자신들이 원해서 그 길을 가는 것도 아니다. 하나님이 지명하여 부르셨고 맡기셨다. 그들은 높은 자리에 서는 것이 아니라 순종의 길을 가고 있을 뿐이다.

히브리서 11장은, 믿음으로 모세가 어른이 되었을 때 바로의 공주의 아들이라 불리기를 거절하고, 곧 왕족으로 편히 살 수 있는 모든 것을 마다하고 하나님의 백성과 함께 고난받는 것을 잠시 누리는 죄악의 낙보다 더 귀하게 여겼다고 표현하고 있다. 심지어 그가 고통으로 순종했던 모든 길이 장차 오실 그리스도를 위한 길이었다면서, 모세는 다 알지 못했지만 말씀을 따라 걸어갔다고 했다.

그러므로 예수를 따라가는 그리스도인들이 끝까지 구해야 할 첫 번째는 '나의 영광을 위한 면류관이 아니라 순종의 면류관을 구해야 한다'는 것이다. 나의 영광은 어느 날 모두 사라지는 것들이다. 그러나 순종의 삶은 영원히 남는다. 그 순종의 길을 마치는 날 하나님이 우리의 머리에 생명의 면류관을 씌워 주실 것이다. 우리 모두 천국에서 그 면류관을 다 함께 받기를 소망한다. 그 길을 걷는 동안 맡겨 주시는 직책이 있다면 어느 것이든, 어느 자리든 청지기로서 충성스럽고 성실하게 최선을 다하면 된다.

권력이 아니라 권위를 구하라

고라와 그 무리는 어떻게 되었을까? 모세가 이들을 부르러 사람을 보냈으나 가지 않겠다고 한다.

> 모세가 엘리압의 아들 다단과 아비람을 부르러 사람을 보냈더니 그들이 이르되 우리는 올라가지 않겠노라 네가 우리를 젖과 꿀이 흐르는 땅에서 이끌어 내어 광야에서 죽이려 함이 어찌 작은 일이기에 오히려 스스로 우리 위에 왕이 되려 하느냐 이뿐 아니라 네가 우리를 젖과 꿀이 흐르는 땅으로 인도하여 들이지도 아니하고 밭도 포도원도 우리에게 기업으로 주지 아니하니 네가 이 사람들의 눈을 빼려느냐 우리는 올라가지 아니하겠노라
>
> 민 16:12-14

이들은 노예 생활을 하던 애굽을 젖과 꿀이 흐르는 땅으로 표현하고 있다. 그들은 고통받던 애굽에서 나와 자유의 몸이 되었건만 권위주의에 물들어 자리에 연연했다. 게다가 출애굽을 원망하며 모세에게 자신들을 광야에서 죽이려 하는가, 자신들의 왕이 되려 하느냐고 따지고 있다. 지금 이들의 주장은 설득력이 없어 보인다.

결국 모세는 각 사람에게 향로에 불을 담아 나오도록 했다. 향로를 가져오는 것은 하나님의 임재 앞에서 어떤 승인을 받는 것을 상징한다. 이 일이 하나님이 원하시는 것인지 아닌지 확인받는 것을 의미한다. 모세는 반역에 참여한 250명 모두에게 향로를 가지고 오도록 했다. 마찬가지로 아론에게도 향로를 가져다가 불을 담아 회막 문에 서도록 했다. 그

런데 이때 고라가 사람들을 모아 놓고 모세와 아론을 대적하려고 하자 하나님이 나타나 이들을 심판하실 것을 말씀하신다. 추한 죄악은 하나님께서 영광을 나타내실 때 밝히 드러난다.[69]

이에 모세는 지금부터 일어나는 일이 자신이 아닌 하나님이 하시는 일임을 분명히 밝힌다.

> 모세가 이르되 여호와께서 나를 보내사 이 모든 일을 행하게 하신 것이요 나의 임의로 함이 아닌 줄을 이 일로 말미암아 알리라 곧 이 사람들의 죽음이 모든 사람과 같고 그들이 당하는 벌이 모든 사람이 당하는 벌과 같으면 여호와께서 나를 보내심이 아니거니와 만일 여호와께서 새 일을 행하사 땅이 입을 열어 이 사람들과 그들의 모든 소유물을 삼켜 산 채로 스올에 빠지게 하시면 이 사람들이 과연 여호와를 멸시한 것인 줄을 너희가 알리라 그가 이 모든 말을 마치자마자 그들이 섰던 땅바닥이 갈라지니라 땅이 그 입을 열어 그들과 그들의 집과 고라에게 속한 모든 사람과 그들의 재물을 삼키매 그들과 그의 모든 재물이 산 채로 스올에 빠지며 땅이 그 위에 덮이니 그들이 회중 가운데서 망하니라 그 주위에 있는 온 이스라엘이 그들의 부르짖음을 듣고 도망하며 이르되 땅이 우리도 삼킬까 두렵다 하였고 여호와께로부터 불이 나와서 분향하는 이백오십 명을 불살랐더라 민 16:28-35

모세는 여기 모인 사람들이 인간으로서 자연스럽게 죽는 것이 아니라 땅이 열려 죽는다면 이들이 여호와를 멸시한 것인 줄 알라고 선포한다. 그런데 정말로 말이 끝나자마자 땅바닥이 갈라져 그 자리에 있던 고라와 그에게 속한 모든 사람과 소유가 심판을 받았다. 또한 여호와의 불이 향로를 가지고 나온 250명 모두를 불살랐다. 하나님을 거슬렀던 250명 중 단 한 명도 빠짐없이 정확히 심판을 받았다. 그들은 자신들의 행위에 대해 인정을 받고자 했지만 하나님은 원치 않으셨음을 온 백성에게 분명히 보이셨다.

이렇게 고라의 반역은 마무리된다. 그런데 문제는 백성의 반응이다. 땅이 갈라져 사람들이 죽는 무서운 심판의 광경을 지켜본 이스라엘 백성은 모세와 아론을 향하여 또다시 원망한다. 두 사람이 여호와의 백성을 죽였다고 말이다. 군중이 모세와 아론에게 덤비려 할 때 다시 한번 하나님이 그들 가운데 나타나신다. 고라 무리가 무엇 때문에 죽었는지를 보았으면서도 돌이키지 않는 백성에게 하나님은 진노하심으로 염병을 내리신다. 성경에서 염병은 전염병을 말하는 것으로 단순한 유행성 질병이 아니라 하나님의 진노에 의해 주어지는 고통스럽고 무서운 재앙이라고 할 수 있다. 이는 곧 죽음과 심판의 의미를 담고 있다.

모세는 대제사장인 아론에게 속히 향로를 가져다가 불을 피우고 하나님 앞에 속죄하기를 부탁한다. 하나님의 진노로 말미암은 재앙이 더 이상 다른 백성에게 임하지 않도록 대신 속죄를 구하라는 것이다. 이것이 대제사장의 역할이다. 아론은 대제사장의 직분을 따라 백성의 죄를 회개했다. 이때 아론이 취한 행동은 매우 상징적인 의미를 담고 있다.

> 아론이 모세의 명령을 따라 향로를 가지고 회중에게로 달려간즉 백성 중에 염병이 시작되었는지라 이에 백성을 위하여 속죄하고 죽은 자와 산 자 사이에 섰을 때에 염병이 그치니라 민 16:47-48

아론은 죽은 자와 산 자 사이에 섰다. 그리고 대제사장으로서 하나님께서 이들을 용서해 주시기를 간구했다.[70] 그는 염병이 그칠 때까지 그 자리에 서 있었다. 이것은 우리가 유심히 봐야 할 상징적인 장면이다. 왜냐하면 아론이 선 자리가 바로 예수님이 서신 자리이기 때문이다. 사람들은 죄가 얼마나 큰 문제인지 잘 인식하지 못한다. 수많은 죄의 파편들과 이 죄로 인해 맞게 될 심판을 깨닫지 못한다. 이렇게 소망 없는 우리를 위해 예수님은 십자가에 매달려 돌아가셨다. 그분이 우리 죄를 대속하신 것이다. 하나님과 우리 사이에 서신 것이다.

모든 죄인의 인생에는 예수님이 필요하다. 그분을 믿어야만 살 수 있다. 하나님은 염병을 통해 많은 사람을 심판하셨지만 아론의 속죄로 인해 염병을 멈추신다. 이처럼 아론의 자리는 권력의 자리가 아닌 사람을 살리는 자리다.

그리고 이 일을 위하여 하나님이 누구를 택하셨는지 민수기 17장에서 분명하게 보여 주신다. 하나님은 이스라엘의 열두 지파에게 각각 지팡이를 가져다가 거기에 가문의 지휘관 이름을 쓰게 하고, 레위 지파의 지팡이에는 아론의 이름을 쓰게 하신다. 이렇게 하는 이유는 이중에서 하나님이 택한 사람이 누구인지를 확실하게 보여 주기 위해서다. 그런데 다음 날 놀라운 일이 일어난다.

> 이튿날 모세가 증거의 장막에 들어가 본즉 레위 집을 위하여 낸 아론의 지팡이에 움이 돋고 순이 나고 꽃이 피어서 살구 열매가 열렸더라 민 17:8

하나님이 택한 자의 지팡이에서 싹이 날 것이라 말씀하셨는데, 아론의 지팡이에만 순이 나고 꽃이 피더니 열매가 열린 것이다. 살구나무를 영어성경에서는 '아몬드 트리'라고 한다. 히브리 사람들은 살구나무를 '깨어 있는 사람(the watcher, the awake one)'이라 불렀는데, 겨울을 깨우고 봄이 왔음을 알리는 나무이기 때문에 우리의 영을 깨운다는 의미를 갖고 있다.[71]

아론의 지팡이에만 기적처럼 그 살구꽃이 피고 열매가 열렸다는 것은 하나님이 모든 백성 앞에서 아론의 팔을 들어 주신 것이다. 이것은 하나님이 세워 주신 권위다. 하나님이 주신 권위에 우리는 순종해야 한다. 하나님은 모세에게 명령하여 이 지팡이를 언약궤 안에 보관하라고 말씀하신다.

사람들은 남보다 높은 자리에서 휘두를 수 있는 힘을 권위라고 생각하지만 그것은 권력이다. 솔직히 사람들이 원하는 것은 권력이며, 고라 역시 그것을 갖고 싶어 했다. 그러나 하나님께서 모세와 아론에게 주신 것은 권력이 아니라 권위다.

사도 바울은 고린도후서 10장에서 우리는 육신을 갖고 살지만 영으로 싸우는 자들로서, 모든 견고한 진을 무너뜨리는 영적인 무기는 바로 하나님의 말씀이요 능력이라고 했다. 권위는 하나님이 주신 권세로, 하나님을 대적하는 모든 것을 복종하게 하는 힘이 있다는 것이다. 그리고 그것을 주신 진정한 이유가 있다.

> 주께서 주신 권세는 너희를 무너뜨리려고 하신 것이 아니요 세우려고 하신 것이니 내가 이에 대하여 지나치게 자랑하여도 부끄럽지 아니하리라
>
> 고후 10:8

하나님이 주시는 권세는 사람을 무너뜨리지 않고 오히려 세우는 게 목적이다. 그러므로 육적인 권력을 구하려 하지 말고 영적인 복음의 능력을 가진 참된 권위를 가진 사람이 되라고 바울은 말한다.

다시 한번 강조하지만 권력을 권위로 착각해서는 안 된다. 하나님은 사람을 지배하고 조종하라고 권위를 주신 것이 아니라 섬기고 살리기 위해 주신 것이다. 진정한 권위가 부어지면 넘어진 사람을 일으키고 하나님 앞에 온전히 인도하려고 애쓰게 된다. 그래서 자기 권력을 자랑하면 교만이 되지만 하나님이 주신 권위는 아무리 자랑해도 부끄럽지 않다고 바울은 말했다.

세상이 권력을 얻고자 애쓰는 이유는 그 힘이 지위와 신분에서 나오는 줄로 여기기 때문이다. 영적 권위는 결코 인간의 정치적 제도나 인맥, 혹은 은사나 경력으로 주어지는 것이 아니다. 권위는 오직 하나님의 자율적인 선택으로만 주어진다.[72] 권위는 우리가 취할 수 있는 것이 아니라 하나님을 진심으로 사랑하는 자에게 주시는 것이다. 그러므로 예수 믿는 자들이 구해야 할 두 번째는 '권력이 아닌 권위'다.

서두에도 밝혔듯이 권위는 다른 사람을 움직이는 힘이다. 부모의 말을 자녀들이 따르면 부모에게 권위가 있다는 의미다. 그러나 세상에서 권위가 없다는 말은 갈등이나 논쟁 끝에 취하는 방식이 권위주의로 흐른다는 뜻이다. 참된 권위가 없을수록 권위주의의 옷을 입기 쉽다. 참된 권위를 가진 사람은 강제적이지 않아도, 누르지 않아도, 자연스럽게 사람들이 따르게 되어 있다. 왜냐하면 하나님이 주신 권세이기 때문이다. 그 아름다운 권위가 흘러나오는 사람이 될 수 있다면 그것은 축복이다.

실패를 딛고 영광으로

마지막으로 아론은 산 자와 죽은 자 사이에 서서 하나님 앞에 속죄하며 재앙이 그치게 해달라고 기도했다. 이는 아주 중요한 일이다. 그가 기도할 때 염병이 그치는 역사가 일어났다. 아론은 그 역할을 감당하면서 기뻤을 것이다. 그러면서 자신을 돌아봤을 것이다.

우리는 지난날 아론이 미리암과 함께 모세를 거역한 적이 있음을 알고 있다. 그도 고라처럼 모세에게 반기를 들었다. 그도 인간적인 욕망 앞에 넘어졌고, 믿음에 실패한 경험이 있다. 그런 아론이 지금 고라의 반역을 겪으면서 어떤 생각이 들었을까? 하나님 앞에 고개를 들 수 없을 만큼 죄송한 마음이 들진 않았을까?

그런 과거를 가진 아론이지만 지금은 놀랍게도 많은 사람을 살리는 데 쓰임 받는 영광스러운 직분을 수행하고 있다. 비록 믿음이 무너진 과거가 있다 할지라도 주님께 돌아오면 그는 실패한 사람으로 남는 것이 아니라 얼마든지 영광의 도구로 다시 쓰임 받을 수 있다.

이것이 은혜다. 사람은 변하지 않는다고 하지만 하나님 손에 붙들리면 이렇게 변할 수 있다. 하나님이 변화시키실 수 있다. 상처 입은 치유자가 될 수 있는 것이다. 즉 과거의 실패나 쓰라린 경험을 통해 우리 인생에서 하나님의 영광을 드러낼 수 있다는 말이다. 이것이 복음이다.

이런 점에서 아론보다 더 주목해야 할 사람이 바로 고라다. 고라 때문에 250명의 지도자가 죽었다. 이 일로 고라 지파는 하나님을 반역한 집안으로 낙인찍혀 이스라엘 역사에 수치를 남긴 가문이 되었다. 그러면 고라의 후손은 어떻게 되었을까? 고라 가문은 이후 어떤 삶을 살았을까? 이 시점에서 시편 84편을 소개하고자 한다. 신앙인이라면 누구나 알 만한 매우 유명한 시다.

> 만군의 여호와여 주의 장막이 어찌 그리 사랑스러운지요 내 영혼이 여호와의 궁정을 사모하여 쇠약함이여 내 마음과 육체가 살아 계시는 하나님께 부르짖나이다 나의 왕, 나의 하나님, 만군의 여호와여 주의 제단에서 참새도 제 집을 얻고 제비도 새끼 둘 보금자리를 얻었나이다 주의 집에 사는 자들은 복이 있나니 그들이 항상 주를 찬송하리이다 (셀라) 주께 힘을 얻고 그 마음에 시온의 대로가 있는 자는 복이 있나이다 그들이 눈물 골짜기로 지나갈 때에 그곳에 많은 샘이 있을 것이며 이른 비가 복을 채워 주나이다 그들은 힘을 얻고 더 얻어 나아가 시온에서 하나님 앞에 각기 나타나리이다 만군의 하나님 여호와여 내 기도를 들으소서 야곱의 하나님이여 귀를 기울이소서 (셀라) 우리 방패이신 하나님이여 주께서 기름 부으신 자의 얼굴을 살펴보옵소서 주의 궁정에서의 한 날이 다른 곳에서의 천 날보다 나은즉 악인의 장막에 사는 것보다 내 하나님의 성전 문지기로 있는 것이 좋사오니 여호와 하나님은 해요 방패이시라 여호와께서 은혜와 영화를 주시며 정직하게 행하는 자에게 좋은 것을 아끼지 아니하실 것임이니이다 만군의 여호와여 주께 의지하는 자는 복이 있나이다 시 84편

이 시편의 표제어가 무엇인 줄 아는가? 바로 '고라 자손의 시'다. 주님 앞에서의 하루가 다른 곳에서의 천 날보다 낫다는 고백을 한 것은 숱한 시편을 쓴 다윗이 아니라 바로 고라의 자손들이다. 믿음에 실패한 고라였지만 그의 후손은 그 길을 따라가지 않았다. 고라 가문은 가장 수치스

러웠으나 최고의 영광과 시편을 주님 앞에 올려드리는 가문이 되었다.[73]

이것은 무엇을 말하고 있을까? 우리 인생도 이런 영적인 수치를 경험할 수 있다. 믿음이 무너지고 쓰러지는 날이 올 수 있다. 그러나 그 실패가 계속해서 실패로 머물러서는 안 된다. 고라 자손은 믿음으로 다시 일어섰다. 하나님께 다시 돌아가 복종하는 법을 배우고, 하나님이 주신 권위를 기뻐하며 존중하는 법을 철저히 배우면서 최고의 시편을 드리는 가문으로 바뀌었다. 그 증거가 성경에 이렇게 기록되어 있다. 비록 윗세대는 넘어졌어도 주님 앞에 그 실패를 가지고 나아가면 된다. 실패한 가문에서도 얼마든지 영광의 시편이 나올 수 있기 때문이다.

나는 고라 자손의 시편을 본 순간 가슴이 뛰기 시작했다. 수많은 수치와 영적 실패가 우리의 과거에도 있기 때문이다. 그러나 부끄러움을 딛고 주님 앞에 선다면 이토록 놀랍게 변화시켜 주신다는 것이 너무나 감격스럽다.

> 오라 우리가 여호와께로 돌아가자 여호와께서 우리를 찢으셨으나 도로 낫게 하실 것이요 우리를 치셨으나 싸매어 주실 것임이라 여호와께서 이틀 후에 우리를 살리시며 셋째 날에 우리를 일으키시리니 우리가 그의 앞에서 살리라 호 6:1-2

그렇다면 이제 우리는 선택해야 한다. 이 수치와 실패를 계속 가지고 갈 것인가 아니면 주님께 돌아갈 것인가? 분명한 것은, 주님께 돌아오면 새롭게 일으켜 주신다는 것이다. 우리의 가문을 믿음의 가문이 되게 하실 것이다. 그러므로 예수 믿는 자들이 기억해야 할 마지막 세 번째는

'우리가 실패를 인정하면 하나님은 회복을 주신다'이다.

가인은 사람을 시기했다. 발람은 돈 때문에 넘어졌다. 고라는 권력을 탐했다. 당신은 어디에 발이 걸렸는가? 그러나 고라의 후손은 고라의 길을 버리고 여호와께로 돌아왔다. 고라 자손의 시편이 나에게도 일어날 것을 믿는다면 우리에게도 소망이 있지 않은가? 실패했던 아론이 회복되어 산 자와 죽은 자 사이에 서 있던 것을 보며 소망을 가져야 한다.

가정이 넘어졌는가? 실패했는가? 수치스러운 과거가 있는가? 우리가 주께 돌아가면 아무리 실패하고 넘어졌던 사람이라도, 아무리 수치스러운 가정으로 전락했어도 다시 시편의 찬양과 영광을 돌릴 수 있다. 이것이 복음이다. 이것이 세세토록 살아 있는 말씀이다.

모든 육체는 풀과 같다. 풀은 마르고 꽃은 시든다. 참된 그리스도인으로서 무엇을 구하며 살아야 할지 우리는 선택해야 한다. 부디 당신의 가정이 주님 안에서 시편 84편을 쓰는 영광이 있기를 주님의 이름으로 기도한다.

9장

믿음의 행진

민수기 20-21장

기도는 우리가 먼저 하나님 앞에 나아간 후에
세상의 문제를 다룬다는 것을 의미한다.
또한 세상을 우리가 처음부터 해결해야 하는 문제로
경험하는 것이 아니라 하나님께서 그 속에서
행동하시는 현실로 경험한다는 의미도 담겨 있다.[74]
수많은 사연이 만들어지는 그 광야 한가운데를
계속 걸어갈 수 있게 하는 것,
그 중심에는 기도가 있다.

민수기는 광야 40년의 여정 중에 90% 이상의 시간이 담겨 있는 책이다. 처음 민수기 이야기를 시작할 때 언급했지만, 지도를 보면 이스라엘 백성이 애굽을 탈출해 시내산에 정착하기까지 약 1년이 걸렸다. 이때 출애굽기와 레위기가 쓰여진다. 그리고 가데스 바네아에서 방황하는 세월이 37년 정도인데 이날들이 민수기의 대부분을 차지하며, 모압 평지로 가는 길을 포함해 약 38년 9개월 동안 일어난 사건들이 기록되어 있다. 신명기는 마지막 모압 평지에서 1개월에 걸쳐 쓰여졌다.

민수기의 내용은 크게 세 가지 흐름으로 볼 수 있는데, 첫 번째는 1장부터 10장까지 1세대에 대한 이야기다. 시내산에 머물 때 인구조사를 실시한다. 두 번째는 10장 중반부터 25장까지의 내용으로 질서가 무너지고 혼돈에 빠지는 광야의 세월이며, 비극적 전환의 시기라고 할 수 있다. 세 번째는 26장부터 마지막 36장까지 모압 평지에서 일어난 일들로 새로운 세대를 재정비하는 시기다.

민수기 20장과 21장은 여전히 광야 세월의 한가운데를 지나며 겪는 이야기로 매우 의미 있는 사건들이 등장하고 있다. 20장은 모세의 누이 미리암의 죽음에서 시작해 므리바 물 사건, 에돔왕의 통행 거부 그리고 아론의 죽음으로 마무리된다. 온통 슬프고 안타까운 이야기들뿐이다. 앞이 보이지 않는 캄캄한 밤 같은 장이다. 그러나 성경을 읽다 보면 알 수 있듯이, 아무리 칠흑 같은 어둠일지라도 거기에는 하나님의 은혜의 빛이 비추고 있다. 21장에는 불뱀과 놋뱀 사건이 호르산의 승리와 바산왕 옥과의 전쟁에서 승리한 두 전쟁 이야기 사이에 등장한다.

민수기 20장과 21장을 놓고 볼 때 이스라엘 백성의 삶이 참으로 부끄럽다. 어쩌면 이리도 원망과 불평이 많은지 어디에 내놓기도 민망한 이야기들로 가득하다. 그런데도 왜 하나님은 이 백성의 부끄러운 면을 적나라하게 다 보여 주는 것일까? 아마도 신앙생활이 우리가 생각하는 만큼 이상적인 것이 아님을 알려 주시고자 함이리라. 믿음의 길을 걷다 보면 때로 넘어지기도 하고, 갈등도 일어나며, 원망도 쏟아진다. 이런 내용을 숨김없이 보여 주시는 의도는 비록 이렇게 힘들고 어려운 것이 믿음 생활이지만, 이 길을 우리가 믿음으로 이기며 살아가길 바라시기 때문일 것이다. 그러므로 이 믿음의 행진을 기대하며 본문을 통해 하나님이 가르쳐 주시는 메시지를 나누려고 한다.

슬픔 속에서도 걸어야 할 믿음의 길

민수기 20장은 제일 먼저 미리암의 죽음으로 시작된다.

> 첫째 달에 이스라엘 자손 곧 온 회중이 신 광야에 이르러 백성이 가데스에 머물더니 미리암이 거기서 죽으매 거기에 장사되니라 민 20:1

미리암은 모세의 누이다. 비록 지난날 아론과 함께 모세에게 반기를 든 적이 있지만 가족이자 평생을 함께 걸어온 동역자였다. 그런데 40년이란 긴 광야 시간을 같이 보낸 동지가 먼저 죽은 것이다. 모세는 이 누이를 잊지 못했을 것이다. 자신이 나일강에 버려질 때 바로의 딸에게 어머니를 유모로 소개해 주어 그가 어머니의 젖을 먹고 자랄 수 있게 해준 누이였다. 이런 누이를 그것도 바람 부는 거친 광야에서 잃게 되었으니, 모세로선 참으로 슬프고 안타까운 순간이 아닐 수 없다. 그런데 20장의 마지막 부분에 가서 그의 오른팔이던 아론까지 죽음을 맞게 된다. 미리암은 보호하는 누이(a protective sister)였고, 아론은 지원하는 형(a supportive brother)이었다.[75] 이 세 사람은 광야의 삼총사(desert trio)였다.[76] 불과 넉 달 사이에 모세는 그 둘을 잃는 슬픔을 겪었다.

모세가 여호와의 명령을 따라 그들과 함께 회중의 목전에서 호르산에 오르니라 모세가 아론의 옷을 벗겨 그의 아들 엘르아살에게 입히매 아론이 그 산꼭대기에서 죽으니라 모세와 엘르아살이 산에서 내려오니 온 회중 곧 이스라엘 온 족속이 아론이 죽은 것을 보고 그를 위하여 삼십 일 동안 애곡하였더라 민 20:27-29

하나님은 모세에게 아론과 그의 아들 엘르아살을 데리고 호르산에 오르라고 말씀하신다. 그곳에서 아론이 조상에게로 돌아갈 것이라고 하셨다. 모세는 하나님의 말씀을 따라 산에 올라 대제사장의 옷을 엘르아살에게 입혔다. 그리고 아론은 거기서 죽음을 맞았다. 아론은 모세의 대변인 역할을 하던 사람이다. 그런 형이 누이가 죽고 나서 얼마 안 돼 죽은 것이다. 이것이 광야다. 모세는 지금 상실의 아픔으로 가득한 길 위에 서 있다. 아마도 모세의 인생에서 가장 큰 슬픔 중 하나였을 거라고 생각된다.

이 두 사람은 모세에게 가장 소중하다. 이 두 죽음 사이에서 하나님은 모세에게 질문하실 것 같다. 누이도 죽고 형도 죽었는데 그래도 이 길을 가겠느냐? 그래도 이 믿음의 순례길을 가겠느냐?

이것은 믿음이 당신의 삶에서 전부인가 일부인가를 묻는 것이다. 믿음 생활이 우리의 전부가 아니라면 여기서 멈춰야 한다. 그러나 믿음이 나의 전부라면 끝까지 그 길을 걸어가야 하지 않겠는가.

신학교 동창 중 한 명이 중국 단기선교를 갔다가 교통사고로 세상을 떠났다. 함께 갔던 교인들은 모두 살았지만 담임목사인 그 친구만 먼저 천국으로 가게 되었다. 친구가 떠난 후 그 교회에 설교하러 간 적이 있는데, 성도들이 그날의 이야기를 전해 주었다. 차가 부딪히는 순간 목사님이 교인들을 몸으로 감싸 주어 본인은 중상을 입었지만 교인들은 크게 다치지 않았다는 것이다. 그 말을 듣고 교인을 향한 사랑을 보여 준 친구가 참으로 고마웠다. 얼마 뒤 친구의 아들이 전공을 바꿔 다시 신학교에 들어갔다. 아버지의 뒤를 이어 목회자가 되기로 한 것이다.

우리는 누구나 이런 이별의 시간, 상실의 아픔을 경험한다. 그런데 하나님이 모세에게 물어보시듯 우리에게도 물어보신다. 믿음으로 살아가는 여정이 네 인생의 전부인가 아니면 일부인가? 만약 전부라면 믿음의 전우들이 우리의 곁을 먼저 떠난다 할지라도 그 길을 끝까지 걸어갈 것이다. 왜냐하면 우리 모두 하나님 앞에서 만나게 될 것을 믿기 때문이다.

아론과 미리암은 약속의 땅에 들어가는 대신 광야의 모래 속에 묻혔다. 하나님은 시간을 가지고 계시고 광야는 모래를 가지고 있다(God has time, and the wilderness has sand).[77] 믿음의 사람에게는 어디에서 인생을 마치느냐보다 무엇을 하다가 인생을 마치느냐가 더 중요하다. 인생이라는 시간 동안 믿음의 길을 걷게 되길 바란다.

모세는 두 죽음 사이에 서 있다. 그러나 모세는 다시 일어나 그 광야의 길을 걸어간다. 모세에겐 믿음이 전부였기 때문이다.

그런데 이 두 죽음 이외에 하나님은 모세에게 또 다른 죽음에 대해서 가르쳐 주신다. 그것은 미리암의 죽음 이후 일어난 므리바 물 사건을 통해서 알게 된다.

내가 죽어야 믿음의 행진을 할 수 있다

회중이 물이 없으므로 모세와 아론에게로 모여드니라 백성이 모세와 다투어 말하여 이르되 우리 형제들이 여호와 앞에서 죽을 때에 우리도 죽었더라면 좋을 뻔하였도다 너희가 어찌하여 여호와의 회중을 이 광야로 인도하여 우리와 우리 짐승이 다 여기서 죽게 하느냐 너희가 어찌하여 우리를 애굽에서 나오게 하여 이 나쁜 곳으로 인도하였느냐 이곳에는 파종할 곳이 없고 무화과도 없고 포도도 없고 석류도 없고 마실 물도 없도다 모세와 아론이 회중 앞을 떠나 회막 문에 이르러 엎드리매 여호와의 영광이 그들에게 나타나며 여호와께서 모세에게 말씀하여 이르시되 지팡이를 가지고 네 형 아론과 함께 회중을 모으고 그들의 목전에서 너희는 반석에게 명령하여 물을 내라 하라 네가 그 반석이 물을 내게 하여 회중과 그들의 짐승에게 마시게 할지니라 민 20:2-8

이스라엘 백성이 이번에는 마실 물이 없다고 아우성친다. 왜 자기들을 애굽에서 데리고 나와 이 험한 광야에서 생고생을 시키는가 분노하고 있다. 그들의 말대로 광야는 파종할 곳도 없고, 무화과나 포도, 석류 같은 과일도 없으며, 게다가 마실 물까지 부족한 환경이다. 그러나 지금까지 이 광야에서 하나님은 자신의 백성을 버려두신 적이 없다. 수많은 기적을 보이시며 때를 따라 그들의 필요를 공급하셨다. 그런데도 그들은 또다시 고된 현실 앞에서 하나님의 인도하심을 잊어버렸다. 그런 이스라엘 백성을 이끄는 모세와 아론의 심정은 어땠을까?

하나님은 모세에게 지팡이를 가져다가 반석에게 명하여 물을 내게 하고, 그것으로 이스라엘 백성을 먹이라고 하셨다. 그런데 모세는 하나님의 명령과 다르게 지팡이로 반석을 내리쳤다.

> 모세와 아론이 회중을 그 반석 앞에 모으고 모세가 그들에게 이르되 반역한 너희여 들으라 우리가 너희를 위하여 이 반석에서 물을 내랴 하고 모세가 그의 손을 들어 그의 지팡이로 반석을 두 번 치니 물이 많이 솟아나오므로 회중과 그들의 짐승이 마시니라 여호와께서 모세와 아론에게 이르시되 너희가 나를 믿지 아니하고 이스라엘 자손의 목전에서 내 거룩함을 나타내지 아니한 고로 너희는 이 회중을 내가 그들에게 준 땅으로 인도하여 들이지 못하리라 하시니라 이스라엘 자손이 여호와와 다투었으므로 이를 므리바 물이라 하니라 여호와께서 그들 중에서 그 거룩함을 나타내셨더라
>
> 민 20:10-13

이곳을 '므리바'라고 부른 이유는 이스라엘 자손이 여호와와 다투었기 때문이다. 10절을 보면 모세가 이스라엘 백성에게 매우 화가 나 있음을 알 수 있다. 심지어 "반역한 너희"라고 부르기까지 한다. 그가 얼마나 격앙되어 있었는지 가히 짐작할 수 있는 대목이다.

하나님은 모세에게 지팡이를 들어 반석에게 명하라고 하셨다. 그 지팡이는 이스라엘 백성을 구원하신 하나님의 도구다. 그런데 모세는 말로 명령한 것이 아니라 그 지팡이로 반석을 내리쳤다. 여기까지만 본다면 또 한 번 하나님의 기적을 모든 회중이 지켜본 사건으로 보인다. 하지만 이후 하나님은 모세의 행동을 냉정하게 꾸짖으며 징계하신다. 바로 가나안에 들어가지 못한다는 것이다. 그 이유가 모세가 하나님을 믿

지 않고 이스라엘 목전에서 하나님의 거룩함을 드러내지 못하였기 때문이라는 것이다.

백성의 모습을 보면 화가 날 법도 하지만 하나님은 그들에게 물을 주셨다. 그런데 모세는 그 하나님의 사랑을 드러내지 못하고 자신의 분노를 그대로 드러냈다. 하지만 그렇다고 해서 가나안에 들어가지 못하게 하시다니 징계가 너무 심한 것 같아 보인다. 하나님이 모세에게 이렇게까지 하시는 이유는 무엇일까?

그것은 그가 이스라엘의 지도자였기 때문이다. 하나님은 영적 지도자에게 더욱 엄격한 도덕적 기준을 요구하신다. 또한 하나님은 우리의 혈기가 하나님의 말씀을 가로막지 않기를 원하신다. 비록 이스라엘 백성이 하나님의 사랑을 받을 자격이 없어 보이지만, 하나님은 여전히 긍휼과 사랑을 드러내기 원하셨다. 반석에서 많은 물이 솟아 나왔다는 것은 하나님이 여전히 은혜 베풀기를 원하신다는 증거다.

그런데 모세의 말과 행동은 백성이 이러한 하나님의 은혜에 초점을 맞추지 못하게 했다.[78] 백성은 모세의 공격적인 말로 인해 하나님이 베푸시는 놀라운 기적의 장면을 뒤로 남겨 두어야 했다. 또한 반석을 두 번 침으로써 백성의 관심을 하나님이 아닌 자신에게 향하게 했다.[79] 백성이 놀라운 일을 행하신 하나님을 높이고 찬양할 기회를 빼앗은 셈이다.

필 무어(Phil Moore)는 이 말씀을 복음과 연결시켜 다음과 같이 설명한다.[80] 고린도전서 10장 4절에서 바울은 '이스라엘 백성이 광야에서 신령한 음료를 신령한 반석에서 마셨는데 이 반석은 곧 그리스도'라고 말한다. 하나님은 복음의 말씀이 순종하는 사람들을 통해 어떠한 방해도 없이 나타나길 원하셨기에 모세의 불순종을 이렇게 다루신다고 이해했다.

그런데 솔직히 말해서 나는 모세 쪽으로 마음이 기운다. 아무리 생각해도 징계가 너무 가혹한 것만 같다. 얼마나 화가 났으면 그랬을까? 도돌이표를 반복하는 백성의 원망이 지긋지긋했을 것이다. 민수기 11장에서는 먹을 것이 없다고 원망하고, 13-14장에서는 가나안 정탐 후 불신앙으로 인해 광야에서 40년을 훈련받게 되었다. 그뿐이 아니다. 16장에서는 고라의 반역이 일어났다. 이런 일들을 계속 지켜보던 모세다. 그런데 이제는 누이가 죽어 힘들어하는 모세의 마음은 헤아리지 않고 물이 없다고 아우성이다. 모세는 반석을 두 번 쳤지만 나라면 지팡이를 부러뜨렸을지도 모른다.

그런데 결국 이 일로 모세는 가나안 땅에 들어가지 못하게 된다. 이것은 구원을 받지 못했다는 뜻이 아니다. 40년간 믿음의 행진을 이끈 모세가 가나안에 못 들어간 이유는 반석을 쳤기 때문이다. 그동안 모세가 백성의 수많은 원성을 들으며 여기까지 왔는데, 이 사건 하나로 가나안에 들어가지 못하게 된 것은 어떤 의미일까? 여기에는 굉장히 중요한 메시지가 담겨 있다.

이스라엘 백성은 40년 동안 광야를 걸었다. 그런데 이 세월 동안 하나님이 믿음의 행진을 통해서 하신 일이 있다. 바로 갈 것은 가게 하시고 멈출 것은 멈추게 하신다는 것이다. 하나님은 모세를 멈추게 하셨다. 더 정확히 말하면 모세의 분노와 혈기를 멈추게 하셨다.

본문에는 두 종류의 죽음이 나온다. 하나는 아론과 미리암의 죽음으로, 사람이 태어나 한 번은 죽음을 통과해야 한다. 다른 하나는 믿음의 길을 걸어가는 동안 내가 죽는 죽음이다. 분노와 혈기는 아직 내가 시퍼렇게 살아 있기 때문에 나타난다. 미리암과 아론의 죽음 사이에서 하나님은 모세 자신이 죽어야 함을 알려 주신 것이다. 하나님은 모세에게 자신의 인간적인 감정을 다스려야 한다고 알려 주고 있다. 바로 그때 하나님이 원하시는 믿음의 행진이 시작되기 때문이다.

하나님은 이 믿음의 길을 분노와 혈기를 가진 채 걷지 말라고 하신다. 어떤 상황이든지 분노는 내가 주도하는 삶에서 비롯된다. 내 뜻대로 이루어지지 않기 때문에 일어나는 것이다. 죄에 대한 거룩한 분노는 필요하지만, 습관적으로 나타나는 내 안의 분노와 혈기를 절제하지 못하면 가정과 공동체의 관계를 깨뜨리게 된다. 더욱 무서운 것은 하나님의 뜻을 가릴 수도 있다는 점이다. 믿음의 길은 분노를 품은 채 화를 내며 걷는 길이 아니다. 이 길은 기쁨으로, 감사함으로 가야 한다.

믿음의 행진을 통한 첫 번째 메시지는 바로 '나의 걸음이 멈춰지고 하나님의 걸음이 지속되어야 한다는 것'이다. 모세를 처음 부르실 때 '네 신을 벗으라' 말씀하신 것도 모세 자신의 발자국을 남기지 말고 하나님의 발자국을 새기라는 의미일 수 있다. 모세의 분노에 대한 하나님의 거절 속에서 우리의 감정을 멈추는 법을 배워야 한다. 그래야만 하나님의 뜻과 하나님의 길이 드러나게 된다. 주님의 걸음을 따라가다 보면 나의 혈기와 아집, 나의 뜻이 매일 죽는 믿음의 길을 걷게 될 것이다. 이것이 세상을 걷는 우리의 믿음의 행진이어야 한다.

하나님이 여시면 닫을 자가 없다

미리암과 아론의 죽음 사이에는 또 하나의 이야기가 있다. 이스라엘 백성이 가나안 땅으로 가기 위해 에돔 지역을 통과하고자 하는 상황에서 일어난 이야기다.

> 모세가 가데스에서 에돔왕에게 사신을 보내며 이르되 당신의 형제 이스라엘의 말에 우리가 당한 모든 고난을 당신도 아시거니와 우리 조상들이 애굽으로 내려갔으므로 우리가 애굽에 오래 거주하였더니 애굽인이 우리 조상들과 우리를 학대하였으므로 우리가 여호와께 부르짖었더니 우리 소리를 들으시고 천사를 보내사 우리를 애굽에서 인도하여 내셨나이다 이제 우리가 당신의 변방 모퉁이 한 성읍 가데스에 있사오니 청하건대 우리에게 당신의 땅을 지나가게 하소서 우리가 밭으로나 포도원으로 지나가지 아니하고 우물물도 마시지 아니하고 왕의 큰길로만 지나가고 당신의 지경에서 나가기까지 왼쪽으로나 오른쪽으로나 치우치지 아니하리이다 한다고 하라 하였더니 민 20:14-17

모세는 사신을 보내 매우 정중하게 이 지역을 지나갈 수 있게 해달라고 한다. 그런데 모세의 간곡한 요청을 에돔왕이 거절한다.

> 에돔왕이 대답하되 너는 우리 가운데로 지나가지 못하리라 내가 칼을 들고 나아가 너를 대적할까 하노라 이스라엘 자손이 이르되 우리가 큰길로만 지나가겠고 우리나 우리 짐승이 당신의 물을 마시면 그 값을 낼 것이라

> 우리가 도보로 지나갈 뿐인즉 아무 일도 없으리이다 하나 그는 이르되 너는 지나가지 못하리라 하고 에돔왕이 많은 백성을 거느리고 나와서 강한 손으로 막으니 민 20:18-20

모세는 다시 부탁하지만 에돔왕은 여전히 이스라엘 백성의 통행을 거부하며 막아선다. 그것도 상당히 강하고 위협적인 태도로 "너는 지나가지 못하리라" 했다.

하나님이 가라고 한 길인데 왜 막히는 걸까 의문이 들 수도 있다. 그러나 하나님이 가라 하신 길도 때로 막힐 때가 있다. 세상은 우리가 걸어가는 믿음의 길을 이렇게 방해할 것이다. 하지만 세상이 막는다고 믿음의 행진이 멈춰지는 것은 아니다. 잘 생각해 보라. 이 출애굽의 행진을 시작하신 분이 누구인가? 모세가 시작한 것도 아니며 이스라엘 백성이 먼저 나선 것도 아니다. 그들의 기도를 들으신 하나님이 시작하신 일이다. 그러니 에돔왕이 막는다고 해서 멈춰질 행진이 아니다.

모세와 함께 걸어가고 있는 이스라엘 백성의 행진은 하나님의 행진이다. 어떤 방해가 있어도 반드시 가게 될 것이다. 그래서 "너는 지나가지 못하리라"는 구절이 오히려 은혜가 된다. 믿음의 행진을 하는 우리에게 세상은 마치 에돔왕처럼 '믿음의 길로 가 봤자 무슨 소용인가' 하고 조롱하며 막아설 수 있다. 그러나 이 구절이 은혜가 되는 것은, 에돔왕이 아무리 엄포를 놓아도 만왕의 왕이신 하나님은 기필코 가나안으로 이 백성을 가게 하실 것이기 때문이다. 그러니 믿음의 길은 누가 막아선다고 무너질 수 없다. 세상이 다 막아도 주님이 열어 주실 것이다. 그러므로 믿음의 행진 두 번째 메시지는 '하나님이 여시면 닫을 자가 없다는 것'이다.

우리 교회에는 중앙아시아에 나가 있는 K 선교사님 가정이 있다. 이분이 박사 학위 공부를 한 목적은 교수 신분을 얻어 T국의 한 부족 안에 들어가 선교하기 위함이었다. 많은 사람이 자신의 성공을 위해 공부하는데 이분은 선교를 위해 그 힘든 공부를 했다. 그런데 이 부부의 가장 큰 숙제는 부모님의 허락을 받는 일이었다. 선교사님의 아버지는 경상도 어느 시골의 농부였는데, 힘들게 농사지어 캐나다에 이민을 보내 놨더니 선교사로 나간다고 하냐며 한사코 말리는 중이었다. 아버지는 예수를 믿지 않는 분이었는데 선교사로 나가면 거의 죽는다고 생각하셨다. 자식 걱정하는 부모의 마음을 어찌 모른 척할 수 있겠는가? 그 아버지를 두고 떠날 수 없어 마을에 있는 목사님에게 아버지를 심방해 달라고 부탁했다. 결국 아버지는 교회에 다니기 시작했고 선교사님은 그 길을 떠났다. 이 부부는 선교지에서 첫 아이를 낳고 오늘도 순례의 길을 그곳에서 걷고 있다.

믿음으로 가는 길에는 수많은 걸림돌이 있다. 하지만 우리는 결국 지나갈 것이다. 이스라엘은 지금 길이 막힌 것이 아니다. 에돔 사람들이 하나님이 약속하신 길을 막은 것이다. 믿음의 행진은 사실 하나님의 행진이다. 하나님이 시작하신 행진을 그 누가 막을 수 있겠는가? 믿음의 행진이라는 이 광야 생활은 시작하신 그분이 약속의 땅까지 반드시 인도하실 것이다. 이 땅의 모든 교회는 천국을 향한 순례자다. 하나님께 "불러냄을 받은" 자들 곧 그분의 교회(ecclesia)다. 그들의 "걸음"은 이미 "하늘"에 있다(빌 3:20).[81]

승리가 습관이 되는 믿음의 길

마지막 이야기다. 21장의 구조를 보면 두 전쟁의 승리 사이에 불뱀과 놋뱀 사건이 있다.

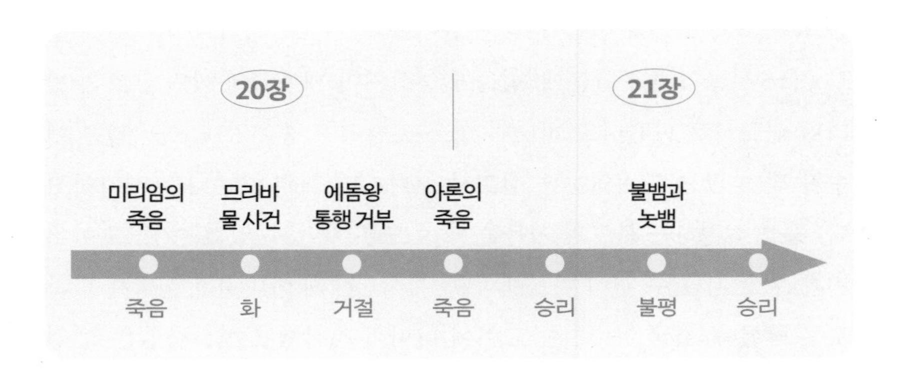

약속의 땅으로 가는 여정

가나안 사람 아랏의 왕을 쳐서 호르마를 점령한 것과 아모리왕 시혼과 바산왕 옥과의 전쟁에서 승리하여 요단 동쪽을 점령한 이야기가 앞뒤로 포진되어 있다. 이스라엘 백성이 호르산에서 출발해 에돔 지역을 돌아서 가는데 그 길에 먹을 것도, 마실 것도 없다고 백성이 다시 불만을 터뜨린다. 그 흔한 레퍼토리가 반복된 것이다. "어찌하여 애굽에서 나와 이 광야에서 죽게 만드는가?" 불평하자 하나님이 불뱀을 보내어 수많은 이가 죽음에 이르게 되었다. 그제야 백성은 모세에게 간청하여 자신들의 죄를 자복하고 이 뱀들이 떠나게 해달라고 빈다.

백성이 호르산에서 출발하여 홍해 길을 따라 에돔 땅을 우회하려 하였다가 길로 말미암아 백성의 마음이 상하니라 백성이 하나님과 모세를 향하여 원망하되 어찌하여 우리를 애굽에서 인도해 내어 이 광야에서 죽게 하는가 이곳에는 먹을 것도 없고 물도 없도다 우리 마음이 이 하찮은 음식을 싫어하노라 하매 여호와께서 불뱀들을 백성 중에 보내어 백성을 물게 하시므로 이스라엘 백성 중에 죽은 자가 많은지라 백성이 모세에게 이르러 말하되 우리가 여호와와 당신을 향하여 원망함으로 범죄하였사오니 여호와께 기도하여 이 뱀들을 우리에게서 떠나게 하소서 모세가 백성을 위하여 기도하매 민 21:4-7

모세가 백성을 위해 기도하자 하나님은 그에게 매우 의미 있고 특별한 일을 명하신다.

여호와께서 모세에게 이르시되 불뱀을 만들어 장대 위에 매달아라 물린 자마다 그것을 보면 살리라 모세가 놋뱀을 만들어 장대 위에 다니 뱀에게 물린 자가 놋뱀을 쳐다본즉 모두 살더라 민 21:8-9

하나님은 모세에게 불뱀을 만들어 장대 위에 매달라면서 뱀에 물린 자마다 그것을 보면 살 것이라고 하신다. 모세는 명령에 따라 놋뱀을 만들어 장대 위에 달았고, 그 놋뱀을 쳐다본 사람은 모두 살았다. 이것은 무엇을 교훈하는가?

38년 9개월이 넘는 기간 동안 이스라엘 백성의 모습은 안타깝기만 하다. 이들의 행동을 봐서는 구원받을 소망이 없다. 아니 구원받을 자격이 없다고 해야 맞다. 그런데 예수 그리스도는 요한복음 3장에서 민수기의 이 사건을 인용하신다.

> 모세가 광야에서 뱀을 든 것같이 인자도 들려야 하리니 이는 그를 믿는 자마다 영생을 얻게 하려 하심이니라 요 3:14-15

예수님은 이 사건을 구원과 연결시키신다. 구원은 행위가 아니라 믿음으로 받는 것이다. 은혜가 없으면 구원이 없다. 구원은 예수님을 통해서 온다. 광야에서 불뱀에 물린 자들이 장대에 매달린 놋뱀을 바라보았을 때 병이 나은 것처럼, 예수님도 우리를 위해 십자가에 매달려 죽으실 것과, 그를 믿는 자는 모두 살리라는 말씀을 하고 있는 것이다. 어쩌면 본문의 이야기를 통해 하나님은 우리의 행위로는 절대로 구원받지 못함을 더욱 강조하시는 것 같다. 우리가 저지른 일들이 너무도 악하기 때문이다. 달린 놋뱀을 쳐다본즉 산 것처럼 구원은 은혜로만 얻게 된다.

그래서 더욱 감격스럽다. 그 수많은 실패와 부끄러운 이야기 속에 하나님의 은혜가 들어 있다는 사실이. 인간이 저지른 죄의 역사가 이 세상을 덮고 있는데 예수 그리스도의 십자가가 그 한가운데에 서 있다. 이것이 복음이다.

앞의 도표를 보면, 전쟁의 승리 사이에 놋뱀 사건이라는 실패 이야기가 들어 있다. 여기에는 복음의 상징뿐 아니라 승리에 대한 해답도 들어 있다. 이스라엘 백성은 믿음의 행진 중에 거듭 실패하면서 간혹 승리를 경험하고 있다. 그런데 주님은 우리에게 언제까지 이렇게 살겠느냐 질문하신다. 이제는 승리가 주도하는 영적 체질로 바꾸어야 하지 않겠느냐고 도전하신다. 하나님은 우리에게 완전한 걸 요구하시는 게 아니다. 우리가 매번 승리하며 살아갈 수 없다는 것도 잘 알고 계신다. 그렇다면 실패가 주도하고 가끔씩만 승리하는 삶이 아니라, 승리가 주도하며 드물게 넘어지는 믿음의 길로 삶의 구조를 바꾸려면 어떻게 해야 할까?

> 믿음의 주요 또 온전하게 하시는 이인 예수를 바라보자 그는 그 앞에 있는 기쁨을 위하여 십자가를 참으사 부끄러움을 개의치 아니하시더니 하나님 보좌 우편에 앉으셨느니라 히 12:2

'놋뱀을 쳐다본즉 살리라'는 말씀은 상징적이다. 사도 요한은 그 말씀을 예수님과 연결시켜서 설명한다. 구원이 예수님을 통해 온다면 승리 역시 예수님을 통해서 온다. 예수를 바라보는 사람은 구원만 얻는 것이 아니라, 힘들 때마다 하나님의 승리도 체험할 것이다. 원망을 터뜨리던 사람도 예수님을 바라볼 때 감사로 바뀐다. 풍랑이 이는 바다에서는 높은 파도만 보이고 예수님은 보이지 않을 때가 있다. 문제가 터지면 주님이 보이지 않는다. 마음속에서 올라오는 의문과 갈등, 불평과 원망은 쉽게 멈춰지지 않는다. 그때 시선을 주님께 돌려야 한다. 예수님은 신앙의 여정 중에 얼마나 많은 공격과 방해가 있는지 잘 아신다. 우리를 넘어뜨리려는 유혹에 맞서는 영적 싸움은 매일 이어진다.

하지만 성경은 그때마다 예수님을 바라보라고 말씀한다. 불평을 토하기 전에, 화내기 전에 예수님을 한번 바라보라고. 그러면 우리의 생각과 마음이 바뀌지 않겠는가? 나 중심의 관점에서 하나님 중심의 관점으로 상황을 바라보게 될 것이다.

10년 전쯤, 큰 수술을 한 적이 있다. 퇴원해서 부모님 댁에 갔는데, 아버지가 기도하던 중에 받은 말씀이라며 내게 성경 말씀을 들려 주셨다. 바로 "너 은혜를 받은 자여"이다. 아버지는 나를 보고 울지 않으셨다. 그저 눈에 눈물이 고였을 뿐이다. 어머니는 그 수술 기간에 아버지가 심장이 아파서 병원에 다녀오셨다고 했다. 나는 그런 아버지가 참으로 고마웠고, 힘이 되었다. 부모는 자식이 어려울 때 힘이 되는 존재다. 하나님 아버지는 우리가 쳐다볼 때 힘이 되어 주신다. 고달프고 힘든 순간마다 주님을 바라보라. 그것이 우리를 승리로 인도할 것이다.

놋뱀과 같이 우리를 위해 십자가에 달려 주신 예수 그리스도가 계시다. 이 복음은 우리를 약속의 땅으로 인도하실 것이다.

믿음의 여정을 걷고 있는 이들에게 마지막으로 주시는 메시지는 '매일 예수님을 바라보는 것'이다. 예수님을 바라보는 사람은 내 삶뿐 아니라 다른 사람도 승리할 수 있도록 도와줄 수 있다. 당신이 예수님을 바라보고 있기 때문이다.

민수기 21장의 도표를 다시 보기 바란다. 이것이 영적 전쟁의 실재다. 이제는 승리와 승리 사이에 또 하나의 승리를 만들어 가길 바란다. 승리와 승리 사이에 원망이 끼어들지 못하도록 해야 한다. 이것에 대한 답이 바로 민수기에 있다. 믿음의 승리는 주님을 바라보는 것이다.

광야를 걷고 있는 우리는 믿음의 길을 걷고 있는 것이다. 세상은 우리에게 지나가지 못하리라고 크게 떠들 것이다. 그러나 우리는 반드시 건너갈 것이다. 하나님이 시작하시고 이끌어 가는 이 길에서 주님을 바라본다면 구원도, 승리도 얻을 수 있다. 계속 실패하는 사람이 아니라 승리로 전환되는 인생이 될 수 있다.

이 믿음의 행진을 계속함으로 승리의 습관을 얻게 되길 바란다. 그러기 위해서는 우리의 믿음이 인생의 일부가 아닌 전부가 되어야 한다. 당신의 자리에서 주님을 바라보라. 불평의 자리가 감사의 자리로, 다툼의 자리가 찬송의 자리로 변화될 줄 믿는다.

10장

하나님이 걸음을 막으실 때

민수기 22장

우리는 단순히 하나님의 음성을 듣는 것만이 아니라
그분과의 사랑의 관계 안에서 더욱 성숙한
사람이 되는 것을 기본 목표로 삼아야 한다.
그럴 때에만 그분의 음성을 바로 들을 수 있다.[82]
그 목표를 상실하는 순간 우리는
하나님의 음성을 내가 듣고 싶은 방식대로 해석한다.
그것은 인생의 위기이며 멈추어야 할 순간이다.

하나님은 우리를 각기 다른 외모에 다른 성격, 다른 재능으로 지으셨다. 이렇게 다른 이유를 믿음 안에서 해석할 수 있다. 그것은 하나님의 영광을 위해 우리 모두를 사용하시기 위함이다. 하나님은 저마다 가진 특색과 은사를 통해 한 사람 한 사람이 하나님의 영광을 드러내길 기대하고 계신다.

성경도 책마다 나름대로의 목적과 특징을 가지고 있다. 그중 모세와 관계된 책이 네 권 있다.

출애굽기	애굽을 떠남	하나님과 동행
레위기	시내산에 멈춤	예배를 배움
민수기	광야의 걸음	하나님의 훈련
신명기	모압 평지에 멈춤	말씀을 들음

먼저 출애굽기는 노예 생활을 하던 애굽을 떠나는 이야기다. 이후 성막을 짓고 하나님과 동행하는 법을 배우게 된다. 레위기는 멈춰서는 책이다. 시내산에 머물게 하고 그곳에서 다섯 가지 제사를 알려 주시며, 하나님께 어떻게 예배드려야 하는지를 가르쳐 주신다.

민수기는 계속해서 광야를 걷고 있는 책이다. 여기에는 이스라엘 백성을 향한 하나님의 훈련이 담겨 있다. 그리고 신명기는 다시 모압 평지에 멈추게 하고, 모세를 통해 마지막 말씀을 듣게 하신다.

우리가 읽고 있는 민수기는 때론 방황하고 넘어지며 힘든 날들을 보내지만 결국 하나님이 약속하시는 땅으로 다시 돌아가는 책이다. 이 네 권의 책 가운데 세상 한가운데를 걸어가고 있는 책이 바로 민수기다. 주일에 예배를 드리지만 실상은 일주일 중 대부분의 시간을 세상 속에서 살아가는 우리에게 가장 많은 메시지를 던지는 책이 민수기라고 할 수 있다.

민수기 22장은 성경에 자주 인용되는 발람에 대한 이야기다. 이 본문을 나누기 전에 두 가지를 먼저 나누고 싶다. 첫째, 하나님은 선한 목적을 이루시기 위해 누구든지, 무엇이든지 사용하실 수 있는 분이다. 둘째, 22장에 나오는 등장인물은 모압왕 발락, 점치는 사람 발람, 그리고 발람이 타는 나귀다. 특별히 발람이 타는 나귀를 동물이 아닌 등장인물로 소개한 이유는 뒤에 가면 이해하게 될 것이다. 이런 배경 설명을 토대로 성경 말씀을 살펴보자.

내 욕망이 하나님의 거절을 거절한다

> 이스라엘 자손이 또 길을 떠나 모압 평지에 진을 쳤으니 요단 건너편 곧 여리고 맞은편이더라 민 22:1

이스라엘 자손은 또다시 길을 떠났다. 이렇게 민수기는 걷는 책이다.

그야말로 우리의 삶을 그대로 표현해 주는 구절이라고 할 수 있다. 우리는 매일 눈을 뜨면 할 일을 하며 하루를 보낸다. 아무리 피곤해도 출근해야 하고, 힘들어도 감당해야 할 일들이 인생에는 늘 존재한다. 그렇게 매일 걸어가야 할 나의 길이 있다. 이스라엘 백성 역시 매일 걸어왔고, 어느덧 모압 평지 가나안 입구까지 이르렀다.

그런데 그 길 위에 이스라엘을 두려워하는 한 왕이 등장한다. 발락이다. 그는 모압 지역을 다스리는 왕으로, 이스라엘이 지난번에 아모리 백성과 싸워 승리한 것을 보았다.

사실 이스라엘 백성은 애굽의 노예에서 해방되었지만 아직은 군사력을 갖추지 못한 무리에 불과하다. 이 무리가 가나안으로 가는 길에 여러 나라를 통과해야 했다. 지나가는 것을 허락한 나라도 있지만 거절한 나라도 있었다. 그중에 아모리인들도 있었다.

민수기 21장에서 이스라엘 백성이 길을 지나가려 할 때 아모리왕 시혼은 통행을 허락하지 않고 이스라엘을 치러 군대를 이끌고 나왔다. 하지만 그 전쟁에서 하나님의 도우심으로 이스라엘이 승리를 거두게 된다. 아모리 족속은 이들의 길을 막으려 했으나 크게 패배했다. 이 소식을 모압왕 발락이 들었고, 아마 그는 이스라엘 백성이 자기 땅도 초토화시킬지 모른다는 두려움을 가졌을 것이다. 비록 연약하고 힘이 없어도 말씀을 따라 걷는 자들에게는 사람들이 두려워할 만한 하나님의 힘이 있다는 것을 잊지 말아야 한다.

결국 이 두려움과 공포에서 벗어나기 위해 발락은 점치는 사람 발람을 불렀다.

그가 사신을 브올의 아들 발람의 고향인 강가 브돌에 보내어 발람을 부르게 하여 이르되 보라 한 민족이 애굽에서 나왔는데 그들이 지면에 덮여서 우리 맞은편에 거주하였고 우리보다 강하니 청하건대 와서 나를 위하여 이 백성을 저주하라 내가 혹 그들을 쳐서 이겨 이 땅에서 몰아내리라 그대가 복을 비는 자는 복을 받고 저주하는 자는 저주를 받을 줄을 내가 앎이니라 모압 장로들과 미디안 장로들이 손에 복채를 가지고 떠나 발람에게 이르러 발락의 말을 그에게 전하매 민 22:5-7

고심 끝에 발락이 찾은 묘책은 발람을 데려오는 것이었다. 그 목적은 딱 하나, 이스라엘 백성을 저주하기 위해서다. 그렇게라도 해서 자신이 이길 수 있게 해달라는 것이다. 이때 발락이 한 말을 잘 보길 바란다. "그대가 복을 비는 자는 복을 받고 저주하는 자는 저주를 받을 줄을 내가 앎이니라." 마치 하나님이 아브라함에게 주신 말씀을 인용하고 있는 것처럼 보인다.

이렇듯 하나님을 모르는 사람은 말씀을 전혀 다른 의도와 목적으로 사용할 수 있다. 그러나 하나님을 아는 사람은 복의 주인이 누구인지 안다. 복을 주시는 분도, 저주할 수 있는 분도 여호와 하나님 한 분밖에 없다. 발락은 이것을 모르니 점치는 사람에게 사신을 보낸다. 그때 손에 복채를 들려 보내는데, 복채는 점을 치는 데 드는 비용이다. 적잖은 돈을 이스라엘 백성을 저주하는 데 쓰겠다는 것이다. 발락이 왕으로서 자신의 나라를 지키려는 마음은 이해가 된다. 하지만 과연 점을 쳐서 나라를 지킬 수 있을까?

하나님이 없는 곳에서는 자기 마음대로 할 수 있는 자유가 있다. 그러나 그 깊은 곳에는 불안이 있고 두려움이 존재한다. 모든 것을 동원해도 이 두려움은 쉽게 사라지지 않는다. 발락도 그 마음 밑바닥에 감춘 두려움을 없애기 위해 돈을 주고 점치는 자를 고용하려는 것이다.

시편 53편은 '어리석은 자, 그 마음에 하나님이 없다고 하는 사람은 두려움이 없는 곳에서 크게 두려워한다'고 말씀하고 있다. 반면 시편 146편에는 '야곱의 하나님을 자기의 도움으로 삼으며 여호와 자기 하나님에게 소망을 두는 자는 복이 있다'고 전하고 있다. 하나님을 의지하는 것이 복이다. 그러나 하나님을 모르는 발락은 지금 점으로 문제를 해결해 보려는 어리석은 노력을 하고 있다.

이때 점치는 자 발람은 어떤 반응을 보였을까?

> 발람이 그들에게 이르되 이 밤에 여기서 유숙하라 여호와께서 내게 이르시는 대로 너희에게 대답하리라 모압 귀족들이 발람에게서 유숙하니라
>
> 민 22:8

> 하나님이 발람에게 이르시되 너는 그들과 함께 가지도 말고 그 백성을 저주하지도 말라 그들은 복을 받은 자들이니라 민 22:12

본문 말씀을 보면 마치 발람이 하나님의 선지자인 것처럼 보인다. 하지만 절대 그렇지 않다. 곧 그의 정체성이 드러나게 된다. 하나님은 발람에게 일러 그들에게 가지도 말고 백성을 저주하지도 말라고 하신다. 왜냐하면 이스라엘 백성은 하나님으로부터 복을 받은 자들이기 때문이다. 그가 가서 저주하려는 자들은 바로 하나님의 자녀들이다.

하나님이 답하실 때는 언제나 명쾌하고 분명하다. 애매한 적이 없다. 발람에게 그가 저주하려는 대상이 누구인지 직접 증명해 주셨다. 하나님의 자녀는 하나님의 복을 받은 자들이라는 것이다. 누가 저주한다고 저주를 받을 수 있는 자들이 아니다. 비록 방황하고 있고, 때마다 원망했으며, 넘어지고 쓰러졌던 이스라엘 백성이지만 하나님은 그들을 복을 받은 자들로 구별해 주셨다. 이스라엘은 지속적으로 복을 받은 자였다 (Israel was persistently blessed, not cursed).[83] 이것은 민수기 22장 이후에 계속해서 반복되는 말씀이기도 하다.

> 발람이 아침에 일어나서 발락의 귀족들에게 이르되 너희는 너희의 땅으로 돌아가라 여호와께서 내가 너희와 함께 가기를 허락하지 아니하시느니라 모압 귀족들이 일어나 발락에게로 가서 전하되 발람이 우리와 함께 오기를 거절하더이다 민 22:13-14

발람이 하나님의 말씀을 들은 뒤, 자신을 찾아온 사람들에게 돌아가라고 말한다. 이 구절만 보면 그가 매우 용기 있으며, 하나님의 말씀에 순종한 것처럼 보인다. 그러나 아직 그렇게 말하기는 이르다. 1차 방문에서 실패한 모압 귀족들은 돌아가서 발람이 왕의 요청을 거절했다고 전한다. 하지만 발락은 포기하지 않고 또다시 사람들을 보낸다. 2차 방문에서는 더 많은 인원에, 더 높은 고관들을 보내며 어떻게든 발람의 마음을 돌려 보려고 한다.

> 발락이 다시 그들보다 더 높은 고관들을 더 많이 보내매 그들이 발람에게

로 나아가서 그에게 이르되 십볼의 아들 발락의 말씀에 청하건대 아무것에도 거리끼지 말고 내게로 오라 내가 그대를 높여 크게 존귀하게 하고 그대가 내게 말하는 것은 무엇이든지 시행하리니 청하건대 와서 나를 위하여 이 백성을 저주하라 하시더이다 민 22:15-17

이번에 제시하는 조건은 더욱 파격적이다. 지난번엔 복채를 들려 보냈는데 이번에는 높은 지위든 재물이든 발람이 원하는 것은 무엇이든지 다 주겠다고 한다. 어떻게든 그의 마음을 회유하고자 수단과 방법을 가리지 않고 있다. 그만큼 발락은 초조하고 간절하다.

하나님은 이미 발람에게 가지 말라고 명령하셨다. 그런데 발람은 다음과 같이 말한다. 이 말 속에 그가 어떤 사람인지가 드러난다.

발람이 발락의 신하들에게 대답하여 이르되 발락이 그 집에 가득한 은금을 내게 줄지라도 내가 능히 여호와 내 하나님의 말씀을 어겨 덜하거나 더하지 못하겠노라 그런즉 이제 너희도 이 밤에 여기서 유숙하라 여호와께서 내게 무슨 말씀을 더하실는지 알아보리라 민 22:18-19

하나님이 아니라고 하셨다면 더 이상 물어보지 않아도 된다. 그런데 왜 다시 물어보겠다고 한 것인가? 그들더러 단호히 떠나라고 하지 않고 왜 머물라고 한 것인가? 발락의 제안이 너무나 탐나고 좋았던 것이 아니겠는가?

나는 19절을 '타협'이라는 말로 표현하고 싶다. 여기에서 그의 정체성이 드러난다. 지금까지만 보면 그는 마치 하나님의 선지자처럼 보인다.

그러나 성경은 그를 이방 우상의 선지자요, 점치는 사람이라고 소개했다. 이것이 성경 전체가 발람을 해석하는 동일한 관점이다.

하나님은 가지도 말고 저주하지도 말라고 분명히 말씀하셨다. 결론은 이미 정해졌지만 발람은 혹시 더 하실 말씀이 없는가 하고 또 물어보았다. 조건이 너무 좋으니 하나님과 타협해서 조절할 수 있다고 생각한 것 같다.

처음엔 제안을 거절했던 발람이 이번에는 망설이며 하룻밤을 보낸다. 입으로는 거절해 놓고 한편으로는 기다려 보라고 한다. 아무리 봐도 돈 때문이다. 돈은 믿음을 흔들 만큼 위력적이다. 그 돈을 얻기 위해 믿음을 내려놓을 수도 있으며, 하나님의 말씀을 알고도 잠시 유보할 수도 있다. 이것이 우리가 살아가는 세상이다.

은금을 다 주어도 안 간다던 발람이 지금 하나님께 한 번 더 묻겠다며 그들에게 여지를 주고 있다. 예수를 믿는 우리도 이렇게 거부하기 힘든 달콤한 유혹과 제안이 들어왔을 때, 분명히 죄인 줄 알면서도 그 죄를 짓고 싶어진다. 온갖 변명과 이유들로 나 자신을 합리화시키며 하나님과 타협하고 싶어 한다. 하나님이 원하시지 않는 줄 알지만 해보고 싶은 것이다. 발람의 마음에도 지금 그 마음이 숨어 있다. 재물에 대한 욕망이 발람의 마음에 이미 들어온 것이다. 그런데 놀라운 것은 그에게 하신 하나님의 말씀이다.

> 밤에 하나님이 발람에게 임하여 이르시되 그 사람들이 너를 부르러 왔거든 일어나 함께 가라 그러나 내가 네게 이르는 말만 준행할지니라 민 22:20

하나님이 이번에는 발람에게 함께 가라고 하신다. 가지 말라고 하셨던 분이 이번에는 왜 가라고 하시는 것일까?

필 무어(Phil Moore)는 이렇게 설명한다. 하나님이 함께 가라고 하신 것은 호의가 아니라 내버려 두시는 것(Not a generous will, but a permissive will)이다. 곧 하나님의 완전하신 뜻(God's perfect will)과 대조시켜서 내버려 두시는 뜻(a permissive will)이라는 것이다.[84]

하나님이 기뻐서 흔쾌히 허락하시는 것이 아니라 자꾸 조르니 그냥 가도록 내버려 두신다는 의미다. 한마디로 네 마음대로 해보라는 뜻이다.

하나님은 우리가 죄를 지으려 하는 것을 내버려 두실 때가 있다. 로마서 1장은 우리가 죄를 지을 때 하나님의 무서운 심판이 임하는데 바로 내버려 두시는 유기라고 말씀하고 있다. 인간이 자유의지대로 살 때 하나님은 모든 것을 강압적으로 막지 않으신다. 또한 우리가 죄의 길을 선택하고 고집할 때도 모든 것을 동원해 막지 않으신다. 그래서 지금 발락 왕에게 가고 싶은 발람에게 하나님은 가라고 하시는 것이다.

그러나 이때가 가장 위험한 순간이다. 하나님이 기뻐하시지 않는 길을 가기 때문이다. 이렇게 하시는 하나님의 마음을 알아야 한다. 본문을 통해 우리가 첫 번째로 명심해야 할 일은 '하나님이 우리의 걸음을 막으실 때가 있다'는 것이다.

한국에서 부목사로 목회하던 시절, 어느 한 사람 때문에 너무 힘들어 도피성 유학을 결심한 적이 있다. 무조건 그 사람 곁을 떠나는 것이 목표였다. 그래서 미국 유학을 준비했는데 하나님이 나의 모든 길을 막으셨다. 물론 수단과 방법을 가리지 않는다면 갈 수는 있겠지만 나는 순종하여 마음을 접었다. 그런데 몇 년간 인내의 시간이 흐른 뒤, 마치 하나님은 그동안 나를 위해 준비해 놓으신 것처럼 유학의 기회를 펼쳐 주셨다. 그렇게 밴쿠버에 오게 되었다. 돌아보니 그 시간 동안 하나님은 부족한 나의 성품을 빚어 주셨다. 하나님이 그때 나의 길을 막아 주신 것이 얼마나 감사한지 모른다.

안타까운 것은 우리가 하나님의 막으심을 못 보고, 못 들을 때가 있다는 것이다. 대체로 우리가 간절히 원하는 것을 선택하는 순간일 때다. 소유에 대한 인간의 마음은 집요하다. 그래서 하나님이 막으시는데도, 하지 말라는데도 우길 때가 있다. 그러나 타협하지 않길 바란다. 물어보고 또 물어보는 미련함을 보이지 않길 바란다. 하나님이 "NO" 하실 때 깨닫는 은혜가 있기를 바란다.

하나님을 볼 때 죄의 걸음이 멈춰진다

결국 발람은 자신을 데리러 온 사람들과 함께 떠난다. 그런데 그에게 어떤 일이 일어났는가?

> 발람이 아침에 일어나서 자기 나귀에 안장을 지우고 모압 고관들과 함께 가니 그가 감으로 말미암아 하나님이 진노하시므로 여호와의 사자가 그를 막으려고 길에 서니라 발람은 자기 나귀를 탔고 그의 두 종은 그와 함께 있더니 나귀가 여호와의 사자가 칼을 빼어 손에 들고 길에 선 것을 보고 길에서 벗어나 밭으로 들어간지라 발람이 나귀를 길로 돌이키려고 채찍질하니

여호와의 사자는 포도원 사이 좁은 길에 섰고 좌우에는 담이 있더라 나귀가 여호와의 사자를 보고 몸을 담에 대고 발람의 발을 그 담에 짓누르매 발람이 다시 채찍질하니 여호와의 사자가 더 나아가서 좌우로 피할 데 없는 좁은 곳에 선지라 나귀가 여호와의 사자를 보고 발람 밑에 엎드리니 발람이 노하여 자기 지팡이로 나귀를 때리는지라 민 22:21-27

그가 사신들과 함께 길을 나섰을 때 결국 하나님의 진노가 그 앞에 나타났다. 이때 나귀가 여호와의 사자를 보았다. 그러나 나귀가 보는 것을 발람은 보지 못한다. 나귀가 칼을 들고 서 있는 하나님의 사자를 보고 발버둥치자 발람은 오히려 나귀를 채찍질한다.

신학자 레이몬드 브라운(Raymond Brown)은 이 본문을 설명하면서 재미있는 표현을 쓴다. 영어로 점치는 사람을 '보는 사람'이라는 뜻의 'seer'라고도 하는데 "A famous seer could not see what was obvious to a donkey"[85], 즉 점을 치는 사람이 나귀가 분명하게 보는 것도 못 본다고 한 것이다.

이 장면은 마치 하나님이 연출한 기가 막힌 드라마 같다. 발람만 모르고 있을 뿐 독자인 우리도 이것을 지켜보고 있다. 지금 상황은 발람이 막으시는 하나님의 손길을 보지 못하고 자기의 마음을 따라 열심히 달려가는 중이다. 이것을 성경은 '발람의 길'이라고 말하고 있다.

그들이 바른길을 떠나 미혹되어 브올의 아들 발람의 길을 따르는도다 그는 불의의 삯을 사랑하다가 자기의 불법으로 말미암아 책망을 받되 말하지 못하는 나귀가 사람의 소리로 말하여 이 선지자의 미친 행동을 저지하

였느니라 벧후 2:15-16

발람의 길로 갔다는 것은 무슨 뜻인가? 하나님이 막으시는데도 욕심 때문에 우리의 마음이 그것을 향해 달려갔다는 것이다. 그것이 발람의 길이다. 그런데 나는 성경을 읽다가 깜짝 놀랐다. 하나님이 막으시는 길을 마구 뚫고 가는 행위를 베드로후서에서는 '미친 행동'이라고 말씀하고 있기 때문이다.

발람은 성경의 표현대로 미친 행동을 하고 있다. 하나님이 우리가 죄 짓는 것을 막지 않으셨다고 해서 마치 죄된 행동을 승인하신 것으로 오해해서는 안 된다. 심지어 우리가 이런 일을 되풀이하는 동안 아무런 재앙이 일어나지 않을지라도 여전히 하나님의 진노 속에 있다는 것을 잊지 말아야 한다. 이렇게 놔두시는 하나님의 마음속에는 우리를 향한 사랑과 고통, 거룩한 분노가 함께 공존하고 있는 것이다.

하나님이 쓰신 이 드라마에는 이제부터 더욱 놀라운 일이 일어난다.

여호와께서 나귀 입을 여시니 발람에게 이르되 내가 당신에게 무엇을 하였기에 나를 이같이 세 번을 때리느냐 발람이 나귀에게 말하되 네가 나를 거역하기 때문이니 내 손에 칼이 있었더면 곧 너를 죽였으리라 나귀가 발람에게 이르되 나는 당신이 오늘까지 당신의 일생 동안 탄 나귀가 아니냐 내가 언제 당신에게 이같이 하는 버릇이 있었더냐 그가 말하되 없었느니라 민 22:28-30

이번에는 나귀가 말을 하기 시작한다. 그 순간 발람이 얼마나 놀랐을까? 발람은 지금 나귀와 대화를 하고 있다. 사실 이 구절은 우리가 가장 믿기 어려운 성경 본문 중 하나라고 생각된다. 마치 성경을 단군신화나 전설 같은 이야기로 치부할 수도 있는 부분이다. 하나님을 믿지 않는 사람들이 이 내용을 읽다가 낙심할까 염려되기도 한다.

그렇다면 우리는 어떤 태도로 이 말씀을 읽어야 할까? 나의 이성은 받아들이기 어렵다. 그 이유는 피조물인 우리가 하나님의 능력을 인간의 머리로 해석하려는 경향과 사고 체계 때문일 것이다. 그래서 나는 하나님 말씀을 나의 이성으로 해석하려는 마음을 내려놓고 전능하신 하나님 앞에 무릎을 꿇기로 했다. 왜냐하면 이성적 사고로 이 말씀을 바라보게 되면 천사를 보지 못한 발람처럼 나 역시 하나님의 전능하심을 무시하는 소위 21세기 지식인인 척하는 영적 바보가 될 수 있기 때문이다.

하나님은 모든 것을 하실 수 있는 분이다. 오히려 우리는 이 본문 앞에서 두 손을 들고 찬양하며 전능하신 하나님을 만날 수 있어야 한다. 민수기를 통해서 창조주이신 하나님을 볼 수 있어야 한다. 앞에서도 언급했듯이 하나님은 하나님의 일을 이루시기 위해 누구든지, 무엇이든지 사용하실 수 있다.[86]

하나님의 놀라운 비밀을 알리기 위해서, 사람을 변화시키기 위해서, 인생의 방향을 바꾸기 위해서 하나님은 원하시는 것을 얼마든지 사용하실 수 있다. 그것이 이방의 왕이든지, 욕심 많은 예언자든지, 말 못하는 나귀든지 상관없다. 나귀가 말을 했다는 이 말씀은 성경을 믿지 못하게 하는 게 아니라 오히려 하나님을 어떤 분으로 믿을 것인가를 다시 한번 깨닫게 해주는 구절이다.

나귀는 우리의 선생과 같다. 나귀는 영적으로 눈먼 자를 깨우기 위해 사람의 말을 하도록 쓰임 받은 존재다. 처음에 등장인물을 소개할 때 나귀를 넣은 이유가 여기에 있다. 이처럼 하나님은 당신의 뜻을 이루고 전하기 위해 아무것도 아닌 자들을 선택하여 사용하신다.[87]

이 상황에 대해 하나님은 이제 모든 것을 알려 주신다.

> 그때에 여호와께서 발람의 눈을 밝히시매 여호와의 사자가 손에 칼을 빼 들고 길에 선 것을 그가 보고 머리를 숙이고 엎드리니 여호와의 사자가 그에게 이르되 너는 어찌하여 네 나귀를 이같이 세 번 때렸느냐 보라 내 앞에서 네 길이 사악하므로 내가 너를 막으려고 나왔더니 나귀가 나를 보고 이같이 세 번을 돌이켜 내 앞에서 피하였느니라 나귀가 만일 돌이켜 나를 피하지 아니하였더면 내가 벌써 너를 죽이고 나귀는 살렸으리라 발람이 여호와의 사자에게 말하되 내가 범죄하였나이다 당신이 나를 막으려고 길에 서신 줄을 내가 알지 못하였나이다 당신이 이를 기뻐하지 아니하시면 나는 돌아가겠나이다 민 22:31-34

여호와께서 발람의 눈을 밝히셨다. 그제야 발람이 여호와의 사자를 보게 된다. 하나님은 그를 막으려고 나왔다고 말씀하신다. 나귀는 여호와의 사자를 보고 세 번이나 돌이켜 피하였고, 만약 피하지 않았더라면 벌써 그가 죽었을 거라고 하신다. 그러니 우리 앞에 서 계실 때 볼 수 있는 것이야말로 은혜가 아니고 무엇이겠는가?

발람은 그제야 자신이 범죄했음을 고백한다. 이것은 우리가 해야 할 고백이다. 하나님의 뜻을 알지 못하고 나아간 적이 얼마나 많은가? 아니, 알면서도 행한 적이 있지 않은가? 그럼에도 불구하고 하나님은 그 때마다 우릴 죽이지도 벌하지도 않고 그저 놔두신 적이 얼마나 많은가?

우리는 그동안 하나님이 막으셨는데도 수단과 방법을 가리지 않고 그 길을 뚫고 용감하게 지나왔다. 이 본문을 지켜보았다면 이제는 하나님이 인도하시는 것과 막으시는 것을 분별할 수 있도록 도와달라고 기도해야 한다. 어떤 위험이 우리 앞에 놓여 있는지 아무도 모른다. 우리는 미래에 대하여 모두가 서툰 사람들이다(We are all amateurs in tomorrow).[88] 돌아보면 부끄러운 일이 얼마나 많은지 모른다. 적어도 이것을 깨닫는다면 오늘부터라도 하나님이 막으실 때 멈추는 결단이 있기를 바란다.

탐욕이 발람의 눈을 어둡게 했다. 망설여지는데도 계속 걸어가면 영적인 눈이 더욱 어두워지는 법이다. 혹시 하나님이 막으시는데도 내 뜻을 따라가고 있는가? 벌써 발락왕 앞에까지 가 있는가? 오늘이 그 자리에서 돌이키는 날이 되길 바란다.

눈을 열어 주셔서 내 삶 속에 하나님이 계신 것과 일하시는 것을 보게 해달라고 기도해야 한다. 보아야 돌아설 수 있다. 그래야 죄를 고백할 수 있다. 성전 안에서만이 아니라 한 주간의 일상 속에서, 일터에서 하나님을 볼 수 있는 은혜가 있기를 소망한다.

본문을 통해 주시는 두 번째 교훈은 '하나님을 볼 때 죄의 걸음이 멈춰진다'는 것이다. 하나님이 가라는 곳이 있고, 그만두라는 곳이 있다. 잘 분별하여 듣고 하나님의 영광을 위해 쓰임 받는 우리가 되길 바란다.

이렇게 묻고 또 묻던 발람에게 하나님이 답을 주신다.

여호와의 사자가 발람에게 이르되 그 사람들과 함께 가라 내가 네게 이르는 말만 말할지니라 발람이 발락의 고관들과 함께 가니라 발락은 발람이 온다 함을 듣고 모압 변경의 끝 아르논가에 있는 성읍까지 가서 그를 영접하고 민 22:35-36

진노하심으로 발락의 길을 막으시던 하나님이 이제는 가는 것을 허락하신다. 발람이 그곳에 가게 되면 하나님은 그의 생각을 하나님의 선한 의도로 바꾸실 계획이다.

모압왕 발락은 드디어 발람이 온다는 소식을 듣고 너무 기뻐 모압 변경 끝까지 나가서 그를 맞이한다. 그러고는 소와 양을 잡아 잔치를 벌이고 융숭한 대접을 한다. 하지만 아무리 먹을 것이 많아도 우울한 식탁이 있다. 이 잔치 뒤에 벌어질 발락의 정치적 계략이 다분히 보이기 때문이다.

한결같은 하나님의 사랑이 순례길을 이끈다

마지막으로 이스라엘 백성에 대해 살펴보자. 본문에서 하나님이 계속해서 말씀하시고 싶어 하는 주요 등장인물은 바로 이스라엘 백성이다. 이것을 다루는 중요한 이유가 있다. 민수기는 이스라엘 백성이 누구인가에 대해 하나님이 끊임없이 말씀하시는 책이기 때문이다. 발락왕이 그토록 저주하기를 원한 이스라엘 백성은 누구인가? 그 대답은 앞서 읽은 12절에서 찾을 수 있다.

하나님이 발람에게 이르시되 너는 그들과 함께 가지도 말고 그 백성을 저주하지도 말라 그들은 복을 받은 자들이니라 민 22:12

이스라엘 백성은 복을 받은 자들이라고 하나님은 말씀하신다. 그들은 하나님 말씀도 듣지 않고 원망하며 돌아서다 40년을 광야에서 방황하고 있다. 그렇게 고집불통의 백성이지만 하나님은 이들을 '복을 받은 내 백성'이라고 소개하신다. 나는 이 말씀에 소망이 있다고 생각한다.

우리가 얼마나 자주 넘어지고, 좌절하며, 하나님을 원망하는가? 그런데도 하나님은 "영접하는 자 곧 그 이름을 믿는 자들에게는 하나님의 자녀가 되는 권세를 주셨"(요 1:12)다. 무엇이 복인가? 하나님을 믿는 것이 최고의 복이다. 주님은 그들을 결코 버리지 않으시기 때문이다.

하나님의 사랑은 한결같다. 포기하지 않겠다고 하신다. 이 얼마나 감격스러운 말씀인가? 호세아서는 문제 많은 이스라엘을 향한 하나님의 사랑을 표현한 책이다.

에브라임아, 내가 어찌 너를 버리겠느냐? 이스라엘아, 내가 어찌 너를 원수의 손에 넘기겠느냐? 내가 어찌 너를 아드마처럼 버리며, 내가 어찌 너를 스보임처럼 만들겠느냐? 너를 버리려고 하여도, 나의 마음이 허락하지 않는구나! 너를 불쌍히 여기는 애정이 나의 속에서 불길처럼 강하게 치솟아 오르는구나. 아무리 화가 나도, 화나는 대로 할 수 없구나. 내가 다시는 에브라임을 멸망시키지 않겠다. 나는 하나님이요, 사람이 아니다. 나는 너희 가운데 있는 거룩한 하나님이다. 나는 너희를 위협하러 온 것이 아니다.

호 11:8-9, 새번역

이것은 이스라엘뿐 아니라 우리에게 하시는 하나님의 말씀이다. 우리가 얼마나 믿음 없는 것처럼 살 때가 많은가? 얼마나 자주 주님을 떠났는가? 그런데도 주님은 그런 허물 많은 모습일지라도 너를 떠나지 않겠다, 포기하지 않겠다고 하신다. 이것이 이스라엘을 향한, 하나님의 자녀를 향한 주님의 약속이다.

우리가 회개할 수 있는 이유는 하나님이 우리를 버리지 않으시기 때문이다. 발락과 발람 사이에 서 있는 이스라엘을 보면서 하나님이 주시는 마지막 교훈이 있다. '우리의 걸음 안에 하나님의 은총이 담겨 있다'는 것이다. 이스라엘 백성은 넘어지고 또 넘어지면서도 여전히 그 길을 가고 있다. 그 이유는 하나님이 그들을 포기하지 않으시기 때문이다. 그 은혜를 안다면 이제는 바르게 걸어야 한다. 하나님이 결코 포기하지 않으시기 때문에 오늘 우리는 순례의 길 위에 다시 돌아와 서 있다는 것을 잊어서는 안 된다.

우리 삶에는 우리를 버리지 않으신 하나님의 은총이 담겨 있다. 살아온 인생만큼 하나님의 은혜의 무게를 가지고 있어야 한다.

하나님은 우리 모두가 하나님의 영광을 위해 멋지게 쓰임 받게 될 날을 고대하신다. 오늘 걷고 있는 인생 여정에는 하나님이 우리를 위해 오래 참으신 인내와 버리지 않으시는 사랑이 고스란히 새겨져 있음을 기억하며, 믿음의 바른길을 걸어가는 우리 모두가 되길 기도한다.

하나님,

이제는 하나님이

인도하시는 것과 막으시는 것을

분별할 수 있도록 도와주옵소서.

11장

하나님이 붙드시는 사람

민수기 23-24장

은혜는 언제나 누군가를 아버지께로,
집으로 돌아오게 한다.[89]
모든 이를 환영해 주는 곳이 하나님 아버지의 품이다.
그 은혜의 자리에는 아무도 침범할 수 없는 용서와 안식이 있다.
모든 정죄로부터 보호받는 곳,
그러나 죄와 싸우는 거룩함이 있는 곳이다.
그것을 안다면 그 사람은 은혜 아래 있음이 분명하다.

예수 믿고 얼마만큼 변화되었는가 생각해 본 적이 있는가? 궁금하다면 집에 있는 가족에게 물어보면 정확하게 알 수 있다. 나는 목회를 하다 보니 사람이 변하려면 시간이 필요하다는 사실을 배우게 되었다. 또한 생각보다 쉽게 변하지 않는다는 것도 말이다. 그러나 한편으로는 자신도 모르게 달라지기도 한다. 예수 믿는 공동체 속에서, 예배 가운데서 흘러나오는 은혜가 어느새 자신을 변화시켜 간다. 혹은 어떤 사건을 통해서 인생과 마음이 달라진다.

나는 무엇보다 예배를 사모하는 사람이 되게 해달라고 기도한다. 왜냐하면 예배를 통해 어제의 괴로움이 평강과 감사로 변화되고, 어제처럼 살지 않겠다는 오늘의 결단이 일어나기 때문이다. 무엇보다 예배의 자리에 있기만 해도 은혜가 가져다주는 변화가 있다.

언젠가 인생의 후반전을 살아가는 분들에게 질문한 적이 있다. 우리의 믿음은 언제, 무엇 때문에 성숙해진다고 생각하는가? 대부분 고난이 오면 성숙해진다고 답했다. 나도 동의한다. 그런데 신앙생활을 하면서 말씀이 들리면 변한다는 사실도 깨달았다. 하나님의 말씀은 사람을 변화시킨다. 혹여 더딘 것 같아 보여도, 과연 변화될까 걱정되는 존재도 말씀이 변화시키는 것을 본다.

민수기 23장에도 발락과 발람의 이야기가 계속된다. 23장에는 또 하나의 인물이 등장한다. 바로 이스라엘이다. 이 등장인물은 한마디로 '걱정되는 순례자'다. 그런데 그

인물이 바로 '나'이기도 하다. 끝까지 잘 걸어갈 수 있을까 불안하고 염려되는 순례자다. 이것이 이스라엘과 나의 현주소다.

이런 이스라엘을 저주해 달라는 발락의 요청을 듣고 발람이 가고 있다. 민수기 23~24장 본문을 통해 이 등장인물들이 붙들고 있는 대상을 보면서 우리는 과연 무엇을 붙드는 사람인가, 그리고 하나님이 붙드시는 사람은 누구인가에 대해 생각해 보고자 한다.

자격 없는 나를 은혜가 붙든다

드디어 발람이 저주의 예언을 하기 위해 발락왕 앞에 섰다. 그런데 여기서 주목할 것은 여호와께서 발람의 입에 말씀을 주셨다는 것이다. 발람은 돈을 받았기 때문에 발락왕의 요구대로 저주해야 하는 사명이 있다. 하지만 하나님은 그의 입을 막고는 하나님이 원하는 말씀을 주신다. 발람은 그곳에서 총 세 번에 걸쳐 예언을 하는데 이 세 번 모두 하나님이 주신 말씀을 대언한 것이다. 그 내용에는 이스라엘 백성을 향한 하나님의 마음이었다.

발락왕과 고관들은 발람이 무슨 말을 할지 잔뜩 긴장하여 주목하고 있다. 그들의 바람대로 이스라엘을 향한 저주가 퍼부어질 것을 기대하면서 말이다. 이제 그의 첫 번째 예언이 시작된다.

> 발람이 예언을 전하여 말하되 발락이 나를 아람에서, 모압왕이 동쪽 산에서 데려다가 이르기를 와서 나를 위하여 야곱을 저주하라, 와서 이스라엘

을 꾸짖으라 하도다 하나님이 저주하지 않으신 자를 내가 어찌 저주하며 여호와께서 꾸짖지 않으신 자를 내가 어찌 꾸짖으랴 민 23:7-8

이스라엘 백성을 저주하라는 발락왕의 소원과 다르게 발람은 그러지 못하겠다고 한다. 이스라엘 백성은 저주할 대상이 아니라는 것이다. 이런 말을 하는 것은 자신의 의지가 아니며, 하나님으로부터 나온 것이라 자신도 어쩔 수가 없다고 한다.

하나님은 이스라엘 백성을 저주하지 않으신다. 그러니 발람에게도 저주를 선포하지 못하도록 하신 것이다. 하나님이 이스라엘 백성을 보호하고 계심을 분명히 보여 주고 있다. 이스라엘은 하나님이 택한 백성이며, 이들은 하나님을 믿는 사람이다. 여기에 복음이 숨겨져 있다.

로마서 8장 1절에는 예수님을 믿는 우리에게 주신 약속이 있다. 그리스도 예수 안에 있는 자에게는 결코 정죄함이 없다는 것이다. 저주하지 않으리라는 것이다. 흠이 없어서가 아니다. 오직 한 가지, 예수 안에 있기 때문이다. 예수의 보혈로 덮여 있기 때문이다.

그러나 예수 안에 있는 자에게 정죄함이 없다는 말씀이 죄에 대한 허가증은 아니다. 죄를 지어도 괜찮다는 뜻이 절대 아니다. 이것은 기독교 신학에서 상당한 논쟁거리가 되어 왔다. 한 번 받은 구원은 잃어버릴 수 없다는 이 은혜 때문에 율법 폐기론자들이 나오자 한 번 받은 구원을 잃어버릴 수 있다는 신학도 등장했다.

하나님이 우리에게 영원토록 베푸신 은혜는 죄를 용납하거나 묵인하는 허가증이 아니라 하나님의 자녀답게 살라고 권면하시는 복음이다. 구원의 은혜는 죄에서 건져 내셨고 해방시킨 복음의 능력이다. 이 능력은 오늘도 우리 안에 살아 있기에, 예수의 능력을 의지하여 싸울 때 구원받은 자답게 죄를 이기며 살아갈 수 있다. 우리의 힘이 아니라 하나님의 은혜와 성령의 도우심으로 구원을 지킬 수 있다. 하나님의 자녀는 바로 이 은혜 아래에 있다.

발람은 하나님이 저주하지 않는 자를 어찌 저주하겠느냐고 말한다. 이스라엘 백성에게 얼마나 격려되는 말인가? 그런데 이 말씀을 주시는 시점이 언제인가를 생각해 볼 필요가 있다.

민수기 23장의 사건이 일어난 때는 이스라엘 백성의 믿음이 병들어 있을 때다. 열두 정탐꾼을 보냈을 때 많은 사람이 가나안 입성을 두려워했다. 자신들은 메뚜기 같다고 보고하는 정탐꾼들의 말을 듣고 이미 약속하신 땅에 못 가겠다며 불평과 원망을 쏟아 놓는 바람에 38년을 가데스 광야에서 방황하다가 이제 겨우 모압 평지에 이르렀다. 그런데도 하나님은 이들을 저주할 수 없다고 하신다. 이스라엘 백성은 이런 하나님을 경험해 본 사람들이다.

출애굽하기 전날 밤, 하나님은 애굽에 있는 사람과 짐승의 첫 것을 다 죽이기로 결정하시고, 그 심판을 넘어가기 위해 양의 피를 문설주에 바르라고 말씀하셨다. 이스라엘 백성은 그 말씀을 믿음으로 따랐다. 이윽고 하나님의 심판이 임했을 때, 그 믿음을 보인 이스라엘의 집은 유월절을 경험했고 구원의 역사가 이루어졌다. 이것이 출애굽의 시작이었다.

40여 년 전 이스라엘 백성은 이렇게 믿음을 발휘한 사람들이었다. 그랬던 이들이 거칠고 힘든 광야에서 시간을 보내다가 그 믿음에 병이 들고 말았다. 하지만 하나님은 이 사람들을 여전히 나의 소유된 백성이며, 축복받은 자라고 말씀하신다. 이것이 얼마나 놀라운 은혜인가? 우리도 살다 보면 믿음이 시들고 병들 때가 있다. 그러나 하나님은 우리가 넘어졌다고 해서 그 은혜를 중단하시지 않는다. 삶의 무게에 짓눌려 믿음이 예전 같지 않고, 열정도 사라졌으며, 도무지 힘을 내지 못하는 상황에서도 하나님은 내 사랑하는 자녀라고 말씀하신다.

딸이 초등학교에 다닐 때였다. 중요한 시험은 아니지만 문제를 너무 많이 틀렸다. 너무 급하게 풀다 보니 아는 문제도 다 틀렸기에 아내가 야단을 좀 쳤다. 그래 놓고 미안했는지 나한테 전화를 걸어 자기가 이미 혼을 많이 냈으니 나더러는 나무라지 말라고 했다. 집에 도착했을 때 딸아이는 나에게 또 혼날 것을 생각하고 바짝 긴장하고 있었다. 나는 아이를 방으로 불러 눈을 쳐다보며 "아빠는 네가 몇 점을 받아도 사랑한다" 하면서 꼭 안아 주었다. 그러자 딸아이는 내 품 안에서 펑펑 울었다. 그런데 사실 나는 하고 싶은 말이 있었다. 속마음은 딸에게 10분이라도 설교하고 싶었다. 하지만 꾹 참고 하지 않았다. 하나님은 우리를 이렇게 안아 주신다.

우리는 참으로 은혜받을 자격이 없다. 그런데도 하나님은 은혜 아래에 두신다. 은혜란 무엇일까? 죄인을 포기하지 않는 것이다. 내 믿음이 넘어졌을 때 일으켜 붙들어 주시는 것이 은혜다. 우리가 빌 바를 알지 못할 때 성령을 우리 안에 주셔서 말할 수 없는 탄식으로 기도해 주시는 것이 은혜다. 쓰러진 자들도 하나님의 자녀답게 다시 살아갈 수 있도록 계속해서 역사하시는 것이 은혜다. 그런데 더 놀라운 것은 이 은혜를 하나님은 평생토록 베풀어 주신다는 것이다.

지금 이런 은혜 아래에 있는 백성을 저주하겠다는 발락왕과 하나님이 보호하시는 이 은혜가 서로 충돌하고 있다. 이때 하나님은 발람을 통해서 은혜로 덮인 사람을 저주하고자 하는 인간의 모든 시도는 무력할 수밖에 없다고 말씀하신다.

혹시 사람의 말 때문에 쓰러진 적이 있는가? 하나님의 말씀이 일으켜 주실 것이다. 하나님의 말씀은 모든 사람의 말을 이긴다. 민수기 본문을 통해 가르쳐 주시는 첫 번째 메시지는 '하나님의 은혜가 우리를 붙들고 있다'는 것이다. 하나님은 민수기를 통해 우리가 누구인지를 확실하게 가르쳐 주신다. 우리는 하나님의 은혜가 붙들고 있는 사람들이다. 우리의 미래는 사람의 손에 달려 있지 않다. 주님의 손에 있다. 하나님이 저주하지 않는 자를 저주할 수 없다는 발람의 말에서 우리의 분명한 정체성을 찾을 수 있다.

1960년대 미국에서 인종차별이 극심했던 무렵, 기독교 작가 필립 얀시(Philip Yancey)가 경험한 이야기다. 그가 다니던 교회의 제직회에서는 감시단을 동원하여 흑인들이 예배에 오지 못하도록 입구에서 순찰을 돌았다. 뿐만 아니라 '모든 사람이 평등한 것은 아니다'라는 카드를 만들어 나누어 주기까지 했다. 또한 이 교회는 백인들만을 위한 학교를 세웠고, 흑인 학생은 단 한 명도 받아 주지 않았다. 당시 이 교회 성경학교를 다니던 한 흑인 학생이 있었는데 교회는 그 학생의 교인 등록을 끝까지 받아 주지 않았다. 이 학생은 훗날 미국의 유명한 설교자가 되는데, 그는 토니 에반스 목사다.

그런데 세월이 흘러 필립 얀시가 다니던 그 교회에 어린 시절 같은 반이던 친구가 담임목사로 부임하게 된다. 목사가 된 그 친구는 아주 특별한 예배를 준비했다. 당시 교인 등록을 거부당했던 토니 에반스 목사를 비롯해 흑인 지도자들을 그 백인 교회로 초청한 것이다. 그리고 그들

에게 지난날 자신들의 죄를 고백하며 대신 용서를 구했다.[90]

은혜를 입은 사람은 은혜가 드러나게 되어 있다. 우리가 잘 아는 비폭력 흑인 인권 운동가 마틴 루터 킹 주니어(Martin Luther King Jr) 목사는 이렇게 말했다. "용서란 잠깐 해주는 것이 아니라 영구적인 태도다." 마찬가지로 하나님의 은혜는 간혹 임하는 것이 아니라 영원하다. 우리가 잘할 때만 은혜를 베푸시는 것이 아니라 부족할 때도, 연약할 때도 은혜를 베푸신다. 왜냐하면 그래야만 구원이 가능하기 때문이다. 결국 우리는 은혜 때문에 바뀔 것이다.

하나님은 우리의 죄를 넘기시는 것이 아니라 우리의 믿음이 시들지 않기를, 병들지 않기를 바라시며 은혜를 베푸신다. 그러니 하나님의 은혜가 오늘도 우리를 붙들고 계심을 믿고 감사함으로 살아가길 바란다.

'왕을 부르는 소리'를 가지고 살다

이렇게 발람이 저주가 아닌 축복에 가까운 말을 했을 때 발락왕이 얼마나 화가 났겠는가? 힘겹게 데려왔더니 저주는 하지 않고 오히려 축복을 하고 있으니 말이다.

발락왕은 더 조급해진다. 이번에는 발람을 데리고 비스가 꼭대기로 데려간다. 그러면서 하나님이 이번에는 무슨 말씀을 하시는지 다시 말해 보라고 한다. 참된 축복을 가지지 못한 사람은 늘 이렇게 초조하고 궁금한 법이다. 이때 여호와께서 발람의 입에 두 번째 말씀을 주신다.

발람이 예언하여 이르기를 발락이여 일어나 들을지어다 십볼의 아들이여 내게 자세히 들으라 하나님은 사람이 아니시니 거짓말을 하지 않으시고 인생이 아니시니 후회가 없으시도다 어찌 그 말씀하신 바를 행하지 않으시며 하신 말씀을 실행하지 않으시랴 내가 축복할 것을 받았으니 그가 주신 복을 내가 돌이키지 않으리라 민 23:18-20

하나님은 사람이 아니시니 헛된 말과 거짓말을 하지 않으신다. 또한 한 번 말씀하신 것을 후회하지 않으신다. 약속의 땅에 가는 동안 숱하게 하나님의 마음을 아프게 했고 속을 썩인 이스라엘 백성이지만 이들로 인해 후회해 본 적이 없다는 것이다. 하나님은 우리를 택하신 것을 후회하지 않으신다. 이 얼마나 위로가 되는 말씀인가? 이런 하나님을 믿는다는 것은 큰 축복이다. 그래서 민수기의 주제는 '신실하신 하나님'이다. 이스라엘의 반복되는 죄에도 불구하고 이렇게 대우해 주시는 하나님이다. 그들이 현재 한 나라를 이루어 살고 있는 것 자체가 신실하신 하나님이심을 세상에 증거하는 것이다.[91] 하나님은 이스라엘 백성을 40년 동안 힘들게 끌고 가면서도 끝까지 놓지 않으셨다. 우리를 꼭 붙들고 천국까지 인도하시는 하나님이다.

야곱의 허물을 보지 아니하시며 이스라엘의 반역을 보지 아니하시는도다 여호와 그들의 하나님이 그들과 함께 계시니 왕을 부르는 소리가 그중에 있도다 민 23:21

하나님은 우리의 죄와 허물을 다 보셨다. 우리가 수없이 등을 돌리고 배반한 것을 다 알고 계신다. 그런데 왜 허물도, 반역도 보지 않는다고 하신 것일까? 이 구절 안에 은혜가 있다. 보았지만 본 대로 처리하시지 않겠다는 것이다. 예수님이 우리의 모든 저주를 십자가에서 당해 주셨기 때문이다. 숱한 잘못을 가슴 아프게 지켜보셨지만 예수 그리스도의 보혈의 은혜로 덮으시는 것이다. 죄를 가볍게 여기거나 회개 없는 이기적인 은혜를 주장하는 것이 아니다. 뉘우친 죄인을 용서하고 변화시켜 가시는 은혜다. 믿는 자는 그 은혜 안에서 새롭게 빚어진다.

이것이 끝이 아니다. 더 놀라운 은혜를 발람을 통해 소개하신다. 그것은 왕을 부르는 소리가 그들 중에 있다는 것이다. 이 백성은 비록 넘어지더라도 하나님을 찾는 백성이라는 것이다. 이것이 바로 하나님이 우리를 기뻐하시는 이유다.

민수기 말씀 중에서 가장 좋아하는 구절이 있다면 바로 21절이다. "왕을 부르는 소리(the shout of the King)가 그중에 있도다"라는 말씀에서 '왕을 부르는 소리'는 히브리어 원문을 볼 때 옆 사람이 귀가 멀 정도로 큰 소리로 하나님을 찬송하라는 의미를 가지고 있다.[92] 이것은 이스라엘만이 모든 나라 중에서 하나님과 특별한 관계를 가지고 있음을 뜻한다. 여호와를 자신의 왕이라 선포하고 이스라엘이 주님께 속했다는 고백을 통해서 말이다.[93] 우리가 힘들고 어려울 때 "주여! 아버지여!" 외치며 하나님께 부르짖는 기도의 소리라고 할 수 있다. 하나님은 그 사람을 축복하며 버리지 않겠다고 말씀하신다. 그러니 당신의 인생 가운데 아버지의 이름을 부르길 바란다. 주님은 그것을 너무나 기뻐하신다.

"하나님 아버지! 저를 도와주십시오"라고 외치는 자가 복된 백성이다. 우리에게 필요한 것은 하나님을 향해 외치는 소리다. 그것이 하나님이 우리를 축복하시는 이유 중 하나다. 그분은 아버지이시기에 우리의 잘못에 속상해하다가도 "하나님 아버지"라고 부르는 그 소리에 봄눈 녹듯이 마음이 녹으신다.

여호수아가 아이성을 공격하다가 처절하게 패하고 말았다. 그는 옷을 찢으며 "주여! 주여! 주여!" 외쳤다. 그 부르짖음에 주님은 대답하셨다. 그리고 아이성 전투를 승리로 역전시켜 주셨다. 왕을 부르는 소리는 우리의 인생을 바꿀 것이다. 본문은 두 번째로 하나님이 붙들고 있는 사람들의 특징을 보여 주고 있다. 그것은 '삶 속에 왕을 부르는 소리가 살아 있다'라는 것이다. 우리의 가정에도, 일터에도 살아 있길 바란다. 만왕의 왕이신 주를 외치는 소리, 이 기도를 가진 사람에게는 삶의 역전승이 일어날 줄 믿는다.

> 하나님이 그들을 애굽에서 인도하여 내셨으니 그의 힘이 들소와 같도다 야곱을 해할 점술이 없고 이스라엘을 해할 복술이 없도다 이때에 야곱과 이스라엘에 대하여 논할진대 하나님께서 행하신 일이 어찌 그리 크냐 하리로다 민 23:22-23

연약해 보여도 하나님을 믿고 걸어가는 백성은 영적으로 들소와 같은 힘이 있다. 넘어지나 아주 엎드러지지 않으며, 쓰러지는 것 같으나 무너지지 않는다. 왕을 부르기 때문이다.

또한 놀라운 것은 예수 믿는 자에겐 점괘가 맞지 않는다는 말씀이다. 야곱을 해할 점술이 없고 이스라엘을 해할 복술이 없다는 것이다. 점괘가 맞지 않는 이유는 말씀이 우리를 붙들고 있기 때문이다. 하나님의 약속이 붙들고 있기 때문이다.

돈을 그렇게 많이 투자했는데도 원하는 답이 나오지 않으니 발락왕이 얼마나 화가 났겠는가? 그는 장소를 옮기면 '혹시'라도 하나님이 이스라엘에 대한 저주를 기뻐하시지 않을까 하는 헛된 꿈을 버리지 못하고 있다. 이 '혹시'는 원숭이가 컴퓨터 앞에 앉아서 하루 종일 타자를 쳤는데《바람과 함께 사라지다》라는 희대의 역작이 나올 확률이다. 이렇게 진리가 없으면 방황을 한다. 헛된 것에 투자를 한다.

매 순간 하나님을 선택하는 것이 복이다

발락왕은 아직 포기하지 않았다. 발람을 브올산 꼭대기로 데려간다. 이제 발람도 자기가 이스라엘을 축복하는 것을 하나님이 좋게 여기고 있음을 느끼고 전과 같이 점술을 쓰지 않는다. 그때 발람에게 세 번째 예언이 임한다.

> 야곱이여 네 장막들이, 이스라엘이여 네 거처들이 어찌 그리 아름다운고 그 벌어짐이 골짜기 같고 강가의 동산 같으며 여호와께서 심으신 침향목들 같고 물가의 백향목들 같도다 그 물통에서는 물이 넘치겠고 그 씨는 많은 물가에 있으리로다 그의 왕이 아각보다 높으니 그의 나라가 흥왕하리로다 하나님이 그를 애굽에서 인도하여 내셨으니 그 힘이 들소와 같도다 그의 적국을 삼키고 그들의 뼈를 꺾으며 화살로 쏘아 꿰뚫으리로다 꿇어 앉고 누움이 수사자와 같고 암사자와도 같으니 일으킬 자 누구이랴 너를

축복하는 자마다 복을 받을 것이요 너를 저주하는 자마다 저주를 받을지 로다 민 24:5-9

이 말씀은 이스라엘뿐만 아니라 하나님을 믿는 우리 모두에게 해당된다. 살고 있는 집이 어떻든 우리의 장막이 아름답다고 하신다. 우리의 존재가 아름답기 때문에 머물고 있는 곳이 아름답다고 하시는 것이다.

하나님은 창세기 12장에서 아브라함을 복의 근원으로 삼겠다고 하셨다. 그러면서 그를 축복하는 자에게 복을 주고 그를 저주하는 자를 저주하리라고 말씀하셨다. 그런데 하나님은 지금 발람의 입을 통해 600년 전에 아브라함에게 약속하신 그 말씀이 변함없이 성취된다는 것을 스스로 말씀하시고 있다. 그 약속은 수천 년이 지난 지금도 현재 진행형이다. 하나님의 입체적인 이 축복은 상상을 뛰어넘는다.

발락왕의 분노가 극에 달했다. 발람을 원망하며 탄식한다. 한껏 격앙되어 죽일지도 모르니 도망가라고까지 말한다. 그런데 이런 말을 듣고도 발람은 멈추지 않는다. 이번에는 발락이 부탁하지도 않았는데 하나님이 주신 예언을 그대로 전한다. 이것은 발람의 말이 아니라 성령께서 하시는 말씀이다.

내가 그를 보아도 이때의 일이 아니며 내가 그를 바라보아도 가까운 일이 아니로다 한 별이 야곱에게서 나오며 한 규가 이스라엘에게서 일어나서 모압을 이쪽에서 저쪽까지 쳐서 무찌르고 또 셋의 자식들을 다 멸하리로다 그의 원수 에돔은 그들의 유산이 되며 그의 원수 세일도 그들의 유산이 되고 그와 동시에 이스라엘은 용감히 행동하리로다 주권자가 야곱에게서

나서 남은 자들을 그 성읍에서 멸절하리로다 하고 민 24:17-19

한 별, 주권자가 야곱에게서 나온다고 한다. 장래에 이스라엘을 통해서 메시아, 구원자가 올 것을 예언하고 있다.[94] 놀랍게도 이것이 이방의 우상 선지자에게 주신 하나님의 말씀이다. 더 나아가 그분이 오시면 모든 자가 멸절될 것이라고 한다.

하나님은 지금 발락에게 질문하고 계신다. 누가 역사의 주관자인가? 사람의 생명과 죽음이 누구에게 달려 있는가? 모든 인생은 주님의 주권 아래에 있다. 하나님이 붙들고 계신다. 이것이 발락왕이 최종적으로 들어야 할 하나님의 결론이다. 하나님은 발람을 통해 발락의 계획을 좌절시키고 주님의 멈출 수 없는 계획을 선포하신다.[95]

이로써 발람의 모든 예언은 끝났다. 발락왕의 꿈도 끝이 났다. 사람의 말과 욕망은 다 끝날 것이다. 그러나 하나님의 말씀과 그 약속은 영원하다.

우리는 누구에게 붙들려 있는 사람인가? 바로 하나님이다. 그분의 은혜에 붙들려 있고 그분의 말씀에 붙들려 있다.

발람이 일어나 자기 곳으로 돌아가고 발락도 자기 길로 갔더라 민 24:25

발람과 발락은 각자 자신의 길로 돌아갔다. 그렇다면 이스라엘 백성은 어디로 갔을까? 그들은 다시 걸어가고 있다. 원망하면서, 비틀거리면서, 하나님을 찾으면서 말이다. 그들은 그렇게 약속의 땅을 향해 여전히 걸어가고 있다.

이제 민수기 본문을 통해 가르쳐 주시는 마지막 메시지는 '매 순간 하나님을 선택하는 것이 복된 삶의 길'이라는 것이다. 하나님께 붙들린 이스라엘 백성은 비틀거리지만 오늘도 하나님을 선택하며 메마른 광야 길을 걸어간다.

우리 역시 믿음이 비틀거리고 흔들리지만, 그럼에도 여전히 걸어가는 순례자들이다. 이런 걱정되는 순례자들을 하나님은 끝까지 은혜로 안내해 주실 것이다. 그래서 진정한 축복은 부를 가진 것이 아니라 힘들고, 지치고, 물이 없이 광야 같은 길을 걸을지라도 말씀을 따라 가는 것이다.

우리가 누구인지 부디 잊지 않길 바란다. 우리는 하나님이 붙드시는 사람이다. 이것이 우리의 정체성이다. 세상에 치이고 사람의 말에 치여 마음과 믿음이 병들고 도저히 일어날 힘이 없는가? 왕의 이름을 부르는 자에게 하나님은 역전의 승리를 주실 것이다. 매 순간 그 하나님을 선택하는 복된 길을 걸어가길 바란다. 그것이 바로 은혜의 길이다.

살다 보면 믿음이 시들고
병들 때가 있다.
도무지 힘을 내지 못하는
상황에서도 하나님은
내 사랑하는 자녀라고 말씀하신다.

Part 3.

광야를 통과하며 배운 걸음, 작은 순종

12장

광야의 한가운데에서

민수기 25-26장

"오 주님, 제 마음이 주님께로 향하기가
왜 이렇게 어렵습니까?"[96]
광야에서 누군가는 주님으로부터 멀어지고
누군가는 주님께 매우 가까이 다가간다.
그것은 타고난 능력의 차이가 아니라
자신의 연약함을 아느냐 모르느냐의 차이에 의해 결정된다.

영화나 드라마에도 주연이 있는 것처럼 지난 민수기 22장부터 24장까지 발락과 발람에 관한 이야기를 하면서 누가 주연 배우인가를 생각해 보았다. 먼저 민수기 22장은 나귀가 주연이다. 왜냐하면 돈으로 매수당한 발람이 이스라엘을 저주하러 가는 길을 막아서는 역할을 했기 때문이다. 23장과 24장에서는 발락왕이 원한 저주 대신 오히려 축복이 담긴 하나님의 말씀을 대언한 이방 선지자 발람이 주인공처럼 보인다. 그렇다면 25장에서는 과연 누가 주연 배우일까? 한 가지 분명한 것은, 민수기 전체에 걸쳐서 하나님의 백성에 대한 언급과 이들을 향한 신실하신 하나님의 등장이 계속해서 이어지고 있다는 점이다.

24장에서는 발락과 발람이 서로 자기 길로 돌아갔다는 것으로 끝이 났다. 그렇다면 이제 축복받은 백성이라는 정체성대로 이스라엘 역시 자신의 길을 걸어갔으면 좋겠는데 의외의 내용이 25장에서 전개된다.

연약함을 알 때 죄에 민감해진다

이스라엘이 싯딤에 머물러 있더니 그 백성이 모압 여자들과 음행하기를 시작하니라 그 여자들이 자기 신들에게 제사할 때에 이스라엘 백성을 청하매 백성이 먹고 그들의 신들에게 절하므로 이스라엘이 바알브올에게 가담한지라 여호와께서 이스라엘

> 에게 진노하시니라 민 25:1-3

충격적이게도 축복받은 백성이라고 선포된 이스라엘이 싯딤에서 모압 여자들과 성적 타락에 빠지기 시작한다. 이것이 전부가 아니다. 하나님을 믿는 이스라엘 남자들이 우상에게 가서 절하고 예배에 참여하기까지 한다. 이스라엘이 바알브올에 가담했다는 것은 이방 신의 제사에 참여했다는 뜻이다. 이방 여인들이 초대했기 때문이다. 인간의 욕망이 종교를 지배하는 장면이다. 무섭지 않은가? 욕망이 지배하면 인간은 자신의 신념도 저버릴 수 있고, 무엇이든지 할 수 있다는 것을 성경은 보여 주고 있다.

이러한 이스라엘의 우상숭배와 성적 타락에 대해 하나님이 진노하신다.

> 여호와께서 모세에게 이르시되 백성의 수령들을 잡아 태양을 향하여 여호와 앞에 목매어 달라 그리하면 여호와의 진노가 이스라엘에게서 떠나리라 민 25:4

이 구절을 보면 하나님이 이스라엘의 죄악에 몹시 화가 나셨음을 알 수 있다. 이 사건에 참여한 지파의 지도자들을 잡아 목을 매달아 죽이신다. 죄에 대해서 책임을 지도록 하신 것이다. 축복하는 백성이라고 말해 주었건만 그 백성은 뒤돌아서 이런 음행을 저질렀다. 우리가 그릇된 일을 할 때 하나님은 진노하신다는 것을 알아야 한다. 하나님이 나 때문에 화가 나실 때가 있다는 것을 알아야 한다.

죗값을 치르라는 하나님 말씀을 듣고 백성이 울고 있다. 그런데 그 사이 또 다른 일이 발생한다.

> 이스라엘 자손의 온 회중이 회막 문에서 울 때에 이스라엘 자손 한 사람이 모세와 온 회중의 눈앞에 미디안의 한 여인을 데리고 그의 형제에게로 온지라 제사장 아론의 손자 엘르아살의 아들 비느하스가 보고 회중 가운데에서 일어나 손에 창을 들고 그 이스라엘 남자를 따라 그의 막사에 들어가 이스라엘 남자와 그 여인의 배를 꿰뚫어서 두 사람을 죽이니 염병이 이스라엘 자손에게서 그쳤더라 민 25:6-8

이스라엘 온 회중이 울 때에 이스라엘의 한 남자가 미디안의 여인을 데리고 온다. 이번에도 성적인 죄를 저지르기 위해서 아무런 거리낌없이 이방 여자를 데리고 회중 앞에 나타난 것이다. 그때 제사장 아론의 손자 비느하스가 장막으로 들어가는 두 사람을 따라가 모두 창으로 찔러 죽인다. 그때 하나님의 진노로 내려진 염병이 그치게 된다. 이 염병으로 죽은 자가 2만 4천 명이다. 음행의 죄로 그 많은 사람이 죽은 것이다.

23~24장에서 발람이라는 우상 선지자를 통해 산 위에서 메시지가 선포되었다. 바로 이스라엘 백성이 하나님이 복 주시는 백성이라는 선포다. 이 말을 들었을 때 산 밑에 있는 이스라엘 백성은 정말로 기뻤을 것이다. 그러나 25장에서는 이스라엘 백성이 광야 한복판에서 엄청난 타락에 빠졌다. 성적으로 타락했고, 우상을 숭배하기까지 했다.

우리는 지난 23~24장의 산에서 이제 광야로 내려와야 한다. 세상으로 내려와서 이스라엘이 어떻게 살고 있는지 봐야 한다. 이처럼 성경은 24장과 25장을 통해 극명한 대조를 보이고 있다. 누구도 저주할 수 없는, 하나님이 복 주시기로 작정한 백성이 지금은 하나님의 진노와 심판 아래에 있다. 두 모습 중 누가 이스라엘인가? 둘 다 이스라엘이다.

우리는 구원받은 하나님의 자녀다. 아무도 그리스도 안에 있는 우리를 정죄할 수 없다. 우리는 이 정체성을 가지고 살아간다. 그러나 동시에 세상에 갖다 놓으면 여지없이 죄로 인해 넘어지곤 하는 모습도 있다. 이 둘 중에 어느 것이 나인가? 이런 양면성을 가진 존재가 바로 나다.

여름에 많은 사람이 휴가를 떠나는데, 밴쿠버 아이들의 꿈의 놀이 장소는 디즈니랜드다. 잔뜩 기대를 품고 가지만 30℃가 넘는 뙤약볕에서 놀이기구 한번 타려고 줄을 서다가 지치고 만다. 돌아갈 때는 아이들 입에서도 집보다 좋은 곳은 없다는 말이 나온다. 꿈과 현실은 늘 이렇게 다른 법이다.

언젠가 가족과 함께 바다가 아름답게 보이는 숙소를 찾아 인터넷으로 미리 예약을 하고 갔다. 그런데 도착해 보니 그 건물은 이미 다 차서 묵을 수가 없었다. 지배인은 우리를 지은 지 40~50년도 넘은 낡은 건물로 안내했다. 물론 바다도 보이지 않았다. 우리를 안내한 분은 연세 지긋한 백인 할아버지였는데 뭔가 속았다는 기분이 들었다. 게다가 돋보기를 쓰고 손을 떨면서 적는 모습에 불안하기도 했다. 어쨌거나 이런 곳에서 아이들과 지낼 수 없어서 하루만 자고 가기로 했다. 그런데 다음날 식구들과 밥을 먹으러 갔는데 내 카드가 결제가 안 되었다. 은행에 가 보니 한도초과라는 것이다. 그만큼 쓴 일이 없어 당황했는데 은행 직원이 확인해 보니 하룻밤 숙박비를 200달러가 아닌 2000달러로 처리했다고 했다. 나 같은 성격을 가진 사람은 이럴 때 속된 말로 뚜껑이 열린다. 당장 그 숙소에 따지러 달려가고 싶었는데 은행 직원이 직접 갈 필요 없이 자기가 해결하면 된다면서 일을 처리해 주었다. 그럼에도 나는 3일 내내 그 일 때문에 마음이 괴로웠고, 세월이 지난 지금까지도 그 할아버지가 가끔씩 생각나곤 한다.

이상과 현실은 다르다. 우리의 신앙생활도 마찬가지다. 우리의 신앙 고백과 세상 한가운데에서의 삶은 차이가 있다. 민수기는 그것을 가르쳐 주고 있다.

말씀이 선포하고 있는 그리스도인의 정체성은 아무도 이들을 저주하지 못한다는 것이다. 그러나 이 믿음의 고백은 산 위에 있는데, 이스라엘 백성은 지금 광야에 있다. 그들의 신분은 하나님의 백성이고 축복받은 사람이 맞지만 그들의 삶은 죄의 한가운데에 빠져 있다. 그렇다고 우리가 고백하는 믿음이 틀린 것이 아니다. 우리가 살아가는 현실이 그렇지 않을 뿐이다. 하나님의 약속이 우리 것이라고 하기엔 송구스러울 뿐이다. 이것이 이스라엘과 우리의 현주소다.

우리가 예배할 때와 교회 밖을 나왔을 때가 다른 적이 얼마나 많은가? 내 믿음의 고백이 있는 자리와 내 삶의 모습이 다를 때가 너무도 많다. 신앙은 산 위에서 아무도 만나지 않으면서 지켜 가는 것이 아니다. 믿음은 삶의 현장, 바로 광야를 지나며 지키는 것이다. 이 세상에서 믿음을 지키는 일이 절대로 만만치 않다는 것을 안다. 그 부딪힘을 매일 경험하며 살기 때문이다. 베드로전서 5장 8절에는 사탄이 우는 사자처럼 삼킬 자를 찾고 있다고 말한다. 우리가 살고 있는 세상은 영적 전쟁의 현장이다. 이스라엘을 저주하려던 발락왕보다 더 강하고 악한 적이 바로 사탄이다. 예수 믿는 사람을 넘어뜨리기 위해 온갖 술수와 방법을 꾀하며 우리를 기다리고 있다. 어떻게 해서든 믿음의 길을 방해하고 무력화하려는 수많은 계략이 오늘도 모색되고 있다. 사탄이 갖고 있는 프로그램은 너무나 다양하다. 그 전시장이 바로 민수기다.

먹을 것에 대한 불평과 지도자에 대한 반역, 시기와 질투, 두려움과 원망, 불순종, 경쟁심, 분쟁, 불경… 수도 없이 많은 전략을 가지고 이스라엘 백성의 마음을 노략질했다. 사탄은 우리를 공략하기 위해 지금도 열심히 프로그램을 짜고 있다. 세상은 결코 우리의 믿음을 보호해 주는 곳이 아니다. 광야는 치열한 영적 전쟁터다.

발람은 발락과 헤어져 자기 길로 갔다. 그는 이스라엘의 축복을 대변한 사람으로 마무리된 것처럼 보인다. 그러나 성경은 발람의 이야기를 계속하고 있다. 본문 25장에는 발람이 나타나지 않지만 이스라엘 백성은 곧바로 성적으로 타락하고 우상숭배에 무너져 버린다. 왜 그렇게 된 것일까? 비느하스가 음행한 두 사람을 죽인 이후에 하나님이 다음과 같은 부탁을 하신다.

> 여호와께서 모세에게 말씀하여 이르시되 미디안인들을 대적하여 그들을 치라 이는 그들이 속임수로 너희를 대적하되 브올의 일과 미디안 지휘관의 딸 곧 브올의 일로 염병이 일어난 날에 죽임을 당한 그들의 자매 고스비의 사건으로 너희를 유혹하였음이니라 민 25:16-18

하나님은 모세에게 미디안을 치라고 말씀하신다. 이스라엘이 죄를 짓도록 유혹했기 때문이다. 하나님의 백성을 넘어지게 하는 자들을 다

없애라는 것이다. 민수기 31장에 가면 이 말씀이 이루어진다.

> 모세가 각 지파에 천 명씩 싸움에 보내되 제사장 엘르아살의 아들 비느하스에게 성소의 기구와 신호 나팔을 들려서 그들과 함께 전쟁에 보내매 그들이 여호와께서 모세에게 명령하신 대로 미디안을 쳐서 남자를 다 죽였고 그 죽인 자 외에 미디안의 다섯 왕을 죽였으니 미디안의 왕들은 에위와 레겜과 수르와 후르와 레바이며 또 브올의 아들 발람을 칼로 죽였더라
>
> 민 31:6-8

미디안의 남자들을 다 죽였다. 또한 점치던 자, 우리가 알고 있는 그 발람을 죽였다고 기록하고 있다. 발람을 죽인 이유에 대하여 성경은 분명한 근거를 가지고 있다.

> 보라 이들이 발람의 꾀를 따라 이스라엘 자손을 브올의 사건에서 여호와 앞에 범죄하게 하여 여호와의 회중 가운데에 염병이 일어나게 하였느니라
>
> 민 31:16

발람은 자기의 길로 갔다. 그러나 돈에 대한 욕심은 멈추지 않았나 보다. 발람은 다시 발락왕에게 기가 막힌 계획을 가지고 갔다. 이스라엘을 망하게 하는 방법은 그들이 죄를 짓게 하여 하나님의 심판을 받게 하는 것임을 가르쳐 준 것이다. 발락은 발람의 꾀를 따랐다. 그래서 성경은 이스라엘이 여호와 앞에 범죄하게 만든 장본인을 죽였다고 밝히고 있다. 발람은 돈을 얻기 위해 무슨 일이든 한 것이다. 심지어 요한계시록

에서 일곱 교회를 향해 경고하실 때에도 발람의 이야기가 나온다.

> 그러나 네게 두어 가지 책망할 것이 있나니 거기 네게 발람의 교훈을 지키는 자들이 있도다 발람이 발락을 가르쳐 이스라엘 자손 앞에 걸림돌을 놓아 우상의 제물을 먹게 하였고 또 행음하게 하였느니라 계 2:14

이것이 발람이 발락왕에게 가르쳐 준 전략이다. 곧 우상을 섬기게 하고 성적으로 타락시키는 악한 꾀를 내어 이스라엘 앞에 걸림돌을 놓아 무너뜨리는 것이다. 우리 안에는 믿음만 있는 것이 아니다. 탐욕의 강도 흐르고 있다. 사탄의 유혹이 우리를 자극할 때 만약 내 안에서 믿음이 반응하지 않고 탐욕이 반응한다면 그 순간 변질된 그리스도인으로 전락하고 만다.

성경은 광야를 걷고 있는 우리에게 신앙고백과 삶, 이상과 현실, 우리의 정체성과 믿음의 현장은 다를 수 있음을 보여 주고 있다. 특히 민수기는 이런 사실을 적나라하게 보여 준다.

어떻게 하면 이 괴리를 좁힐 수 있을까? 어떻게 하면 우리가 더 그리스도인다운 믿음의 길을 걸어갈 수 있을까? 성경은 깨어 있으라고 말씀한다. 이 치열한 영적 전쟁터에서 살아남기 위해서는 깨어 있어야 한다.

그러나 솔직해져 보자. 물질에 대해서는 귀도 밝고 눈도 밝으며 바짝 깨어 있다. 하지만 믿음에 대해서는 어떤가? 내 영은 깨어 있는가? 사탄이 이렇게 수많은 전략을 가지고 덤벼드는데 정신을 바짝 차리고 있기는 한가?

그렇다면 우리가 가장 민감하게 깨어 있는 순간은 언제일까? 아마도 연약할 때라는 생각이 든다. 10년 전 대장암 수술을 하고 퇴원할 때였다. 병원에서는 3주 동안 음식을 극히 조심하라고 당부했다. 깨 같은 것은 절대로 먹지 말라고 했다. 퇴원 후 부모님 댁에 갔는데 나는 한국 음식에 그렇게 깨가 많이 들어가는지 미처 몰랐다. 나물 하나를 먹는데도 온통 깨 천지였다. 그 뒤부터 나를 살려 보겠다고 아내는 깨는 다 빼고, 생야채는 다 익히고, 먹지 말라는 버터는 모조리 갖다 버렸다. 그렇게 1년을 조심했다. 사람은 자신이 약한 것을 알 때 깨어 있게 된다.

광야 한가운데에서 해야 할 첫 번째 고백은 '우리는 연약한 자들이다'라는 것이다. 우리는 죄에 대해 너무나 연약한 존재다. 이것을 알아야 죄를 이길 수 있고, 함부로 죄의 소굴로 들어가지 않게 된다.

미국 웨스트민스터 신학교의 이안 더귀드(Iain M. Duguid) 교수는 이런 표현을 썼다. "하나님은 약속하신 바에 대하여 끝까지 신실하시다. 그러나 우리는 하나님께 신실하지 않을 수 있는 능력을 가지고 있다."[97] 하나님은 언제나 우리에게 변함없이 신실하시지만 우리는 신실하지 않을 능력이 뛰어난 사람들이다. 이러한 우리의 약함을 정직하게 고백해야 한다. 나의 약함을 알 때 믿음은 강해진다. 나의 약함 속에서 예수 그리스도의 힘이 드러난다.

죄는 반드시 값을 치른다

두 번째 나누고자 하는 것은 바로 광야의 신학이다. 광야의 여정 속에서 하나님은 성경 전체를 요약하고 있는 매우 중요한 신앙고백인 광야의 신학을 가르쳐 주신다.

> 여호와께서 모세에게 이르시되 백성의 수령들을 잡아 태양을 향하여 여호와 앞에 목매어 달라 그리하면 여호와의 진노가 이스라엘에게서 떠나리라
>
> 민 25:4

하나님은 이스라엘이 성적으로 타락하고 우상숭배에 빠졌을 때 딱 한 가지를 요구하셨다. 지도자들의 목숨을 내놓으라는 것이다. 그러면 진노를 멈추겠다고 하셨다. 백성의 죄에 대한 대속의 책임을 지도자들에게 지게 하셨다. 그래야 남은 사람들의 생명을 보존할 수 있기 때문이다. 우리가 죄를 지을 때 하나님은 진노하신다. 그리고 반드시 그 죄를 대속할 것을 요구하신다. 한마디로 죗값을 치러야 하는 것이다. 이것은 성경 전체에서 계속 흐르고 있다.

이때 비느하스가 등장한다. 시므온 지파의 한 남자가 미디안 여자를 데리고 자신의 회막으로 가서 음행하려고 할 때 비느하스가 창을 가지고 두 사람의 배를 관통해서 찔러 죽인다. 그러자 여호와의 진노가 그쳤다. 성경을 읽으면서 하나님은 왜 이렇게 잔인하시냐고 물을 수 있다. 그러나 하나님은 잔인하신 것이 아니라 거룩하시다. 죄를 용납할 수 없는 분이다. 그렇기 때문에 죄에 대해서 반드시 값을 요구하신다. 죄의 값은 사망이다. 그들의 죽음으로 죄의 심각성을 가르치실 뿐 아니라 죄의 값을 물게 하는 것이다.[98] 그것만이 이스라엘을 향한 무서운 진노를 돌이키게 할 수 있기 때문이다. 이들을 처벌한 비느하스를 향해 하나님은 어떻게 말씀하시는가?

여호와께서 모세에게 말씀하여 이르시되 제사장 아론의 손자 엘르아살의 아들 비느하스가 내 질투심으로 질투하여 이스라엘 자손 중에서 내 노를 돌이켜서 내 질투심으로 그들을 소멸하지 않게 하였도다 그러므로 말하라 내가 그에게 내 평화의 언약을 주리니 그와 그의 후손에게 영원한 제사장 직분의 언약이라 그가 그의 하나님을 위하여 질투하여 이스라엘 자손을 속죄하였음이니라 민 25:10-13

하나님은 비스하스를 칭찬하신다. 그가 하나님의 마음을 알았다고 하신다. 하나님이 지금 얼마나 화가 나 있는지, 얼마나 질투하시는지, 그 하나님의 마음으로 비느하스가 질투했다는 것이다. 그는 하나님을 위하여 두 사람을 죽였고, 그 죽음으로 이스라엘의 죗값을 지불했다. 그로 인해 하나님이 이스라엘을 멸망시키지 않고 그 진노를 돌이켰다고 말씀하신다.

하나님은 지금 대속에 대한 이야기를 하시고 있다. 아담과 하와가 범죄했을 때 짐승을 죽여 대속한 다음 가죽 옷을 입히셨다. 이렇게 죄에 대해서는 철저하게 값을 요구하셨다.

여기서 왜 비느하스가 중요한지 설명하고자 한다. 그는 평범한 백성이 아니라 제사장이었다. 제사장에겐 하나님이 부탁하신 일이 있다. 하나님의 성전을 더럽히지 않도록 지키고 보호하는 사명이다. 이 책임을 맡고 있는 비느하스가 그들을 죽였고, 이로 인해 하나님의 심판으로부터 이스라엘이 건짐을 받게 되었다.

여기에서 드는 의문은 축복받은 백성이라는 정체성을 가진 이들도 이처럼 큰 죄를 범했을 때 과연 구원해 주실 것인가 하는 것이다. 우리가 하나님의 자녀라는 정체성을 가지고, 다시는 정죄함이 없다는 믿음의 신앙고백을 하지만 우리가 그런 잘못을 저지르며 세상을 살아갈 때 하나님은 우리를 건져 주시는가?

질문을 다르게 해보겠다. 만일 40년 광야 생활 중에 이스라엘 백성이 25장에 있는 이 죄만 짓지 않았다면 충분히 구원받을 자격이 있을까? 우리 인생에서 어느 해에 지은 그 죄만 아니라면 우리는 구원받을 자격이 있는 것인가? 결코 아니다.

여기에 광야의 신학이 있다. 25장의 죄가 아니더라도 그들은 구원받을 자격이 없다. 민수기를 통해 보여 주시는 광야 신학의 결정판은 비느하스가 음행한 자들을 찔러 죽였을 때 여호와의 진노가 떠난 것이다. 죄의 대가는 죽음이다. 중요한 것은 비느하스가 주인공이 아니라는 점이다. 하나님의 백성에게 진정으로 필요한 것이 무엇인지 보여 주고 싶은 것이다.

광야 40년 길, 100세 인생길, 그 길을 걸어가는 동안 수많은 죄를 저지르고 있는 하나님의 백성이다. 그런데 그때마다 비느하스라는 사람이 나타나서 쫓아다니며 대신 죽여 주는 것으로 우리를 건질 수 있다고 생각하는가?[99] 비느하스는 단지 속죄의 한 상징일 뿐이다. 성경에서 이스라엘 백성은 하나님의 소유된 백성임에도 불구하고 얼마나 자주 하나님을 노엽게 하고 있는가? 그런데 어떻게 비느하스가 이 문제를 풀 수 있겠는가?[100]

우리의 소망은 예수 그리스도

우리는 사도행전 2장에 나오는 초대교회의 성도들처럼 살고 싶어 한다. 그러나 실제는 많은 그리스도인이 이상적인 성도의 모습과 매주 반복되는 부끄러운 죄 사이에서 갈등한다.[101] 이 괴리를 메울 수 있는 자는 아무도 없다. 구원받은 자녀라는 정체성을 가지고도 이렇게 매번 넘어지고 하나님을 진노케 하는데 이 죗값으로 누구를 죽여서 우리가 살 수 있겠는가?

비느하스로는 안 된다. 하나님의 자녀이지만 평생 죄를 지으며 살아온 우리에게 모든 상황을 대속할 수 있는 분은 오직 한 분 예수 그리스도밖에 없다. 이것이 광야의 신학이다. 비느하스는 이 복음을 보여 주는 그리스도의 모형이다.[102] 25장의 주인공은 바로 우리 주님이시다. 모든 성경 뒤에는 주님이 계신다. 주님의 마음을 아프게 하고, 진노케 함에도 불구하고 우리가 살 수 있는 것은 그 죄를 대속하기 위해 기꺼이 십자가에서 죄의 창끝에 찔려 죽으신 예수 그리스도가 계시기 때문이다. 그로 인해 우리는 주의 나라에 들어갈 수가 있다.[103]

민수기 25장의 사건은 죄에 대하여 반드시 그 값을 치르게 하시는 하나님의 거룩하심을 드러내고 있다. 크든 작든 믿음과 죄 사이에서 갈등하는 우리에게 무엇이 소망인가를 상기시켜 주는 현장이다.

예수 그리스도 그분이 오셔야 살 수 있다. 대속을 위하여 오신 그분은 넘어지는 하나님의 백성을 구경만 하고 계시지 않는다. 우리를 향해 놀라운 약속을 하신다.

이는 곧 물로 씻어 말씀으로 깨끗하게 하사 거룩하게 하시고 자기 앞에 영광스러운 교회로 세우사 티나 주름 잡힌 것이나 이런 것들이 없이 거룩하고 흠이 없게 하려 하심이라 엡 5:26-27

주님은 우리를 구원해서 백성으로 삼으실 뿐 아니라 천국으로 인도하신다. 때로는 믿음을 버리고 하나님을 노엽게 하는 우리이지만 예수님의 사랑의 수고로 말미암아 성부, 성자, 성령이 지금도 우리를 고치시고 있다.

우리의 죄보다 더 큰 것은 바로 하나님의 은혜다. 이중적인 삶을 살면서 괴로워하는 우리를 위해 신실하신 하나님은 그 변치 않는 사랑을 오늘도 행하고 계신다. 우리의 영적인 괴리감을 해결해 줄 수 있는 열쇠는 주님께 있다. 우리는 자주 넘어지지만 하나님의 교회, 하나님의 백성은 그분의 손에 오늘도 빚어지고 있다.

믿음은 예수를 믿고 거듭나는 것만이 아니다. 거듭난 자의 삶을 시작하는 것이다. 민수기 25장의 이스라엘에게는 소망이 없다. 그러나 그들을 붙들고 계시는 신실한 하나님께는 소망이 있다. 하나님은 죄인을 찔러 그 죽음의 값을 치르게 하지 않고 죄 없는 아들 예수 그리스도를 창에 찔려 죽게 하심으로 모든 시대, 모든 열방, 모든 인생을 그 죄에서 구속하셨다. 하나님의 진노를 예수님에게 부어 버리심으로 우리에게서 진노가 떠나가게 하시고 여전히 하나님의 축복 아래 거하게 하셨다. 이 사건 때문에 로마서 8장의 말씀처럼 그리스도 예수 안에 있는 자에게는 결코 정죄함이 없다는 말이 이루어진다. 누구 때문인가? 비느하스가 아닌 예수 그리스도 때문이다.

성경은 하나님의 백성을 세워 가는 이야기다. 우리의 모든 허물과 죄악을 고치고 새롭게 하실 그분이 바로 우리의 유일한 소망이다. 바로 이 메시지를 전하고 싶은 것이 민수기 25장이다. 이것이 광야 한가운데서 배우는 신학이다.

하지만 가슴 아픈 것이 있다. 비느하스가 찔러 죽인 사람의 이름이 안타깝게도 성경에 공개된다.

> 죽임을 당한 이스라엘 남자 곧 미디안 여인과 함께 죽임을 당한 자의 이름은 시므리니 살루의 아들이요 시므온인의 조상의 가문 중 한 지도자이며 죽임을 당한 미디안 여인의 이름은 고스비이니 수르의 딸이라 수르는 미디안 백성의 한 조상의 가문의 수령이었더라 민 25:14-15

죽임을 당한 그는 시므온 지파의 지도자였다. 시므온의 족장 살루의 아들 시므리와 미디안의 수령 수르의 딸 고스비다. 이들의 이름을 기억하라는 것이 아니다. 두 사람 모두 양 족속 지도자의 자녀였다. 아마도 정치적 결정에 의해서 두 족속이 손을 맞잡은 것으로 보인다. 성공이 우리의 신앙이 되면 이런 결과를 낳게 된다. 성공을 위해 무슨 짓이든 할 수 있게 되는 것이다.

민수기 26장에는 1장에서 실시했던 열두 지파에 대한 인구 조사를 다시 하는 장면이 나온다.

열두 지파의 수를 보면 처음 인구조사에 비해 약 2천 명밖에 차이가 나지 않는다. 지파마다 조금씩 늘거나 줄었다. 그런데 안타깝게도 시므온 지파만이 죽은 인구가 3만 7천 명이나 된다. 염병으로 가장 많이 죽

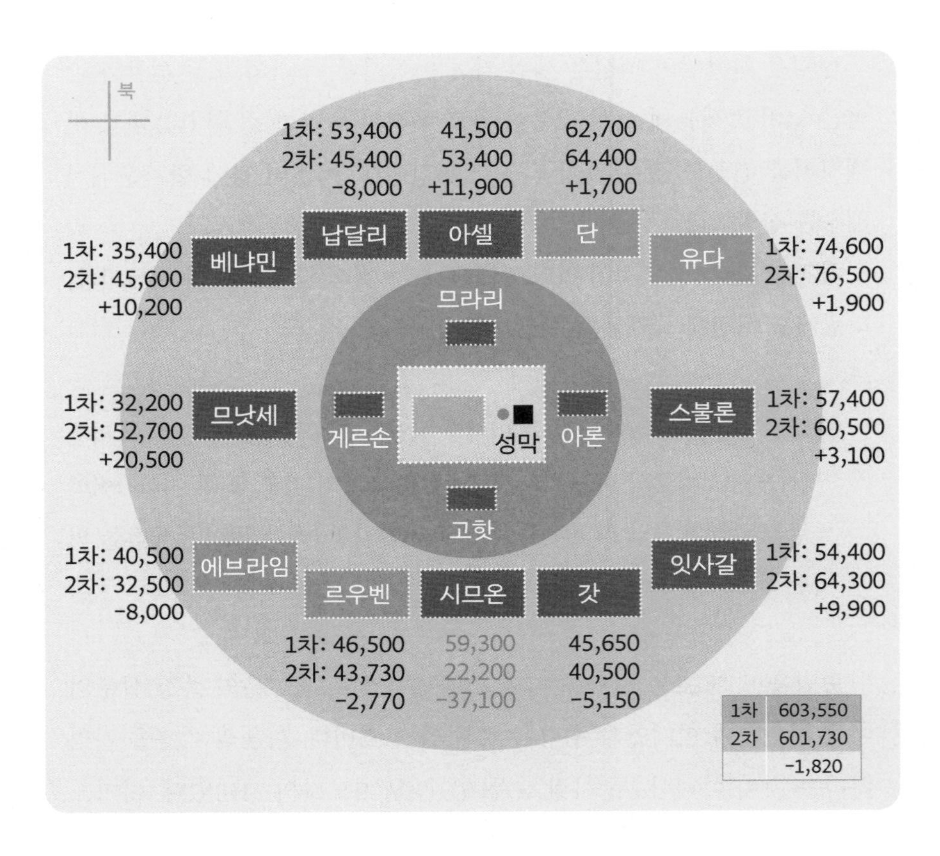

은 것이다. 그런데 요한계시록에는 하나님 나라에 들어가는 열두 지파의 인원수가 나온다.

> 유다 지파 중에 인침을 받은 자가 일만 이천이요 르우벤 지파 중에 일만 이천이요 갓 지파 중에 일만 이천이요 계 7:5

지파마다 완전수를 상징하는 1만 2천 명을 숫자적으로 보여 준다. 시므온 지파는 몇 명일까? 다른 지파의 절반쯤 되어야 맞지 않을까?

> 시므온 지파 중에 일만 이천이요 레위 지파 중에 일만 이천이요 잇사갈 지파 중에 일만 이천이요 계 7:7

놀랍게도 성경은 시므온 지파 역시 1만 2천 명이라고 명시하고 있다. 시므온 지파를 여전히 포함시켰을 뿐 아니라 다른 지파와 똑같이 하나님 나라에 서게 하셨다.[104] 주님은 이렇게 회복시키신다. 혹시 넘어졌는가? 시므온 지파를 부르신 것처럼 예수님은 우리를 살리시고, 우리 같은 죄인을 끝까지 구원해 주실 것이다. 이것이 광야의 신학이다.

광야 한가운데에서 우리가 고백해야 할 두 번째는 '우리의 소망은 예수 그리스도'라는 것이다. 절망에 빠진 사람만이 소망이 무엇인지 알게 된다. 산 위에서 입으로 하는 신앙고백만이 아니라 산 아래로 내려와 세상 한가운데에서 연약함으로 인해 죄악에 넘어질지라도 주님을 붙들면 이기며 사는 법을 터득하게 된다. 우리처럼 자주 넘어지는 사람에게 소망은 영원한 대속자 되신 예수님밖에 없다. 이분을 믿고 끝까지 순례의 길을 걸어가게 되길 바란다.

순례자에게는 거룩이 중요하다

마지막으로 나누고 싶은 것은 우리의 광야는 아직 끝나지 않았다는 것이다. 우리는 계속 걷고 있는 중이다. C. S. 루이스는《영광의 무게》에서 사람의 욕망 중 가장 큰 것은 먹는 것이 아니라 인정받고 싶은 욕구라고 했다.[105] C. S. 루이스가 그 비밀을 깨닫고 나서 이런 이야기를 한다. "광야에서 넘어졌다가 다시 일어나길 수차례 반복하면서도 주님을 붙들고 천국에 들어온 우리를 창조주 하나님이 안아 주며 잘하였도다 말씀하실 때, 그 영광스러운 감격의 무게를 당신이 견뎌 낼 수 있겠는가. 그 영광의 무게를 생각한다면 어찌 당신의 몸을 한순간의 쾌락에 내던질 수 있겠는가"라고 말이다.[106]

우리는 순례자다. 순례자의 자랑은 힘도 아니요 성공도 아니다. 거룩함이다. 광야 한가운데에서 우리가 해야 할 마지막 고백은 '순례자에게는 힘보다 거룩함이 더 중요하다'이다. 순례자는 하나님을 만나러 가는 사람들이다. 그런 사람들에게 중요한 것은 과연 무엇일까?

찬송가 28장 '복의 근원 강림하사'의 가사를 묵상해 본다. 이것이 광야를 걷고 있는 우리의 기도가 되어야 한다고 생각한다.

2절 : 주의 크신 도움 받아 이때까지 왔으니
이와 같이 천국에도 이르기를 바라네
하나님의 품을 떠나 죄에 빠진 우리를
예수 구원하시려고 보혈 흘려 주셨네

3절 : 주의 귀한 은혜 받고 일생 빚진 자 되네
주의 은혜 사슬 되사 나를 주께 매소서
우리 맘은 연약하여 범죄하기 쉬우니

하나님이 받으시고 천국 인을 치소서

이번 장의 핵심은 바로 이 찬양 속에 있다. 우리는 빚을 진 사람들이다. 그 은혜의 빚을 어떻게 갚을 수 있겠는가? 오히려 하나님의 은혜가 나를 더욱 붙들어 주셔서 방황하고 있는 내 마음이 주님께로 향하기를, 주님이 매어 주시길 원할 뿐이다.

경험해 보았기에 잘 알지 않는가? 우리 마음은 연약하여 범죄하기 쉽고, 하나님을 떠나기 쉽다. 그렇기에 이 찬송은 광야를 걷다가 쓰러져 눈물 흘리는 우리의 기도다. 예수 그리스도의 대속이 아니면 심판 아래 있을 사람들이기에 예수님이 아니면 안 된다. 이런 우리의 모습을 날마다 주님 앞에 고백하길 바라며, 천국 인을 쳐 주시길 기도해야 한다.

은혜로 살려면 내 인생 이야기의 밝은 면과 어두운 면을 전부 인정해야만 한다. 그늘진 면을 인정할 때 내가 누구이며 하나님의 은혜가 어떤 의미인지 알게 된다. 각자가 비느하스의 창을 준비하길 바란다. 그 창으로 범죄하는 나 자신을 찔러야 한다. 그때 나는 죽고 내 안에 사는 그리스도를 볼 수 있다. 그분 때문에 다시 살아갈 소망이 있는 것이다. 이것이 우리 평생의 기도이길 간절히 바란다.

13장

주님과 함께 걷는 길

민수기 27장

기도 골방이라는 이 은밀한 곳에
자주 드나드는 사람들 중에서 그곳의 빛과 영광을
얼굴에 나타내지 않는 사람은 지금까지 단 한 명도 없었다.
하나님과 교제하는 것이 무엇인지 아는 사람은
다른 사람들과 이야기할 때 확실히 영향을 끼친다.[107]
70억이 넘는 인구 중에서 과연 하나님은
나 한 사람의 기도에 관심이 있으실까?
성경은 '그렇다'라고 대답하시는 하나님의 이야기다.

어린 시절 키재기를 할 때면 대부분 집안 벽 한쪽에 서서 줄을 그으며 쟀다. 엉금엉금 기어 다니던 갓난아기가 두 발로 서고, 어느새 걷기 시작하다 보면 얼마큼 컸는지 궁금해 자꾸만 키재기를 했다. 그렇게 6개월이 지나고 1년이 지나면 어느새 이렇게 자랐나 싶다. 그런데 혹시 자신의 키가 자라는 걸 본 적이 있는가? 아니면 아이들이 크는 걸 실시간으로 지켜본 적이 있는가? 아마 없을 것이다. 지나고 보니 어느새 훌쩍 커 있는 것이다.

믿음 역시 시간이 흘러 나도 모르게 자라 있음을 느끼게 된다. 주님과 함께 순례의 길을 걷는 동안에도 어느새 믿음은 조금씩 성장해 간다.

민수기 27장 본문에는 뜻밖의 인물이 등장한다. 요셉의 후손 슬로브핫의 딸들이다.

감정이 아니라 말씀을 믿는 것이 믿음이다

요셉의 아들 므낫세 종족들에게 므낫세의 현손 마길의 증손 길르앗의 손자 헤벨의 아들 슬로브핫의 딸들이 찾아왔으니 그의 딸들의 이름은 말라와 노아와 호글라와 밀가와 디르사라 그들이 회막 문에서 모세와 제사장 엘르아살과 지휘관들과 온 회중 앞에 서서 이르되 우리 아버지가 광야에서 죽었으나 여호와를 거슬러 모인 고라의 무리에 들지 아니하고 자기 죄로 죽었고 아들이 없나이다 어찌하여 아들이 없다고 우리 아버지의 이름이 그의 종족 중에서 삭제되리이까 우리 아버지의 형제 중에서 우리에게 기업을 주소서 하매 모세가 그 사연을 여호와께 아뢰니라 민 27:1-5

성경은 요셉의 아들 므낫세 후손 중에 슬로브핫의 딸들을 소개하고 있다. 그들의 이름은 말라, 노아, 호글라, 밀가, 디르사 이렇게 다섯 명이다. 이들이 모세를 찾아왔다. 이들은 그들의 아버지가 광야에서 죽었으나 고라의 반란 때 동참한 사람은 아니었으며 그저 자연스러운 죽음을 맞이했다고 설명한다. 당시 출애굽 1세대는 모두 죽고 2세대가 삶을 이어 가고 있었다. 이들은 아버지가 아들 없이 죽어 아버지의 이름이 사라지게 될까 염려하고 있으며, 또한 아버지의 딸인 자신들에게도 기업을 달라고 했다. 당시 이스라엘 문화는 아버지가 죽으면 아들에게만 재산이 상속되고 딸들은 받지 못했다. 딸들은 그들의 남편을 통해 상속을 받았을 뿐이다.[108] 아들이 없는 집은 가장 가까운 친척에게 순서대로 그 기업이 넘어간다. 이것이 당시의 규례였다. 그런데 이들은 아버지의 이름으로 받게 될 기업을 자신들이 받을 수 없는지 묻는다. 이 문제를 가지고 모세가 하나님께 기도하러 간다.

그런데 광야 여정 중에 왜 갑자기 슬로브핫의 딸들의 이야기가 나오는 것일까? 남성 중심의 족보 기록이 일반적이던 당시에 딸들의 등장은 특별하다. 또한 슬로브핫의 딸들은 역대기상 1~9장에 나오는 방대한 족보에 언급된 몇 안 되는 여인들 중 하나라는 점에서 성경이 중요한 인물로 다루고 있음을 보여 준다. 하나님은 이들의 이야기를 통해서 오늘날 우리에게 무엇을 말씀하시고 싶은 걸까?

우선 슬로브핫의 딸들은 광야를 건넌 2세대다. 1세대가 죽고 200만 명이 넘는 2세대가 이동하고 있다. 38년을 떠돌다 드디어 가나안 앞 모압 평지에 도착했다. 곧 가나안에 들어가면 지파별로 땅을 분배받을 것이다. 이런 상황에서 약속의 땅에 들어가 기업을 나눌 때 그 몫을 딸들에게도 달라는 것이다.

그런데 아직 가나안 땅에 들어간 것은 아니다. 이들은 가 본 적도 없다. 게다가 그곳은 거인들이 살고 있다. 앞으로 어떻게 될지 알 수가 없다. 그런데도 이들은 기업을 받을 수 있는지를 물어보고 있다. 중요한 것은 이들의 요구에는 믿음이 있다는 것이다. 마치 그 땅이 이미 이스라엘의 것이 된 것처럼 믿음으로 말하고 있다.

슬로브핫의 딸들에 대해서는 수많은 성경학자들이 그 믿음을 증거하고 있다. 칼뱅도 이 본문을 믿음의 관점에서 해석했다. 이들이 땅의 기업에 대한 권리를 요구한 것은 이 땅을 주겠다고 약속하신 하나님의 말씀을 확고하게 붙든 그들의 믿음을 보여 준 것이라고 말이다.[109] 아직 이루어지지 않았지만 믿음으로 말하는 이들의 태도가 후세에 귀감이 되도록 하나님은 이들의 이야기를 여기에 적어 놓으셨다는 것이다.[110]

하나님은 광야를 건너고 있는 한 가정의 딸들을 통해서 하나님이 행하실 일을 믿는 견고한 믿음이 무엇인지를 우리에게 보여 주고 싶으신 것은 아니었을까? 히브리서를 보면 하나님의 그 뜻을 엿볼 수 있다.

> 믿음이 없이는 하나님을 기쁘시게 하지 못하나니 하나님께 나아가는 자는 반드시 그가 계신 것과 또한 그가 자기를 찾는 자들에게 상 주시는 이심을 믿어야 할지니라 히 11:6

하나님은 믿음을 가진 자를 기뻐하신다. 하나님께 나아가는 자는 반드시 그가 계신 것과 그를 찾는 이에게 상 주실 것을 믿어야 한다. 그러므로 하나님은 슬로브핫의 딸들의 믿음을 자랑하고 싶으신 것이다.

믿음은 이론과 생각으로 가질 수 있는 것이 아니다. 믿음은 체험이다. 말씀대로 살면서 마음과 뼛속 깊이 채워지는 것이 성경이 말하는 믿음이다. 사랑은 공식처럼 대입한다고 되는 것이 아니다. 마음에서 시작되는 것이다.

총각 시절, 시골 교회에서 목회하고 있을 때 서울에서 대학생들이 봉사하러 내려왔다. 내 아내도 그때 함께 내려온 학생 중 하나였다. 당시 나는 봉사하러 온 자매에 대해 다른 마음을 전혀 품지 않았다. 그런데 교회 권사님들이 자꾸 그 여학생이 사모감이라고 이야기했다. 자꾸 듣다 보니 정말로 그 믿음이 생기기 시작했다.

강원도 원주와 횡성 사이에 있는 시골 교회 전도사이다 보니 데이트 장소가 마땅히 없었다. 그나마 제일 만만한 곳이 서울의 강남고속터미널이었다. 시외버스를 타고 강남터미널까지 가면 정릉에서 아내가 와서 한두 시간 얼굴 보고 내려왔다. 절대로 쉬운 일이 아니었다. 하지만 버스 타고 서울 가는 그 먼 길이 전혀 멀게 느껴지지 않았다. 그리고 그해 12월 크리스마스이브에 아내가 내려와 나와 함께 새벽송을 돌았다. 산길을 돌며 밤을 꼬박 새고는 아침 차로 돌아갔다. 그녀가 왜 그렇게 힘든 일을 자처하며 밤까지 새고 갔는지 그저 고마울 따름이었다. 하나님이 서로에게 주신 마음과 믿음이 있었기 때문일 것이다. 믿음도 학습된 믿음과 몸에 밴 믿음은 다르다. 나는 모든 그리스도인이 삶으로 체험한 믿음을 갖게 되길 바란다.

그렇다면 이 믿음을 어떻게 하면 가질 수 있을까? C. S. 루이스는 믿음에 대해 이렇게 설명한다. 무신론자였던 그는 믿음에 가장 방해되는 것은 이성이 아니라 기분과 감정이라고 말한다. 왜냐하면 사람의 기분과 감정은 늘 변할 수 있어서 그것에 따라 움직이면 믿음을 쉽게 버릴 수 있기 때문이다. 만일 어려움이 생기거나 나쁜 소식이 들릴 때 믿음에 혼돈이 찾아올 수 있는데 그것은 믿음 자체가 아닌 자신의 기분과 감정의 문제라는 것이다. 심지어 그는 자신이 철저하게 무신론자로 살아가던 어느 날 하나님이 정말로 살아 계실 것 같은 기분이 들었다고 했다. 그는 "믿음은 내 기분이 좋거나 나쁘거나, 아니면 내 감정이 바닥을 치든지 그와는 상관없이 내가 받아들인 하나님의 진리를 끝까지 고수하는 기술이다"라고 말했다. 말하자면 어떤 날은 믿음이 있는 것 같고, 또 어떤 날은 믿음이 없는 것 같은 것이 아니라, 내 감정이 아무리 흔들려도 그 진리를 끝까지 붙드는 것이 바로 믿음이라는 것이다. 기분이 흔들릴 때 어디에 내려놓아야 하는지 모르는 사람은 절대로 견실한 기독교인도, 무신론자도 될 수 없다.[111] 그러면서 그는 믿음을 깊숙이 간직하고 살기 위해서는 훈련이 필요하기 때문에 믿음 생활을 잘하기 위한 방법 몇 가지를 제안한다.

첫째, 인간의 기분은 언제나 바뀔 수 있다는 것을 인정해야 한다. 둘째, 믿음은 들음에서 나기 때문에 감정을 따라 살지 말고 먼저 말씀을 읽고 그 말씀을 계속 마음에 새겨야 한다. 왜냐하면 믿음의 중심은 말씀에 있기 때문이다. 셋째, 교회를 떠나지 말아야 한다. 주님과의 개인적인 교제와 예배, 교회 공동체와의 영적인 교제 속에서 믿음이 자신도 모르게 자라기 때문이다. 넷째, 살아 있는 믿음이 되려면 하나님의 말씀을 꼭 실천해야 한다. 한 번이 아니라 6개월은 몸으로 행동해 보아야 한다. 단 한 말씀이라도 말이다. 그러면 철저하게 깨닫게 되는 것이 하나 있는데 바로 우리 자신의 실체를 발견하게 된다는 것이다.[112]

예를 들어 보겠다. "아내들이여 자기 남편에게 복종하기를 주께 하듯 하라"(엡 5:22) "남편들아 아내 사랑하기를 그리스도께서 교회를 사랑하시고 그 교회를 위하여 자신을 주심 같이 하라"(엡 5:25)라는 말씀을 실천해 보는 것이다. 그런데 한 번이 아니라 적어도 여섯 주 정도는 해봐야 한다. 실천해 보면, 인간의 힘으로는 절대 못해 낸다는 것을 깨닫게 된다. 이것을 깨달아야 믿음을 배울 수 있다.

말씀대로 한 달 두 달 살아 보면 자신의 연약함을 발견하게 된다. 반면 우리를 무너뜨리려는 세력은 얼마나 강한지, 내 안의 죄가 얼마나 악한지를 알게 된다. 자신의 연약함을 아는 사람은 악의 세력이 얼마나 큰지를 누구보다 잘 알 수 있다. 바람이 얼마나 센지는 바람 부는 들판에 가서 서 봐야 아는 것이다.[113]

믿음을 배우려면 믿음을 연습해야 한다. 죄와 싸워 보고 말씀대로 살아 보면서 자신의 연약함을 깨달을 때 이 모든 죄를 완벽하게 이기신 분은 오직 한 분, 예수 그리스도밖에 없다는 사실을 알게 된다. 그분만이 완전하신 분이라는 것을 알게 된다. 그리고 실패를 경험한 자는 하나님께 도움을 요청한다. 그분께 도움을 구하는 자만이 믿음을 견고하게 세울 수 있다. 내가 연약한 자라는 사실과 하나님의 도움을 받을 수 있다는 것, 이 두 가지를 깨닫는 것이 믿음에 있어서 얼마나 중요한지를 알아야 한다. 이 과정을 통해 믿음이 자란다. 실시간으로 크는 것을 볼 수는 없겠지만 뒤돌아보면 어느 순간 자라 있는 모습을 보게 된다. 우리는 계속해서 성장하고 있는지 살펴보아야 한다.

열두 명의 정탐꾼은 모두 사실을 보았다. 그러나 감정이 달랐다. 그 중 열 명은 비록 좋은 땅이긴 하지만 거인이 있어 가면 죽는다고 말했다. 그들의 말이 맞다. 실패할 것 같은 기분, 죽을 것 같은 감정도 사실이다. 그러나 한 가지 없는 것이 있다. 이 땅을 주겠다고 약속하신 하나님의 말씀이 그들에게는 없다. 그러나 여호수아와 갈렙은 이 말씀을 붙들었다. 기분에 따라 신앙생활을 하면 견고한 믿음을 가지기 어렵다. 아무리 기분이나 감정이 바뀌어도 내가 받아들인 약속의 말씀을 끝까지 지키는 것, 이것이 믿음이다. 슬로브핫의 딸들은 그때의 정탐꾼들보다 더 가까이 거인들 앞에 있는데도 그 땅을 달라고 한다. 정녕 이 기업이 우리의 것임을 확실히 믿고 있는 것이다.

그런데 이들과 비슷한 여인이 성경에 한 명 더 있다. 신명기 뒤에 이어지는 여호수아서에서 라합 이야기가 나온다. 모세의 뒤를 이은 여호수아는 가나안의 관문인 여리고를 점령하기 전에 두 명의 정탐꾼을 보낸다. 그때 이들은 사람이 많이 다니는 기생 라합의 집에 들어가 머물렀는데, 그 사실을 안 여리고왕이 수상한 외부인을 조사하러 사람을 보냈다. 그때 라합은 그들을 숨겨 준다. 이후 라합은 홍해를 하나님이 가르셨다는 소문을 들었으며, 하늘과 땅에 하나님 같은 분이 없다는 걸 믿기 때문에 정탐꾼들을 선대했노라고 말한다. 그러면서 하나님을 믿는 당신들이 이곳을 점령하러 오면 자신들은 다 죽을 수밖에 없는데, 그때에 내가 당신들을 숨겨 준 것을 기억해 나와 가족을 살려 주겠다는 증표를 달라고 한다. 참으로 놀랍다. 라합은 자신들이 망할 것을 믿었다. 아니, 하나님이 이기실 것을 믿은 것이다. 라합의 이야기가 얼마나 귀한지 야고 보서 2장에서는 행함이 없는 믿음은 죽었다고 말씀하면서 그 전에 바로 라합의 믿음을 이야기하고 있다. 이 사건 역시 하나님이 자랑하고 싶은 믿음의 모델로 거론되고 있다. 또한 믿음이 몸에 밴 자, 모세에 대해서도 히브리서는 이렇게 표현한다.

> 믿음으로 애굽을 떠나 왕의 노함을 무서워하지 아니하고 곧 보이지 아니하는 자를 보는 것같이 하여 참았으며 히 11:27

우리가 걸어가는 순례의 길은 보이지 않는 목적지를 향하고 있다. 보이지 아니한 그분을 보는 것처럼, 주님의 말씀을 믿고 걸어가는 것이 순례다. 믿음은 옷처럼 입었다 벗었다 하는 것이 아니라 뼛속에 새기는 것이다.

인생 질문, 누구에게 묻는가

두 번째로 살펴볼 것은 이 딸들이 요청한 문제를 가지고 모세가 하나님께 나아갔을 때, 하나님께서 어떤 답을 주셨는지에 대한 부분이다.

> 슬로브핫 딸들의 말이 옳으니 너는 반드시 그들의 아버지의 형제 중에서 그들에게 기업을 주어 받게 하되 그들의 아버지의 기업을 그들에게 돌릴지니라 너는 이스라엘 자손에게 말하여 이르기를 사람이 죽고 아들이 없으면 그의 기업을 그의 딸에게 돌릴 것이요 딸도 없으면 그의 기업을 그의

형제에게 줄 것이요 형제도 없으면 그의 기업을 그의 아버지의 형제에게 줄 것이요 그의 아버지의 형제도 없으면 그의 기업을 가장 가까운 친족에게 주어 받게 할지니라 하고 나 여호와가 너 모세에게 명령한 대로 이스라엘 자손에게 판결의 규례가 되게 할지니라 민 27:7-11

모세의 질문에 하나님은 친절하게 대답해 주신다. 슬로브핫 딸들의 말이 옳으니 그들이 아버지의 기업을 받을 수 있도록 하라고 하신다. 또한 여기서 끝나지 않고 앞으로는 아들이 없으면 그 기업을 딸에게 주라고 하신다. 딸도 없으면 그의 형제에게, 형제도 없으면 아버지의 형제, 아버지의 형제도 없으면 가까운 친족에게 주라고 하신다. 그러고는 이것이 이스라엘 자손에게 규례가 되게 하라고 명령하신다. 이번 일로 그동안 내려오던 기업에 관한 이스라엘의 법이 바뀌게 되었다. 이 결정은 고대 문서로만 기록된 것이 아니라 이들의 삶에서 계속해서 실행되었다.[114]

본문을 통해 나누고 싶은 것은 바로 이 부분이다. 슬로브핫의 딸들과 모세의 태도를 통해 하나님이 우리에게 주시고자 하는 교훈이 있다. 인생의 질문이 있을 때 누구에게 묻는가이다. 문제가 생겼을 때, 길이 막혔을 때, 당신은 누구에게 가는가를 묻고 계신다. 슬로브핫의 딸들은 모세에게 나아왔다. 이것은 여호와께 물어보기 위함이었다. 모세는 그 질문을 들고 하나님께 나아갔다. 이들은 모두 하나님께 답을 구하는 사람들이다. 하나님과 동행하는 자는 그분이 주시는 답을 가지고 살아간다. 인생의 방향을 모를 때 엉뚱한 곳에 가서 묻지 말고 하나님께 나아가길 바란다.

그런데 성경에는 이와 정반대되는 인물이 나온다.

> 아합이 죽은 후에 모압이 이스라엘을 배반하였더라 아하시야가 사마리아에 있는 그의 다락 난간에서 떨어져 병들매 사자를 보내며 그들에게 이르되 가서 에그론의 신 바알세붑에게 이 병이 낫겠나 물어보라 하니라 여호와의 사자가 디셉 사람 엘리야에게 이르되 너는 일어나 올라가서 사마리아 왕의 사자를 만나 그에게 이르기를 이스라엘에 하나님이 없어서 너희가 에그론의 신 바알세붑에게 물으러 가느냐 그러므로 여호와의 말씀이 네가 올라간 침상에서 내려오지 못할지라 네가 반드시 죽으리라 하셨다 하라 엘리야가 이에 가니라 왕하 1:1-4

엘리야 시대에 악을 행한 이스라엘의 아합왕이 죽은 후 그의 아들 아하시야가 뒤를 이어 왕이 되었다. 아하시야는 다락 난간에서 떨어져 병들었을 때, 자신이 살지 죽을지를 에그론의 신 바알세붑에게 가서 물어보고자 했다. 이때 하나님은 엘리야를 통해 이스라엘에 하나님이 없어서 이방신에게 물으러 가느냐고 물으신다. 그러면서 아하시야가 반드시 죽으리라고 단호하게 경고하신다. 엘리야가 전한 여호와의 말씀대로 아하시야왕은 죽는다.

이 사건을 언급하는 것은 어떤 협박이나 공포를 조성하려는 의도가 아니다. 우리가 쓸데없는 곳에 가서 두드리는 것을 하나님은 이토록 싫어하신다고 말하고자 함이다. 신앙을 가졌다는 것은 모든 길이 다 막힌 순간 주님께만 가는 것이다. 사방이 다 막혀도 위로부터 답이 올 것이기 때문이다. 그러므로 하나님께 물으며 걸어가길 바란다.

나는 계획적인 성격의 사람이다. 여행 갈 때 숙소를 미리 예약하고 가는 편이다. 그런데 나와 같은 유형의 사람들이 가진 약점은 성격상 믿음을 발휘할 때도 계산적일 수 있다는 점이다. 믿음도 될 만한 것을 믿는다. 계산하고 따져 봐서 가능성이 많은 쪽을 선택하는 것을 믿음이라고 표현할 수도 있다. 이런 이성적인 판단을 믿음으로 여기는 경향이 있다. 아마 오병이어의 현장에 있었다면 나는 계산 못하는 베드로보다는 빌립이었을 것이다. 예수님에게 이건 안 된다고, 이 사람들을 다 먹일 수 없다고 나서서 말했을 것이다. 그런데 나의 이러한 계산적인 성향은 첫 목회지에서 산산조각이 났다.

가난한 목회자였기에 돈이 없었다. 버스비가 없으면 안 나가면 되었고, 사택에 살고 있으니 먹을 건 있었다. 하지만 교회 1년 예산 450만 원 중에 사택 건물 부채로 102만 원이 나가야 했다. 그것을 20년 동안 갚아야 했다. 새마을주택으로 지은 집이라 얼마나 외풍이 센지, 겨울이면 집 안에 난로를 들여놔야 살 수 있을 정도였다. 그런데 새벽기도 중에 주님이 이 돈을 갚으라는 마음을 주셨다. 나는 갚을 능력이 못 되는데 주님은 자꾸만 마음에 부담을 주시는 것이었다. 나는 머릿속으로 계산을 했다. 시골에서 1년 중 가장 많은 헌금이 들어오는 때가 추수감사절이다. 지난해 주일에 걷힌 최대 헌금이 60만 원이었다. 나는 이번 부활절에 최선을 다해 헌금해서 부채를 갚자고 광고했다. 믿음으로 해보고 싶었다.

그런데 부활절이 2주 남았을 무렵이었다. 고등학교 시절 함께 신앙생활을 하던 한 친구가 그동안 연락도 없다가 내가 목회한다는 소식을 듣고 전화를 했다. 그는 자기가 적금을 탔는데 내 이야기를 듣고 우리 교회에 50만 원을 십일조로 헌금하고 싶다고 했다. 생각지도 못한 헌금이

들어와 성도들에게 나누었는데, 더 놀라운 것은 그 작은 시골 교회에서 부활절 헌금으로 103만 원이 넘게 들어온 것이다. 아직도 기억이 생생하다. 빚을 다 갚고도 만 원 이상이 남았다. 첫 목회에서 나의 계산을 뛰어넘는 하나님의 기적을 경험했다.

믿음은 계산으로 되는 것이 아니다. 하나님이 하실 일을 기대하는 공간을 남겨 놓아야 한다. 순례의 길을 가는 동안 머릿속 계산이나 눈앞의 현실을 뛰어넘어 하나님의 말씀을 믿으며 걸어가길 바란다. 가다가 벽에 부딪히면, 답이 없으면, 다른 데 가서 기웃거리지 말고 제일 먼저 주님께 달려가 물어보길 바란다. 그분은 우리를 향한 답을 가지고 계시다.

하나님은 지극히 작은 자의 기도를 들으신다

마지막으로 이 과정을 통해 슬로브핫의 딸들이 깨닫게 된 것이 무엇인지 나눠 보겠다.

> 너는 이스라엘 자손에게 말하여 이르기를 사람이 죽고 아들이 없으면 그의 기업을 그의 딸에게 돌릴 것이요 민 27:8

딸들은 아들에게만 기업이 돌아가는 법을 잘 알고 있었다. 하지만 딸들에게도 주시면 안 되는지 여호와께 물어보았다. 그러자 하나님은 그들의 말이 옳다고 하셨다. 이제부터는 아들이 없으면 기업을 딸에게 주라고 하셨다. 이 말을 들었을 때 그들의 반응은 어떠했을까?

그의 아버지의 형제도 없으면 그의 기업을 가장 가까운 친족에게 주어 받게 할지니라 하고 나 여호와가 너 모세에게 명령한 대로 이스라엘 자손에게 판결의 규례가 되게 할지니라 민 27:11

광야를 건너고 있는 200만 명 중에서, 게다가 인구조사에도 들어가지 않는 자신들의 요구를 하나님이 듣고 새롭게 법까지 바꿔 주셨을 때 얼마나 놀라고 감격스러웠겠는가?

슬로브핫의 딸들은 수백만 명 중에 하나일 뿐인 나의 질문에 이토록 성의를 갖고 귀를 기울여 주신 하나님을 체험했다. 하나님은 지극히 작은 한 사람의 기도를 듣고 너무나 소중히 여겨 주시는 분임을 깨달았다. 우리가 믿는 하나님은 그런 분이시다.

한국의 한 유명한 이동통신회사의 부사장을 지낸 분이 있다. 바닥에서 시작해 굴지의 회사 부사장까지 올라간 인물이다. 그는 23세에 육군 소위로 임관했는데, 그해 안타깝게도 수류탄 사고로 오른팔을 잃었다. 그에게는 당시 사랑하던 여인이 있었다. 너무 보고 싶었지만 한 팔을 잃었기에 망설이고 망설이다 연락을 했다. 여자친구가 병원에 찾아왔을 때 그는 팔이 잘린 자신을 아직도 사랑하는지 물었다. 여자친구는 고개를 끄덕였다. 그 순간 그는 세상을 다 얻은 것 같았다. 그날 이후 그 여인은 아침저녁으로 그를 챙겨 주며 정성껏 간호를 했다. 그러던 어느 날 이 사실을 안 여인의 아버지가 병원까지 와서 딸의 손을 잡아끌었다. 딸의 미래를 생각한다면 어느 아버지가 가만히 있을 수 있겠는가? 화가 난 아버지는 남자친구냐 아버지냐 둘 중 하나를 택하라고 했다. 그때 딸이 이런 말을 했다. "절대로 이런 일이 일어나서는 안 되겠지만 사람이 살다 보면 어떤 일도 벌어질 수 있는 것 아닙니까? 혹시 아버지가 사고로 한쪽 팔을 잃었다면 어머니가 어떻게 하길 원하십니까? 아버지와 살 수 없다고 집을 나가기 원하십니까, 아니면 아버지를 여전히 사랑하기에 그 곁에 있어 주길 원하십니까?"

이 모습을 지켜본 그는 저 여자를 행복하게 해주리라 다짐했고, 퇴원 후 영문학을 공부한 뒤, 주요 요직을 거쳐 유명한 기업인이 되었다. 그가 성공했을 때 기자들이 달려와 질문했다. "손이 없는 세월을 어떻게 사셨습니까? 이 장애를 어떻게 헤쳐 나갔습니까?" 그때 그는 이렇게 답했다. "제 위기는 한쪽 팔을 잃은 게 아닙니다. 제 자존감까지 잃어버린 것입니다. 팔이 하나 없다는 이유로 첫 직장 면접에서 좌절을 겪고 막다른 데까지 몰리다 보니 죽으려고 몇 번이나 생각했습니다. 그러나 제가 살 수 있었던 것은 두 가지 때문입니다. 첫째는 하나님의 은혜였습니다. 나를 사랑하신다는 그 약속이 나를 붙들었습니다. 둘째는 나를 버리지 않은 아내였습니다. 팔이 없는 나를 소중히 여겨 준 아내, 저는 그 아내를 책임져야 했습니다. 빚을 졌기 때문에 열심히 살았습니다."

나는 이 사람의 이야기에서 마치 사도 바울이 '하나님의 사랑이 나를 강권하신다' 한 말을 듣는 것만 같았다. 사람은 소중히 여김을 받으면 극한의 상황에서도 살 수 있다. 우리 중에도 오른팔이 잘린 사람이 있다. 인생의 날개가 꺾인 사람도 있다. 그러나 하나님은 그 사람이 기도할 때 귀를 기울여 주실 것이다.

슬로브핫의 딸들은 혹시나 하는 마음으로 하나님께 질문하러 갔다. 하나님은 이 집안의 이야기를 관심 있게 들어주시고 대답해 주셨다. 또한 이 한 가정을 위하여 법까지 바꾸어 주셨다. 이 이야기는 아무것도 아닌 우리를 소중한 존재로 만들고 있다. 로마서 5장 8절의 말씀대로 우리가 아직 죄인 되었을 때에 그리스도께서 우리를 위하여 죽으심으로 우리를 얼마나 사랑하시는지 보여 주셨다.

이것이 우리 안에 영원히 살아 있어야 할 복음이다. 복음은 예수를 믿는 자들의 가치를 높인다. 한 사람을 소중하게 만드는 것이 복음의 능력이다. 슬로브핫의 딸들은 이 요청과 응답을 통해 하나님이 어떤 분인지를 체험했다. 그들을 사랑하시고 그들의 말에 기꺼이 귀를 기울여 주시는 하나님을 만났다. 이 사랑을 아는 것은 바로 복음을 아는 것과 같다. 팔이 잘려도, 두 손에 가진 것이 하나 없어도 우리는 여전히 소중하다. 왜냐하면 하나님이 우리를 소중하게 여기시기 때문이다. 순례자는 자신의 소중함을 아는 사람이다. 이 길을 걷는 동안 자신의 소중함을 간직하고 걸어가야 한다.

C. S. 루이스가 쓴《순전한 기독교》에서 '인격을 넘어서'라는 장의 소제목으로 '가장합시다(Let us pretend)'가 나온다. 가장(假葬)합시다, 우리 꾸밉시다, 이런 척을 해봅시다 정도로 해석할 수 있는데, 그는《순전한 기독교》라는 책 제목과 상반되지만 의도적으로 이런 재미있는 표현을 썼다.

그런데 가장을 어떻게 하라는 것인가? 그는 이 대목에서 예수님이 가르쳐 주신 주기도문의 첫 문장을 가져온다. 바로 '하늘에 계신 우리 아버지여'이다. 하나님이신 예수님이 사람의 몸을 입고 이 땅에 오셔서 하나님을 아버지라 부르는 건 너무나 당연하다. 그런데 죄 많은 우리에게 예수님과 같이 기도하라고 가르쳐 주신다. 우리도 하나님을 아버지라고 부르라는 것이다. 이것은 기적이다. 그래서 'pretend' 가장해 보자는 것이다. 마치 내가 예수님인 것처럼 자신을 꾸며 보자는 것이다. 지금까지 살아왔던 나를 내려놓고 예수님으로 분장해 보자는 것이다. 그러고는 그리스도처럼 한번 살아 보자는 것이다. 내가 예수님처럼 하나님을 아버지라고 부르고, 예수님처럼 생각하며 살다 보면 놀라운 일이 일어나는데, 차츰 가장이 아니라 실제가 된다. 심지어 내가 예수님인 것처럼 살다 보면 내 안에 그분의 생각이 들어와서 거룩한 생각들, 사랑의 수고 등이 마구 일어난다.[115] 이것이 그리스도로 옷 입으라는 주님의 말씀이 아니겠는가?

젖을 먹는 아기는 자신을 품에 안은 존재가 어머니인 줄 모른다. 우리도 처음에는 내 인생을 도와주신 분이 하나님인 줄 모를 수 있다. 그러나 신앙이 자랄수록, 순례의 길을 걸어갈수록 나를 도우시는 분이 주님이라는 사실을 온몸으로 깨닫게 된다.

영적인 여행도 처음에는 아주 작은 믿음의 걸음마로 시작된다. 믿음의 조상 아브라함도 고향을 떠나는 첫걸음이 믿음의 시작이었다. 잘못 걸어가기도 하고 돌아오기도 했던 그 신앙의 여정을 걸으며 비로소 한 사람의 삶 속에 믿음이 새겨진다. 이 믿음은 말씀에서 시작된다. 그리고 믿음은 기도를 낳고 예배의 열매를 맺는다.

민수기의 마지막 36장은 이 여인들에게 기업을 주는 것으로 끝이 난다. 하나님은 왜 출애굽의 긴 여정이 담긴 민수기의 마지막을 장엄한 마무리가 아니라 이 여인들의 이야기로 끝을 맺었을까? 하나님 앞에는 그 누구도 작은 자가 아니기 때문이다.

하나님은 한 사람 한 사람의 기도와 간구를 중요하게 여기신다. 하나님께 기도하면 나의 인생은 그저 나의 이야기가 아니라 하나님의 이야기가 된다. 당신의 삶에 어려운 기도 제목이 있는가? 이 여인들처럼 하나님 앞에 나아가 구해 보길 바란다. 하나님은 우리를 위하여 가장 좋은 길을 준비하고 계신다. 그분에게 묻지 않는 것은 가장 큰 실수이고 손해라는 것을 알기 바란다.

우리의 모든 것이 되어 주신 이 하나님을 아버지라고 부를 수 있는 영광은 예수님을 믿는 자가 누리는 최고의 축복이다. 우리는 주님과 함께 이 길을 걷고 있다. 이 순례의 길은 자신이 영적으로 완전히 깨어진 자라는 것을 받아들이는 길이며, 또한 자신의 전부를 내어주고 우리를 살려 내시는 그분과 함께 걷는 성만찬의 길이다.[116] 그래서 주님과 함께 걷는 길은 우리가 얼마나 소중한 자인지를 깨닫는 여정이다. 힘들고 어려울 때마다 다른 곳이 아닌 바로 주님 앞에 달려가 묻는 자가 되길 바란다. 하나님이 나의 아버지 되게 하신 이 복음, 이 은혜를 찬송하며 순례의 길을 걸어가는 우리 모두가 되길 기도한다.

14장

신앙의 깊이, 사랑의 깊이

민수기 30장

겉으로 보기에는 죽은 것 같고 아무것도 느끼지 못하며
쓰러져 있는 것처럼 보일지라도
하나님을 갈망하며 찾는 그리스도인에게는
하나님과 그 영혼이 하나되도록 유지해 주는
숨겨진 비밀과 활력을 담은 심장이 여전히 존재한다.[117]
그 심장을 가진 사람,
즉 하나님의 사랑을 가슴속에 품고
사는 자는 이미 나실인이다.

민수기 30장은 서원에 대한 내용이다. 서원(誓願: Making a Vow)은 하나님께 자신의 것을 드리겠다는 자발적인 약속이다. 자신의 삶과 소유, 행동 등을 일정 기간 또는 평생 드리겠다고 결단하는 것이다. 그 서원 속에는 자기 부인(self-denial)과 함께 어떤 것을 행하겠다는 약속과 포기하겠다는 결단이 포함된다.[118] 하지만 이 서원은 신앙인들에게 부담스러운 단어 중 하나다. 왜냐하면 이것이 얼마나 어렵고 무거운지 잘 알기 때문이다. 하나님께 서원한 것은 반드시 지켜야 하기 때문이다.

내가 만난 사람 중에도 이런 고민을 하는 분이 있었다. 젊은 시절에 예수님을 만나 선교사가 되겠다고 서원했는데 지금은 다른 일을 하며 열심히 살아가고 있다. 그런데 살다가 어려운 일이 생기면 혹시라도 선교를 나가지 않아서 그런가 하는 부담이 생긴다는 것이다. 이렇게 뜨겁게 주님을 만난 뒤 헌신을 서원했으나 그것을 지키지 못해 갈등하는 사람들이 있다. 그런데 서원을 지키지 못했다고 해서 평생 이 고민을 해야 할까? 본문에는 이에 대한 하나님의 깊은 뜻이 나타나 있다.

우선 본문 30장 2절은 서원 규례의 대전제를 보여 준다.

사람이 여호와께 서원하였거나 결심하고 서약하였으면 깨뜨리지 말고 그가 입으로 말한 대로 다 이행할 것이니라

민 30:2

서원에 대한 일반적인 원칙은 하나님 앞에 서원한 것은 반드시 지켜야 한다는 것이다. 그런데 30장 전체의 말씀을 살펴보면 서원에 대한 하나님의 진심을 헤아려 볼 수 있다. 하나님은 성도들이 어떻게 서원하길 원하시는지, 그리고 그 서원을 어떻게 받고자 하시는지 설명하고 있다.

서원의 무게

2절	깨뜨릴 수 없는 남자의 서원	6-8절	배우자가 취소할 수 있는 서원	10-12절	남편이 취소할 수 있는 서원
3-5절	취소할 수 있는 딸의 서원	9절	취소할 수 없는 서원	13-15절	남편이 나중에 취소하면 그가 아내의 죄를 담당하게 되는 서원

민수기 30장에 나온 서원의 종류[119]

첫 번째 규례는, 가정 안에 있는 어린 딸이 하나님께 서원한 경우다.

또 여자가 만일 어려서 그 아버지 집에 있을 때에 여호와께 서원한 일이나 스스로 결심하려고 한 일이 있다고 하자 그의 아버지가 그의 서원이나 그가 결심한 서약을 듣고도 그에게 아무 말이 없으면 그의 모든 서원을 행할 것이요 그가 결심한 서약을 지킬 것이니라 그러나 그의 아버지가 그것을 듣는 날에 허락하지 아니하면 그의 서원과 결심한 서약을 이루지 못할 것이니 그의 아버지가 허락하지 아니하였은즉 여호와께서 사하시리라

민 30:3-5

딸이 결혼 전 아버지 집에 있을 때 스스로 서원할 경우, 아버지가 그 서원을 듣고도 침묵하면 동의를 의미하기에 반드시 지켜야 한다. 그런데 만약 아버지가 어린 딸의 서원이 미숙한 결정이고 적합하지 않다고 여겨 허락하지 않으면 그 딸의 서원은 취소할 수 있다. 우리나라 번역에는 서원이 취소된다는 표현으로 여호와께서 '사하신다'라고 되어 있는데, 원문의 의미는 그 딸을 서원으로부터 자유롭게 한다는 뜻이다. 즉 서원에 대한 책임이 딸에게 있지 않고 자녀를 돌볼 책임이 있는 아버지에게 있으며, 그 결정도 아버지의 뜻에 따라야 한다는 것이다. 이것은 딸이 아버지의 권위 아래 있었기 때문이다.[120]

서원은 반드시 지켜야 한다는 대전제가 있음에도 불구하고 하나님은 왜 이런 길을 열어 주신 것일까? 이는 자칫 어린 나이에 성급하고 경솔하게 서원하는 것, 한순간의 감정적인 충동으로 서원하는 것, 실수로 말한 것 등으로 인해 한 사람의 인생이 평생 매이지 않도록 하려는 하나님의 배려다.

두 번째 규례는, 결혼할 대상이 있는 여성의 서원에 대한 것이다.

또 혹시 남편을 맞을 때에 서원이나 결심한 서약을 경솔하게 그의 입술로 말하였으면 그의 남편이 그것을 듣고 그 듣는 날에 그에게 아무 말이 없으

면 그 서원을 이행할 것이요 그가 결심한 서약을 지킬 것이니라 그러나 그의 남편이 그것을 듣는 날에 허락하지 아니하면 그 서원과 결심하려고 경솔하게 입술로 말한 서약은 무효가 될 것이니 여호와께서 그 여자를 사하시리라 민 30:6-8

결혼을 앞둔 여자의 경우, 배우자가 동의해야 서원이 유효하다. 상대 배우자가 적합하지 않다고 여긴다면 여자가 혼자 서원을 해도 취소될 수 있다. 그리고 그 역시 모든 서원과 결단에서 자유로워진다. 다만 9절에 보면 혼자가 된 과부나 이혼한 사람은 남편이 없기에 성인으로서 그 서원을 지키라고 하신다.

세 번째 규례는, 결혼한 여성의 서원에 대한 것이다.

부녀가 혹시 그의 남편의 집에서 서원을 하였다든지 결심하고 서약을 하였다 하자 그의 남편이 그것을 듣고도 아무 말이 없고 금하지 않으면 그 서원은 다 이행할 것이요 그가 결심한 서약은 다 지킬 것이니라 그러나 그의 남편이 그것을 듣는 날에 무효하게 하면 그 서원과 결심한 일에 대하여 입술로 말한 것을 아무것도 이루지 못하나니 그의 남편이 그것을 무효하게 하였은즉 여호와께서 그 부녀를 사하시느니라 민 30:10-12

결혼한 여자의 경우도 마찬가지다. 부부의 경우, 서원에 대해 혼자가 아닌 부부가 함께 결정하라고 하신다. 아내가 은혜를 받아 서원했을 경우 남편이 아무 말이 없으면 동의한 것으로 여기고 지키되, 남편이 허락하지 않으면 역시 취소된다. 다만 13-15절을 보면, 아내의 서원을 남편이 듣고도 아무 말 않다가 뒤늦게 거절하는 경우, 아내는 그 서원에서 자유로워지지만 대신 남편이 그 짐을 져야 한다. 왜냐하면 빨리 말하지 않았기 때문이다.

지금 성경이 여러 가지 예를 들어 설명하는 것은 서원이 너무도 중요하기 때문이다. 그러니 혼자 결정하지 말고 영적으로 성숙한 사람들과 상의해서 신중하게 하라는 의미다.

어떤 서원을 기뻐하실까?

그렇다면 하나님은 왜 이렇게 서원을 중요하게 다루시는 걸까?

주목할 것은 이 본문은 서원을 취소하는 데 초점이 있는 게 아니라 하나님께 어떻게 헌신해야 하는지에 초점을 맞추고 있다. 그 배경에는 하나님의 따뜻한 배려가 흐르고 있다. 하나님은 서원이나 헌신의 의미를 우리에게 똑바로 알려 주길 원하신다. 한순간의 감정이나 충동으로 서원하지 말라고 하시며, 하나님은 서원을 가지고 평생의 볼모로 삼는 분이 아니라고 알려 주신다. 한편, 반대의 경우도 있다. 나의 의지와 관계없이 하나님이 나를 선택해서 쓰시는 경우다. 모세가 그랬다. 하나님이 쓰시고자 하면 막을 자가 없다. 그 부르심에는 순종해야 한다.

서원에 대한 하나님의 첫 번째 메시지는 '서원은 하나님께 마음을 드리는 것'이다. 헌신은 감정적으로 하는 것이 아니다. 하나님은 그런 헌신을 기다리시지 않는다. 하나님은 그 사람의 마음을 받길 원하신다. 그렇다고 은혜받고 헌신을 다짐한 그 마음이 거짓이었다는 것이 아니다.

신앙생활 중에 서원을 해봤다면, 그는 적어도 믿음의 체험이 있거나 하나님의 사랑을 깨달은 사람이다. 그 은혜는 귀하다. 다만 하나님께 삶을 드리는 것은 자신의 인격 전체를 드리는 것이기에 신중하게 마음을 담아 서원할 것을 권면하신다. 그래서 경솔한 서원이나 잘못된 서원은 취소할 기회를 주셨다. 하나님은 한순간 타오르는 감정이 아니라 우리의 전부를 바라신다.

이 말씀을 염두에 두고 성경을 읽다 보면 우리를 당황하게 만드는 서원이 나온다. 사사시대에 입다가 한 서원이 대표적이다. 암몬 사람들 때문에 고통받는 백성을 위해 하나님은 입다를 사사로 세워 민족을 구출하게 하신다. 그때 입다가 이런 서원을 한다.

> 그가 여호와께 서원하여 이르되 주께서 과연 암몬 자손을 내 손에 넘겨 주시면 내가 암몬 자손에게서 평안히 돌아올 때에 누구든지 내 집 문에서 나와서 나를 영접하는 그는 여호와께 돌릴 것이니 내가 그를 번제물로 드리겠나이다 하니라 삿 11:30-31

입다는 백성을 괴롭히는 암몬을 쳐서 승리하게 해주신다면 자신을 맞으러 나오는 사람을 하나님께 번제물로 바치겠다고 서원한다. 그리고 그는 전쟁에서 승리했다. 그런데 문제가 생겼다.

> 입다가 미스바에 있는 자기 집에 이를 때에 보라 그의 딸이 소고를 잡고 춤추며 나와서 영접하니 이는 그의 무남독녀라 입다가 이를 보고 자기 옷을 찢으며 이르되 어찌할꼬 내 딸이여 너는 나를 참담하게 하는 자요 너는 나

를 괴롭게 하는 자 중의 하나로다 내가 여호와를 향하여 입을 열었으니 능히 돌이키지 못하리로다 하니 삿 11:34-35

입다가 미스바에 있는 자신의 집에 도착했을 때 제일 먼저 영접하러 나온 이가 다름 아닌 그의 하나밖에 없는 딸이었다. 그는 딸을 보는 순간 자기 옷을 찢으며 울부짖었다. 전쟁에서 이기게 해주신다면 자신을 맞으러 나온 이를 하나님께 바치겠다고 맹세했기 때문이다. 이런 서원을 할 때까지만 해도 그는 영접하러 나오는 이가 자신의 딸일 거라고는 꿈에도 생각하지 못했을 것이다. 아비로서 하늘이 무너지는 심정이 아니었을까? 딸은 아버지의 서원을 지키라고 하면서 대신 두 달만 자신을 위해 애곡할 시간을 달라고 부탁한다.

여기서 질문이 생길 수 있다. 입다가 서원을 지키는 것이 중요한가, 아니면 잘못된 서원을 한 것이 문제인가? 입다는 자신의 서원을 지켰다. 하나님은 사람을 번제물로 요구하신 적이 없다. 오히려 그것을 악하다고 할 정도로 싫어하셨다. 입다는 실수한 것이다. 하나님을 잘 모르면 이렇게 할 수 있다.

입다의 이 같은 서원은 어디서 비롯된 걸까? 이스라엘은 400년 동안 애굽의 지배를 받으며 이방신을 섬기는 문화에 자연스럽게 노출되어 있었다. 그리고 사람을 제물로 바치는 이교도 문화의 잔혹한 폭력성에 영향을 받았을 것이다.[121] 인신제사는 이교에서 신을 매수하는 방법이었다. 이것은 하나님의 성품에 대한 이해마저도 오염되어 있다는 사실을 보여 준다.[122] 결국 입다의 서원은 딸을 죽이는 결과로까지 이어지게 되었다.

하나님이 아브라함을 시험하기 위해 아들을 바치라고 하신 적이 있다. 이것은 상징적인 사건이다. 아브라함이 하나님의 명령대로 모리아산에서 아들 이삭을 죽이려는 순간에 하나님은 이삭을 살리시고 대신 준비해 둔 양으로 제사드리게 하셨다. 당시 고대 근동에서는 인신제사가 흔한 일이었지만 하나님은 인격적인 분이어서 인신제사를 싫어하신다. 오히려 우리를 위하여 목숨을 내어주시는 하나님이다.

모리아산은 대치의 산이다. 그곳은 나의 이삭을 바치는 곳이 아니라, 하나님이 자신의 독생자를 바치는 갈보리의 제단이다.[123] 입다가 이런 하나님을 안다면, 이런 하나님의 마음을 안다면, 자신의 잘못된 서원에 대해 회개하고 딸을 살려 달라고 구해야 하지 않겠는가? 하지만 입다는 은혜의 하나님에 대한 개념이 없었던 것 같다.[124]

우리를 위하여 목숨을 버리신 하나님을 이해하지 못하면 입다처럼 잘못된 서원을 할 수 있다. 만일 입다가 한 사람을 소중히 여기시는 하나님의 사랑을 더 깊이 알았다면 딸이 죽도록 내버려 두지 않았을 것이다. 이처럼 하나님의 마음을 모르고 하는 서원은 위험하다. 서원은 순간적인 감정을 드리는 것이 아니다. 충동적으로 하는 것이 아니다. 서원은 마음을 드리고 우리의 인격 전체를 드리는 것이다. 이것이 주님이 가르쳐 주시는 헌신의 바른 의미다.

서원은 하나님께로 인생의 방향이 바뀌는 것

두 번째로 나누고 싶은 것은 서원이라는 단어의 무게다. 우리가 쓰고 있는 단어 중에는 깊이와 무게가 다른 것이 많다. 예를 들면, 국을 먹을 때 '얼큰하다, 시원하다'라는 말을 쓴다. 맵다는 말은 영어로 'spicy, hot'을 사용할 수 있는데, 그렇다면 '얼큰하다'는 영어로 뭐라고 해야 할까? spicy로는 그 맛이 다 표현되지 않는다. 맵다와 얼큰하다, 뜨겁다와 시원하다는 우리가 느끼는 맛의 깊이와 무게가 엄연히 다르다. 흔히 여자와 어머니라는 단어의 무게가 같을 수 없는 것처럼 말이다.

서원은 무게가 있는 단어다. 한 달에 한 번 교회에 가겠다는 것이 서원일까? 서원은 인생을 드리는 것이다. 나의 삶을 드린다는 고백으로 그만큼의 무게가 실린 말이다.

그렇다면 이 서원의 무게, 그 의미가 무엇인지 성경에서 서원한 사람들을 살펴보며 알아보자. 먼저 사도 바울의 서원이다.

> 바울은 더 여러 날 머물다가 형제들과 작별하고 배 타고 수리아로 떠나갈새 브리스길라와 아굴라도 함께하더라 바울이 일찍이 서원이 있었으므로 겐그레아에서 머리를 깎았더라 행 18:18

그가 어떤 마음으로 인생을 살았는지 보여 주는 장면이다. 민수기 6장에서 살펴보았듯이, 나실인으로 서원한 사람은 그 증표로 머리를 길렀다. 서원에는 두 종류가 있는데 하나는 6개월이나 1년, 2년 이렇게 일정 기간 서원하는 것이며, 또 하나는 인생 전체를 드리는 서원이다. 그 서원하는 날 동안 '하나님께 드리겠다' '어떤 것을 하지 않겠다'라고 결단하는 것이다.

사도 바울은 선교 여행 중 특정 기간 어떤 제목을 가지고 서원을 했던 것 같다. 예를 들면 6개월 동안 인터넷을 하지 않겠다고 서원하는 것처럼, 바울은 이 선교에 특별한 목적이 있었던 것 같다. 그리고 그 기간을 마쳤을 때 머리를 깎았다. 서원의 기간이 끝났다는 의미다. 아마도 그가 고린도라는 특수한 지역에서 처음 사역하면서 어려운 나날을 보내는 동안 하나님께 드린 특별한 헌신의 일부, 혹은 어떤 목적에서 드려진 서원이었을 것이다.[125] 하지만 바울은 이런 특정 기간만 서원한 것이 아니라 일생을 헌신했다. 그는 로마서에서 우리 몸을 하나님이 기뻐하시는 거룩한 산제사로 드리라고 권면한다. 이것이 바울의 일생이었다. 그런데 왜 그가 자신의 삶을 주님께 다 바쳤을까?

바울의 회심 사건은 사도행전에 두 번이나 반복해서 나온다. 이 일은 바울에게 엄청난 사건이었다. 바울이 예수 믿는 사람들을 잡아 감옥에 가두려고 다메섹으로 가는 도중에 예수님이 찾아오셨다. 이 사건은 그의 삶에 분기점이 되었다. 바울은 예수님을 만난 후 자신이 과거에 어떻게 살았는지 헤아려 보았을 것이다. 자신이 얼마나 하나님을 대적하며 살아왔는지, 얼마나 예수님과 정반대로 살고 있었는지 깨달았을 것이다. 자신이 걸어온 길은 온통 예수 믿는 사람을 핍박하러 다닌 길이었다고 생각했을 것이다. 그런데도 주님이 만나 주셨다. 생각할수록 너무도 죄송해서 남은 인생을 주님을 위해 살겠다고 생각했을 것이다. 이전의 삶과는 전혀 다른 삶, 이제는 오직 주님을 향하여 걸어가고 싶었을 것이다.

사도 바울은 서원에 대해서 중요한 메시지를 우리에게 던져 준다. 바울은 예수 믿는 사람을 잡아 가두던 길에서 떠나 이제는 자신을 찾아와 주신 예수님을 전하는 길을 걸어가리라 결심했다. 자신의 남은 인생을 다 바쳐도 예수님의 사랑을 갚을 수 없다는 걸 알았기 때문이다. 서원은 이렇게 과거의 삶을 떠나 하나님을 향한 새로운 삶을 열게 한다.

서원에 담긴 두 번째 메시지는 '서원은 하나님께로 인생의 방향이 바뀌는 것'이다. 하나님을 대적해서 살던 방향에서 주님을 향해 내 인생의 방향을 바꾸어 놓는 것이다. 그동안 어떻게 살아왔는지 당신의 인생 지도를 한번 그려 보라. 그리고 남은 인생, 주를 위해 살아가는 헌신이 있기를 바란다.

서원은 사랑하기에 드리는 제사다

이번에는 기도의 어머니로 불리는 한나 이야기를 해보겠다. 한나는 자식이 없었다. 그런데 두 번째 부인 브닌나가 들어와 아이를 낳으면서 한나는 극심한 고통 중에 살게 된다. 억울하고 답답해서 성전으로 달려가 기도하지 않으면 살 수가 없을 정도였다. 그녀가 눈물로 올려드린 기도를 잠시 살펴보자.

> 서원하여 이르되 만군의 여호와여 만일 주의 여종의 고통을 돌보시고 나를 기억하사 주의 여종을 잊지 아니하시고 주의 여종에게 아들을 주시면 내가 그의 평생에 그를 여호와께 드리고 삭도를 그의 머리에 대지 아니하겠나이다 삼상 1:11

한나는 아들을 주신다면 그를 여호와께 드리겠다고 서원한다. 아직

아기가 태어나기도 전인데 그를 주님께 바친다. 한국 어머니들 중에도 간혹 이렇게 무서운 어머니들이 있다. 자녀를 낳기도 전에 주님께 바치겠다고 기도하는 분들이다. 그 가정에 태어난 자녀는 선택할 기회가 없다. 만일 자녀가 원하지 않으면 이 서원은 어떻게 되는 것인가? 이것을 민수기 30장의 내용에 따라 적용해 보면, 아버지가 막으면 취소가 된다. 그런데 만일 부부가 합의하면? 자녀는 자신의 의지와는 상관없이 이미 삶이 드려진 상태가 된다.

나는 목사의 아들로 태어났다. 아버지는 딸 셋을 낳고 네 번째도 딸인 줄 알고 여자 이름을 지어 놓으셨다. 그런데 아들이 태어난 것이다. 그래서 아버지가 신일, '믿을 건 너밖에 없다'일 줄 알았는데 '믿음이 제일이다'라는 뜻으로 내 이름을 지어 주셨다. 감사한 것은 자라면서 아버지는 나에게 목사가 되어야 한다고 부담을 주신 적이 없다는 사실이다. 그런데 중학교에 들어가면서부터 은근히 바람이 밀려오는 것 같더니 고등학교 1학년 때 나는 목사가 되기로 결정했다. 부모님께 말씀드렸더니 두 분이 어찌나 기뻐하셨는지 모른다. 어쩌면 우리 부모님도 한나와 같은 기도를 한 것이 아닌가 합리적인 의심이 든다. 하지만 나에게는 끝까지 말씀하지 않으셨다.

서원은 함부로 해서는 안 되지만 그렇다고 부담스럽거나 힘들다고 생각하지는 말자. 거꾸로 생각해 보면, 나도 소중하고 내 자녀의 인생도 소중한데 그럼에도 하나님은 우리의 인생을 바칠 만한 분이라는 것이다. 그 하나님을 안다면 나의 인생을 그분께 드리는 것이 그렇게 힘든 일일까?

나는 자녀가 선교사가 될까 봐 노심초사하는 부모님의 마음을 이해

한다. 딸이 시집간다는 것만으로도 곱게 키운 딸을 빼앗기는 것만 같아서 마음이 무거운 아버지들이 많으니 말이다. 그러니 서원은 하나님의 사랑을 모르면 할 수 없다. 우리는 기본적으로 서원이 갖고 있는 부담스러운 무게를 잘 안다. 그러나 거꾸로 생각하면, 하나님이 우리를 얼마나 인내하고 계시며 목숨을 내어주기까지 사랑하시는지 그 사랑의 깊이를 안다면, 수많은 방황과 죄악 속에서도 우리를 끝까지 품어 주시는 그 사랑의 넓이를 안다면, 우리 서원의 무게는 그에 비해 너무도 가볍다고 할 수 있다.

한나는 아들을 낳고 서원한 대로 바쳤다. 그렇게 태어난 아들 사무엘은 영적 지도자가 된다. 그렇게 귀하게 낳은 아들을 하나님께 드리고 싶은 이유는 고통 속에서도 자신을 껴안아 주시는 하나님의 사랑을 깨달았기 때문이다. 자신의 눈물과 억울함을 다 품어 주시는 하나님의 사랑의 무게가 훨씬 더 크기에 아들만이 아니라 가족 전체를 드려도 부족하다고 여긴 것이다. 한나는 자신의 인생에 찾아온 고난의 무게를 하나님의 은혜의 무게로 바꾸었다. 아픔을 헌신으로 바꾼 것이다. 모든 사람이 목사, 선교사가 되라는 말이 결코 아니다. 우리가 서원을 두고 염두해야 할 것은 그 힘겨움의 무게 이전에 하나님에게 내 인생을 바칠 만한가를 생각해 보라는 것이다.

2000년 즈음, LA에 간 적이 있다. 집회 중에 한 원로 장로님 부부가 식사를 대접해 줬는데, 180cm가 넘는 키에 체격이 좋은 분이었다. 젊었을 때 자기보다 큰 사람을 본 적이 없다는 말에 농담으로 “장로님, 예전에 좀 노셨겠네요?” 했더니 옆에 있던 권사님이 한숨을 푹 내쉬며 말도 말라고 손사래를 쳤다. 남편 때문에 고생이 이만저만 아니었다고 했다.

장로님이 50세가 되던 해에 갑자기 어지럼증이 생겨 걸음을 걸을 수가 없었단다. 병원에 입원해 온갖 검사를 다해 봤지만 모든 것이 정상이었다. 그런데도 어지러워 걸을 수 없었다. 그러던 어느 날 화장실에 가려고 아내의 부축을 받고 일어서는데 어찌된 일인지 어지럽지 않더란다. 그런데 침상에 손을 짚고 일어서면 안 어지럽고 손을 떼면 어지러웠다. 그 이유를 찾아보다 자기가 성경을 짚었다는 걸 알게 되었다. 이후 성경을 들고 화장실에 가고, 성경을 들고 병원 복도를 걸었더니 정말로 그 순간은 어지럼증이 사라졌다. 병원에서 전도하던 분이 그 모습을 보고 매번 쫓아내기만 하더니 언제 예수 믿었냐고 물어볼 정도였다고 한다. 이 사건 이후 예수님을 믿고 장로까지 된 그분이 교회에서 하는 일이 하나 있다. 그 교회는 예배드릴 때마다 큰 초를 켰는데 그분의 역할은 예배가 끝난 뒤 성전의 촛불을 끄는 일이었다. 장로님은 "저는 이 손으로 많은 죄를 지었습니다. 그런데 팔십이 넘은 저 같은 사람에게 예배 때마다 촛불 끄는 일을 맡겨 주시니 은혜 중에 은혜입니다"라고 고백했다.

우리 교회는 새벽기도회에 나오는 어르신이 많다. 그분들은 우리 교회를 지키는 작은 선교사들이다. 월요일부터 토요일까지 매일 한 사람 한 사람 이름을 불러 가며 기도하는 이름 없는 중보기도자들이 있다. 이들이 바로 시간을 바치는 나실인들이다. 힘든 이민 생활 중에 주일 예배만이라도 지키겠다고 나오는 분이 있다면 그분들의 헌신도 아름답다. 선교사 가정을 위해 기도하며 어렵게 번 돈을 후원하는 분들에게 주님이 선교사의 상급으로 갚아 주시길 소망한다. 성도들의 신앙생활을 안심시키려는 말이 아니다. 영적인 게으름을 놔두려는 것도 아니다. 단지 서원을 너무 부담스럽게 여기지 말라는 것이다. 하나님이 어떤 분인지를 먼저 알라는 것이다.

내가 신학교에 들어갔을 때, 아버지가 목회를 배우라고 추천해 주신 목사님이 계셔서 남산 아래에 있는 한 교회에 출석한 적이 있다. 지금까지 목회하면서 그분처럼 말씀을 깊이 있게 전하는 분을 만나 본 적이 없다. 어느 수요 예배 때 그분이 이렇게 말씀하셨다.

"혹시 오늘 예배에 오신 여자분들 가운데 남편이 안 믿는 분이 있습니까? 남편 밥을 차려 주지 않고 온 사람이 있습니까? 다음부터 수요 예배에 나오지 마십시오. 남편이 힘들게 일하고 들어왔는데 자기 믿음 좋다고 밥도 안 차려 주고 온 아내는 잘못된 헌신을 하는 것입니다. 남편 밥을 차려 주고 그 밥을 먹도록 도와주는 것이 당신의 예배입니다. 그리고 혹시 교회에 가도 된다고 하면 그때 오십시오."

우리는 서원을 뭔가 엄청나고 대단한 것이라고 생각한다. 하지만 우리 모두는 이미 작은 서원들을 이뤄 내고 있는지도 모른다. 사실 서원에 대해서 설교를 마무리할 때는 사람들에게 뭔가를 결단시키면서 마무리하는 것이 일반적일 수 있다. 예를 들어 '새벽기도 할 사람 손 드십시오' '과거에 선교 헌신하겠다고 했던 사람들 다 일어나십시오' 이렇게 말이다. 그러나 나는 민수기 30장에 드러난 하나님의 마음을 헤아릴 때 그렇게 결론짓고 싶지 않다. 서원의 결단 대신 하나님의 사랑을 더욱 깊이 생각해 보길 권면한다. 하나님이 정말로 나를 사랑하시는가? 내 인생 여정에 은혜를 베풀어 오셨는가? 힘들 때마다 나를 일으켜 주셨는가? 내가 울 때 안아 주셨는가? 내가 고통의 깊은 골짜기를 지날 때 내 손을 기꺼이 잡아 주셨는가? 정말 하나님이 그렇게 하셨다면, 서원은 내 인생을 바치겠다고 목청껏 소리 지르는 것이 아닐 것이다.

마지막으로 서원을 이렇게 설명하고 싶다. 서원은 '나 같은 사람을 써 주실 수 있습니까?'라고 고백하는 것이다. 혹시 부족하고 부끄러운 삶을 살아온 자라 할지라도 하나님을 위해 남은 인생을 드릴 수 있으면 행복하겠다고 하는 것이 성경이 말하는 서원이 아닐까? 이것이 바로 우리에게 필요한 작은 서원의 시작이라고 생각한다.

젊은 날에 헌신을 서원했지만 이를 지키지 못해 괴로워하는 분들이 있는가? 무엇이 답인지는 하나님만이 아신다. 물론, 신실하신 하나님 앞에서 한 서원은 신실하게 지키는 것이 본분이다. 하지만 우리는 헌신대로 살지 못하고 거듭 실패하는 사람들이다. 그럼에도 불구하고 우리의 신랑 되신 예수 그리스도께서 우리를 위해 대가를 지불해 주셨다. 우리의 구원이 안전한 것은 우리가 서원을 지켰기 때문이 아니다. 예수 그리스도를 통하여 주신 그 구속의 언약을 믿는 믿음 때문이다.[126] 서원을 무조건 파기하거나 가볍게 여기라는 말이 아니다. 과거에 함부로 혹은 한 순간의 감정으로 했던 그 서원의 부담을 하나님 아버지께 가지고 나아가 하나님의 성품에 의지하여 솔직하게 기도하자는 것이다. "하나님, 그때 제가 함부로 서원했습니다. 성급한 저의 결단이 있었습니다." 이렇게 기도하며 하나님의 용서와 껴안아 주심을 경험하고 그 부담에서 자유로워지길 바란다.

하나님은 심판의 주가 아니라 우리 아버지이시다. 사람은 연약하다. 하나님은 우리의 미래를 연약한 결정이 이끌어가지 않도록 배려하신다. 감정적인 결정이나 충동에 의한 경솔한 서원으로부터 그 사람을 보호해 주기를 원하신다. 그러므로 신실하신 하나님 앞에 우리도 신실하게 헌신하고 그 약속을 지키며 살아가는 것이 중요하다.

영어로 'Cross my heart, hope to die'는 목숨을 걸고 맹세한다는 말이다. 마음을 담은 서원은 지켜야 한다. 나는 서원을 신앙의 깊이라고 표현하고 싶다. 신앙의 깊이는 하나님의 사랑의 깊이를 아는 것이다. 서원은 하나님의 사랑을 모르면 절대 할 수 없는 일이다. 그래서 바울은 고린도전서 13장에서 방언을 하고 심지어 남을 위하여 목숨을 내어줄지라도 하나님의 사랑을 알지 못하면 그 모든 희생과 수고와 헌신은 아무것도 아니라고 말했다. 서원은 함부로 할 수 있는 것이 아니다. 그러나 하나님을 위해서 내 평생을 드리며 살고 싶다고, 평신도로서라도 그렇게 살고 싶다는 생각을 한 번도 해본 적이 없다면, 하나님의 은혜의 감격을 누리지 못한 게 아닐까 고민해 보아야 한다.

깊은 물은 조용히 흐른다. 깊이를 가진 자는 요동함이 적다. 혹여 흔들린다 해도 주님께 달려갈 것이다. 우리는 내 마음대로 살아왔던 자들이다. 인생 여정을 보면 하나님이 싫어하시는 발자취로 가득할지도 모른다. 서원은 그 방향을 돌이켜 하나님께로 가는 것이다.

신앙생활을 할수록 하나님의 사랑을 아는 자가 되길 바란다. 주님이 나를 만나 주셨다는 그 사랑을 안다면, 내가 주를 위해 무언가 하겠다고 하기보다 먼저 이 고백이 있어야 하지 않을까? "주님, 혹시 저 같은 사람도 써 주실 수 있나요?"

평생 이 고백을 가슴에 품고 걸어가는 순례의 길이 되길 기도한다.

15장

타협과 순종 사이에서

민수기 32장

'너희는 이 세대를 본받지 말고(do not conform)
마음을 새롭게 함으로 변화를 받으라'는 말씀 안에는
주변 문화를 따르지 말라는 하나님의 부르심이 있다.
우리는 나약하게 세상을 따르는 삶이 아니라
철저하게 세상을 따르지 않는 삶으로 부르심을 받는다.
그 길은 세상 풍조의 영향을 피하라고만 하지 않는다.
하나님의 말씀은 적극적이다.
하나님의 아들의 형상을 본받아(conformed)
그리스도를 닮아 가야 하는 길이다.[127]
그 길 끝에서 하나님이 우리를 기다리고 계신다.
순례는 그 하나님을 만나러 가는 여정이다.

광야는 우리를 거듭나게 하는 곳이다. 우리는 그곳에서 누구를 따라야 할지를 배운다. 우리의 인생은 대부분 자신이 바라는 것에 초점이 맞춰져 있지만 광야를 통과하면서 하나님이 원하시는 것으로 우리의 초점이 맞춰져 간다.[128] 이스라엘은 지금 그 기나긴 광야를 통과하는 중이다.

민수기 32장은 우리가 믿음의 길을 걸어가면서 실수하기 쉬운 한 가지를 보여 준다. 순종과 비슷하지만 순종이 아닌 것, 우리는 그것을 '타협(compromise)'이라고 부른다. 하나님은 이것을 순종으로 인정하신 적이 없다. 그러나 우리 입장에서는 이것도 순종으로 여겨 주시기를 기대한다. 32장은 광야 40년이 끝나 가는 마지막 부분쯤에 해당한다. 고생 많던 오랜 훈련의 여정이 거의 지나고 약속의 땅 가나안 앞에 서 있다. 가나안 정복이 끝나면 각 지파에게 그 땅을 기업으로 주실 것이다. 이 시점에서 본문은 열두 지파 가운데 르우벤과 갓 두 지파가 모세에게 땅에 대하여 한 가지 요청을 하는 장면이다.

보암직한 그것이 타협의 시작이다

또 이르되 우리가 만일 당신에게 은혜를 입었으면 이 땅을 당신의 종들에게 그들의 소유로 주시고 우리에게 요단강을 건너지 않게 하소서 민 32:5

이들은 모세에게 요단강을 건너지 않고 동쪽 땅에서 살게 해달라고 한다. 이 말씀을 이해하기 위해서 지도를 함께 살펴보겠다.

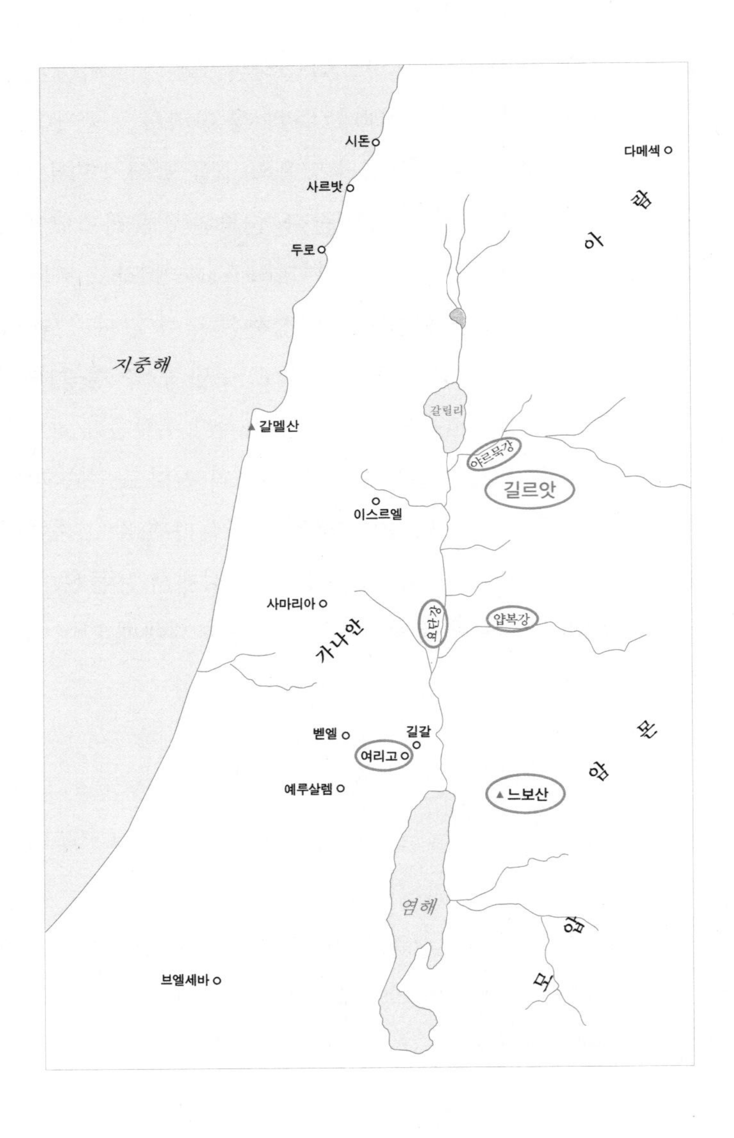

이스라엘의 지도는 갈릴리 바다와 염해를 중심으로 이루어지고 있는데, 이 둘 사이에 흐르는 강이 바로 요단강이다. 이스라엘 백성은 모압을 거쳐 암몬까지 정복하고 현재 요단강 동편에 자리를 잡고 있다. 그런데 지금 르우벤과 갓 지파가 이 지역에 있는 길르앗 땅을 달라고 요청하고 있다. 하나님이 약속하신 가나안은 요단강 서쪽 땅이다. 그런데 이 두 지파는 하나님이 말씀하신 땅은 아니지만 이곳에서 정착해서 살고 싶으니 그 땅을 자신들의 기업으로 달라고 모세에게 요청하는 것이다. 그들은 40년 동안 숱한 고난을 견디며 광야를 건넜다. 약속의 땅을 바라보며 힘들게 왔으면서 이들은 왜 여기에 머물려고 하는 것일까?

> 르우벤 자손과 갓 자손은 심히 많은 가축 떼를 가졌더라 그들이 야셀 땅과 길르앗 땅을 본즉 그곳은 목축할 만한 장소인지라 민 32:1

그 이유는 가축이 많았기 때문이다. 목축하기 좋은 그 땅을 보는 순간 마음을 빼앗긴 것이다. 너무 많은 소유는 순례의 길을 포기하게 만드는 유혹거리가 된다.[129] 나는 성도들이 재산이 많아서 주님을 따르는 데 방해가 되지 않길 바라며, 또한 재산이 없어서 주님을 원망하며 살지도 않길 바란다. 이들은 가축을 잘 기르고 싶었을 것이다. 이곳은 지금의 골란고원이 자리하고 있다. 이곳을 차지하기 위해 이스라엘과 주변국들이 여러 차례 전쟁을 일으키기도 했다. 에스겔서 39장 18절에 "바산의 살진 짐승"이라는 말이 나올 정도로 소들이 잘 자라는 땅이다.

잘살고 싶은 것 자체가 문제가 되지는 않는다. 그러나 여기에는 다른 문제가 있다. 하나님은 요단강 건너의 땅을 주기로 하셨는데, 이들은 하나님의 약속보다 그들의 소유를 지키고 싶은 마음이 먼저였다.[130] 사실 우리는 하나님이 정해 주신 목적지를 더 쉽고 편한 '대안의 목적지(an alternative destiny)'[131]로 바꾸려 할 때가 종종 있다. 모세는 그 약속의 땅에 들어가고 싶어도 갈 수 없는 사람이었다. 그런 그가 그 땅에 가고 싶지 않다는 사람들의 이야기를 듣는 것이 얼마나 고통스러웠겠는가?[132]

여기서 우리는 주의 깊게 보아야 할 단어가 있다. 1절을 보면 "그들이 야셀 땅과 길르앗 땅을 본즉(they saw)"이라는 말이 나온다. 이 '보다'는 인생에서 참 많은 문제를 일으킨다. 성경에서 본다는 것은 종종 나쁜 결정을 내리기 직전의 서곡으로 등장하곤 한다. 우리의 눈은 겉모습으로 판단하는 경향이 있기 때문이다.[133] 하나님의 약속이 아니라 재물을 위해, 성공을 위해, 안정을 위해 자신들이 본 것을 갖고 싶은 것이다. 우리는 무엇이든 제대로, 잘 보아야 한다. 그러나 욕심으로 보면 문제가 생긴다. 잘못 보면 인생을 망치기도 한다. 불행하게도 이 세상에는 사기꾼들이 많다. 사람들이 사기를 당하는 이유는 사기꾼들의 수법이 고차원적이거나 능수능란하기 때문만은 아니다. 1억을 투자하면 30%의 이자를 주겠다는, 사실 말이 안 되는 이야기에 반응하기 때문이다. 사기꾼들은 우리 안에 있는 욕심을 건드리는 것이다.

성경에는 '보다'가 문제를 일으키는 경우가 많이 나온다. 히브리어로 '보다(라아흐 ראה: to see)'라는 동사는 성경에 130번 정도 나온다. 욕심이 담긴 눈으로 볼 때, 그것이 우리를 종종 영적으로 위험한 곳으로 이끌 수 있다.[134]

여자가 그 나무를 본즉 먹음직도 하고 보암직도 하고 지혜롭게 할 만큼 탐스럽기도 한 나무인지라 여자가 그 열매를 따먹고 자기와 함께 있는 남편 에게도 주매 그도 먹은지라 창 3:6

여자가 선악을 알게 하는 나무를 보고 그 열매를 따 먹는다. 이것을 먹으면 정녕 죽으리라고 하나님이 말씀하셨는데도 무시하고 먹는다. 자신의 눈에 좋아 보이니 말씀이 사라지는 것이다. 말씀을 버릴 만큼 먹음직하고 보암직하며 탐스럽기까지 한 것이다. 결국 그녀가 이 나무를 보는 마음과 태도는 하나님의 말씀을 믿지 못하게 하는 사건이 된다. 그리고 이 선택은 인류의 재앙을 부른다.

또 하나의 예를 보겠다. 아브라함과 조카 롯의 이야기다.

이에 롯이 눈을 들어 요단 지역을 바라본즉 소알까지 온 땅에 물이 넉넉하니 여호와께서 소돔과 고모라를 멸하시기 전이었으므로 여호와의 동산 같고 애굽 땅과 같았더라 창 13:10

아브라함이 롯과 헤어지면서 롯에게 먼저 땅을 고르라고 한다. 롯이 눈을 들어 바라본즉 요단 지역이 너무도 좋아 보였다. 하나님이 멸망시킬 도시라는 건 꿈에도 생각하지 못한다. 왜냐하면 지금 롯의 눈에는 그곳이 너무나 좋은 도시로만 보이기 때문이다. 어느 정도인가 하면 마치 여호와의 동산 같다고 한다. 그런데 정말 그곳이 여호와의 동산인가? 아니다. 그저 여호와의 동산 같았을 뿐이다. 그는 그 땅을 택했는데, 그곳이 바로 타락의 상징으로 비유되는 소돔과 고모라이며, 결국 유황불로 멸망하는 심판의 땅이 된다.

그런데 이보다 더 안타까운 경우가 있다.

> 저녁때에 다윗이 그의 침상에서 일어나 왕궁 옥상에서 거닐다가 그곳에서 보니 한 여인이 목욕을 하는데 심히 아름다워 보이는지라 삼하 11:2

다윗은 어느 날 목욕하고 있는 우리아의 아내 밧세바를 보게 된다. 다윗은 자신의 눈에 심히 아름다워 보이는 그녀를 얻고 싶어 남편인 우리아까지 죽이고 만다. 불순종과 타협에는 공통된 특징이 있다. 이렇게 해도 괜찮을 것 같은 생각이 들고, 하나님이 봐주실 것만 같다. 하지만 이때가 바로 영적인 위기의 순간이다.

르우벤과 갓 지파는 길르앗 땅을 보았다. 가축을 기르기에는 최고였고, 하나님이 주신 약속의 말씀을 버릴 만큼 좋았다. 그 땅에 대해 두 지파는 이렇게 표현한다.

> 곧 여호와께서 이스라엘 회중 앞에서 쳐서 멸하신 땅은 목축할 만한 장소요 당신의 종들에게는 가축이 있나이다 또 이르되 우리가 만일 당신에게 은혜를 입었으면 이 땅을 당신의 종들에게 그들의 소유로 주시고 우리에게 요단강을 건너지 않게 하소서 민 32:4-5

길르앗은 하나님이 약속하신 땅은 아니지만 미디안과의 싸움에서 승리를 주신 땅이다. 그러니 가져도 되지 않겠냐고 말하고 있다. 그들은 이곳이 하나님이 이기게 하신 땅임을 강조한다. 우리는 신앙적으로 타협할 때 꼭 하나님의 이름을 끼워 넣고 싶어 한다. 마치 여호와께서 인도하신 것처럼 명분을 내세우는 것이다. 그러나 사실은 르우벤과 갓 지파는 말씀을 순종하는 자리에서 등을 돌리고 있다. 눈에 보이지 않는 영광스러운 약속 대신 당장 가축을 기를 수 있는 안전지대를 갖고 싶은 것이다. 이런 요구는 궁극적으로 그들의 소유에 대한 욕망이 이끌고 있는 것이지 결코 신앙이 이끄는 것이 아니다.[135]

그래서 이들은 모세에게 요단강을 건너가지 않게 해달라고 부탁한다. 요단강을 건너가지 않게 해달라는 말은 전쟁을 치르지 않겠다는 뜻이다. 지금까지 고생했으니 그냥 여기에 정착하게 해달라는 것이다. 이들은 지금 그들이 무엇에 불순종하는지 모르고 있다. 하나님이 가나안 땅을 주겠다고 하신 것은 아브라함에게 하신 약속이었다(창 15장). 이방의 객이 되어서 400년 동안 고생하다가 이 땅으로 오게 된다고 말씀하셨다. 하나님은 600년 동안 이 약속을 이루기 위해 준비하신 것이다. 이제 그 오랜 계획이 성취되는 마지막 관문 앞에 있다. 그런데 이들은 하나님이 600년 동안 준비하신 것을 하루 만에 저버리고자 한다. 타협은 하나님이 주신 약속을 버리고 저급한 삼류 대체물로 목적지를 바꾸는 것이다. 왜냐하면 하나님이 제공하시는 것이 얼마나 선한지를 바라보는 믿음이 멈춰 버렸기 때문이다.[136] 타협은 이렇게 교묘하게 하나님의 말씀을 버리도록 만든다. 이것이 타협이 갖고 있는 위험성이다.

하나님이 말씀하신 약속의 땅은 요단강 서쪽이다. 그런데 동쪽 땅에 길르앗과 느보산이 있다. 모세는 가나안 땅에 들어가지 못하고 느보산에서 죽게 된다.

비록 약속의 땅은 아니지만 모세는 순종의 땅에서 죽은 것이다. 왠지 아는가? 그는 여호와의 말씀을 끝까지 따랐기 때문이다. 이것은 구원의 문제가 아니라 사명의 문제다. 같은 동쪽이지만 모세는 순종으로 머물렀고, 르우벤과 갓 지파는 불순종으로 타협한 것이다. 장소의 문제가 아니라 주님의 말씀을 따라가느냐 아니냐의 문제다. 건너가고 싶지만 순종을 위해 자신의 뜻과 생각을 다 내려놓고 느보산에서 죽은 모세가 있고, 가라고 하셨지만 자신의 소유를 위해 버티는 두 지파가 있다.

순종이 무엇인가? 순종은 힘들어도 끝까지 하는 것이다. 끝까지 간 그곳에서 하나님은 선물을 보여 주신다. 아브라함은 아들을 번제물로 바치기 위해 눈물을 흘리며 모리아산까지 갔다. 중간에 주님이 이제 됐다 하지 않으시고 하나님이 일러 주신 곳에 이를 때까지 기다리셨다. 거기에 숫양을 준비해 놓으셨기 때문이다. 순종은 하나님이 말씀하신 자리까지 가는 것이다. 순종은 90%가 아니다. 온전한 100%다.

실수하고 실패해도 돌이켜라

요단강을 건너지 않겠다는 두 지파를 향해 모세는 무엇이라 답을 했을까?

> 모세가 갓 자손과 르우벤 자손에게 이르되 너희 형제들은 싸우러 가거늘 너희는 여기 앉아 있고자 하느냐 너희가 어찌하여 이스라엘 자손에게 낙심하게 하여서 여호와께서 그들에게 주신 땅으로 건너갈 수 없게 하려 하느냐 민 32:6-7

"형제들은 싸우러 가는데 너희는 여기 앉아 있으려 하는가, 너희가 이렇게 나온다면 나머지 형제들도 포기하고 싶지 않겠는가?" 한 사람의 잘못된 말이나 결정이 다른 사람들의 마음을 빼앗을 수 있다.[137] 사람을 살릴 수도 있고 낙심하게 할 수도 있는 것이다. 모세는 이들의 태도를 가데스 바네아의 열 명의 정탐꾼과도 같다고 말한다. 그러면서 그때 하나님이 어떻게 하셨는지 다시 한번 상기시킨다.

> 그때에 여호와께서 진노하사 맹세하여 이르시되 애굽에서 나온 자들이 이십 세 이상으로는 한 사람도 내가 아브라함과 이삭과 야곱에게 맹세한 땅을 결코 보지 못하리니 이는 그들이 나를 온전히 따르지 아니하였음이니라 그러나 그나스 사람 여분네의 아들 갈렙과 눈의 아들 여호수아는 여호와를 온전히 따랐느니라 하시고 민 32:10-12

주님은 우리가 여호수아와 갈렙처럼 온전히 따르고 마음을 다하여 순종하길 원하신다. 그런데 열 명의 정탐꾼들은 그렇게 하지 않았다. '온전히(whole-heartedly)'의 반대는 '적당히(half-heartedly)'[138]다. 우리의 눈은 언제나 좋아 보이는 것을 구하는 경향이 있다. 그러나 우리에게는 믿음의 눈도 있다. 믿음은 바라는 것들의 실상이요 보이지 않는 것의 증거다(히 11:1). 육신의 눈은 언제나 보이는 최고의 것에 만족하지만 믿음의 눈은 여호와의 말씀에 만족한다. 믿음은 이 세상의 것을 넘어 하나님이 약속하신 그 영광스러운 것을 바라본다.[139] 언제나 약속의 땅으로 고개를 드는 부담과 수고를 감당하는 것이다.

만일 여호와를 떠나면 하나님이 이 백성을 광야에 버리실 것이고, 그리하면 너희가 이 백성을 멸망시키게 될 것이라고 모세는 말한다. 모세의 이 말을 듣고서 두 지파는 결단한다.

> 이 땅의 원주민이 있으므로 우리 어린아이들을 그 견고한 성읍에 거주하게 한 후에 우리는 무장하고 이스라엘 자손을 그곳으로 인도하기까지 그들의 앞에서 가고 이스라엘 자손이 각기 기업을 받기까지 우리 집으로 돌아오지 아니하겠사오며 우리는 요단 이쪽 곧 동쪽에서 기업을 받았사오니 그들과 함께 요단 저쪽에서는 기업을 받지 아니하겠나이다 민 32:17-19

두 지파의 태도가 바뀌었다. 르우벤과 갓 지파는 요단강을 건너가 함께 싸우기로 결정한다. 다른 지파들보다 앞서 싸우겠다고 믿음으로 말한다. 타협을 접고 끝까지 전쟁해서 이스라엘의 모든 자손이 기업을 얻기까지 집으로 돌아오지 않겠다고 다짐한다. 이들의 결정은 모세의 책망에 따라 억지로 내린 결정이 아니라 마음을 온전히 돌이킨 것이었다.[140] 순종은 이렇게 기꺼이 하는 것이다.

우리는 말이나 선택에 실수할 수 있다. 눈에 보이는 것을 따라가다 보면 탐욕의 죄에 넘어질 때도 있다. 그러나 실수한 채로 있으면 안 된다. 돌이켜야 한다. 그렇지 않으면 우리는 여전히 실패와 불신앙과 죄악 속에 있게 된다. 깨달았다면 여호와께로 돌아가야 한다.

처음 이들은 요단강 동편 땅을 보는 순간 하나님의 약속을 놓으려고 했다. 어쩌면 가나안 땅에 가서 전쟁하는 것이 두려웠는지도 모른다. 그러나 이제 모세의 말을 듣고 하나님의 약속을 기억하고 돌이킨다. 돌이키기 전까지는 절대로 순종이라 말할 수 없다.

모세는 이들의 마음을 다시 한번 확인한다.

> 모세가 그들에게 이르되 너희가 만일 이 일을 행하여 무장하고 여호와 앞에서 가서 싸우되 너희가 다 무장하고 여호와 앞에서 요단을 건너가서 여호와께서 그의 원수를 자기 앞에서 쫓아내시고 그 땅이 여호와 앞에 복종하게 하시기까지 싸우면 여호와 앞에서나 이스라엘 앞에서나 무죄하여 돌아오겠고 이 땅은 여호와 앞에서 너희의 소유가 되리라마는 너희가 만일 그같이 아니하면 여호와께 범죄함이니 너희 죄가 반드시 너희를 찾아낼 줄 알라 너희는 어린아이들을 위하여 성읍을 건축하고 양을 위하여 우리를 지으라 그리하고 너희의 입이 말한 대로 행하라 민 32:20-24

모세는 이들의 태도가 바뀐 것을 알고 제안을 받아들이기로 한다. 먼저 하나님께 여쭤봤을 것이다. 약속의 땅을 얻는 일에 믿음으로 끝까지 싸울 것이기 때문에 이들에게 그 땅을 허락한 것이다. 그러나 싸우지 않는다면 그 땅은 가질 수 없다.

> 모세가 그들에게 이르되 갓 자손과 르우벤 자손이 만일 각각 무장하고 너희와 함께 요단을 건너가서 여호와 앞에서 싸워서 그 땅이 너희 앞에 항복하기에 이르면 길르앗 땅을 그들의 소유로 줄 것이니라 그러나 만일 그들이 너희와 함께 무장하고 건너지 아니하면 그들은 가나안 땅에서 너희와 함께 땅을 소유할 것이니라 민 32:29-30

하나님이 공간의 문제보다 더 중요하게 여기는 것이 바로 마음이다.

세상에 안전한 곳은 없다. 주님을 따르는 곳이 안전하다. 이 장면을 보면서 우리가 한 가지 배울 것은 실수할 수 있고 타협할 수 있지만 또한 순종의 자리로 돌아갈 수도 있다는 것이다. 타협했던 자리에서 순종으로 갈 수 있는 길은 딱 하나다. 돌이킴이다.

삭개오가 예수님을 만났을 때 소유의 절반을 가난한 사람들에게 주겠고, 누구의 것을 속여 빼앗은 일이 있다면 네 배나 갚겠다고 고백했다(눅 19:8). 돌이켜야만 순종이 된다. 타협을 계속 붙들고 있으면 입으로 아무리 떠든다 한들 절대로 순종이 아니다.

두 지파는 약속의 땅을 향한 영적 전쟁에 참여한다. 하나님은 전쟁이 끝난 후 그 땅을 주기로 약속하신다. 처음 두 지파는 욕심으로 땅을 보고 타협과 불순종을 택했다. 우리의 눈은 잘못된 것을 볼 때가 많다. 그 결과 후회막심한 영적 실수를 남기게 된다. 욕심으로 보기 때문이다. 그런데 하나님도 보신다. 구약성경에서 '보다'라는 히브리어 동사가 하나님이 보시는 것에도 똑같이 사용되고 있다.

하나님은 세상을 창조하시고 여섯째 날 사람을 만드셨다. 하나님은 남자와 여자를 창조하시면서 남자는 남성답기를, 여자는 여성답기를 부탁하셨다. 주님은 남자와 여자를 혼동하지 않으신다. 이 이야기는 자녀들에게도 꼭 전해 주길 바란다. 그리고 우리를 창조하신 후 심히 좋았다(very good)고 말씀하셨다. 얼마나 듣기 좋은 말인가? 이것이 주님이 보시는 우리의 모습이다.

그런데 심히 좋았다고 하신 우리가 범죄했을 때 하나님은 어떠실까? 잘못된 것을 바라보고, 타협하고, 불순종하고, 죄에 빠져 있을 때도 주님은 여전히 우리가 보시기에 좋으실까, 아니면 우리를 버리고 싶으실까?

하나님의 마음이 호세아서에 나온다. 그렇게 범죄했어도 어찌 너희를 버리겠느냐고 하신다. 너희를 향한 나의 사랑이 불붙는 것 같은데 어찌 놓겠느냐고 하신다. 이것이 주님의 마음이다. 우리가 넘어졌을 때도 여전히 주님은 우리의 모습을 보신다.

복음이 무엇인가? 우리는 죄를 바라보는데 주님은 우리를 바라보신다는 것이다. 우리는 죄를 지으러 가는데 주님은 우리를 용서하러 오신다는 것이다. 아담과 하와가 선악과를 따먹었을 때 주님은 그들을 보셨다. 그런데 그들을 죽이지 않으셨다.

> 여호와 하나님이 아담과 그의 아내를 위하여 가죽옷을 지어 입히시니라
>
> 창 3:21

하나님은 아담을 찾으시더니 가죽옷을 지어 주신다. 하나님의 눈은 죄를 지은 아담과 하와를 향해 있다. 주님은 우리가 죄로 넘어졌을 때 사랑과 고통의 눈으로 바라보신다. 공의와 긍휼의 눈으로 바라보신다. 그리고 찾아오신다. 중요한 것은 주님은 용서하시기 전에 그 죄에 대한 희생의 대가를 치르신다는 점이다. 우리를 위해 예수 그리스도를 십자가에 달리게 하신 것처럼 짐승을 죽여 그 희생제물로 가죽옷을 지어 인간에게 입히신다. 이것이 하나님의 마음이다. 소돔과 고모라를 멸하실 때도 하나님은 롯을 그대로 끝장내지 않으셨다.

> 하나님이 그 지역의 성을 멸하실 때 곧 롯이 거주하는 성을 엎으실 때에 하

나님이 아브라함을 생각하사 롯을 그 엎으시는 중에서 내보내셨더라

창 19:29

조카 롯을 위해서 눈물로 기도하는 아브라함을 생각하여 롯을 건져 주신다. 롯을 구하기 전에 아브라함의 기도가 있었다. 하나님이 그의 눈물을 보신 것이다.

이번에는 사무엘하에 나오는 다윗의 악함을 하나님이 보셨다.

그 장례를 마치매 다윗이 사람을 보내 그를 왕궁으로 데려오니 그가 그의 아내가 되어 그에게 아들을 낳으니라 다윗이 행한 그 일이 여호와 보시기에 악하였더라 삼하 11:27

다윗은 밧세바의 남편 우리아를 계획적으로 죽인 뒤 혼자 된 여인을 자신의 집으로 데려왔다. 다윗의 행위는 여호와 보시기에 악하였다. 한 가정을 의도적으로 깨뜨린 것이다. 그의 믿음이 한순간에 무너져 내렸다. 그가 저지른 실수는 이미 돌이킬 수 없는 사건이 되었다. 다윗은 여인을 봄으로 죄를 지었고, 하나님은 그 죄인을 보셨다. 부끄러움을 가진 그는 인생의 벼랑 끝에 서 있었다. "이제 너는 끝이다"라고 말해도 다윗은 할 말이 없는 상황이다. 그런데 하나님은 그를 찾아가셨고 다시 기회를 주셨다. 그리고 용서하시기 전에 나단 선지자를 통해 말씀을 주시며 다윗의 회개를 기다리셨다. 죄를 깨닫고 돌이킬 것을 기다리셨다.

마침내 다윗은 그 말씀 앞에 자신이 범죄하였음을 고백하고 눈물로 침상을 적시며 우슬초로 자신을 정결케 해달라고 기도한다. 인간의 죄

와 하나님의 용서 사이에는 늘 공통적으로 등장하는 것이 있다. 그것은 하나님의 희생과 인간의 회개다. 다윗이 그 죄에서 돌이키던 날 하나님은 뭐라고 말씀하셨을까? 아마도 처음 우리를 지으셨을 때 하셨던 말씀, "보시기에 심히 좋았더라"가 아닐까?

다윗의 이야기를 좀 더 해보겠다. 하나님은 밧세바가 낳은 첫아들을 죽이신다. 그 죄의 값을 치르게 하심으로 엄중한 교훈을 가르쳐 주신다. 다윗이 회개한 다음에 주신 둘째 아들이 바로 솔로몬이다. 놀라운 것은 다윗이 회개하고 돌아왔을 때 밧세바의 아들 솔로몬의 후손을 통해 예수님이 오는 역사를 펼쳐 가신다는 것이다. 말도 안 되는 일이다. 내가 생각할 때는 하나님이 다윗의 가문을 이 정도로 회복시키시면 안 되는 것이다. 너무도 불공평한 사랑이다. 어떻게 이런 추악한 짓을 저지른 자에게 이토록 엄청난 복을 주실 수 있단 말인가?

그런데 성경이 보여 주는 은혜는 원래 불공평하다. 그것을 받을 자격이 없는 사람에게 주신다. 당신이 은혜를 입으면 주변 사람들이 불공평하다고 말할 수도 있다. 그것이 은혜다. 하나님의 은혜는 받는 자에게는 늘 불공평한 사랑이다. 그러니 혹시 우리에게도 남들이 보기에 이런 말도 안 되는 은혜의 가능성이 생길 수 있지 않을까?

나는 이런 생각을 해본다. 우리가 타협하고 불순종하는 자리에 있었음에도 불구하고 만약 그 자리에서 돌이킨다면 우리가 상상할 수 없는 회복의 은혜, 축복의 역사를 우리 가정에도 베푸실 것이다.

르우벤과 갓 지파는 정말로 싸움에 나섰다. 타협을 떠나 순종의 길로 돌아왔다. 그리고 이들의 이야기는 여호수아서에서 끝이 난다.

"순종하느라 수고했다"

그때에 여호수아가 르우벤 사람과 갓 사람과 므낫세 반 지파를 불러서 그들에게 이르되 여호와의 종 모세가 너희에게 명령한 것을 너희가 다 지키며 또 내가 너희에게 명령한 모든 일에 너희가 내 말을 순종하여 오늘까지 날이 오래도록 너희가 너희 형제를 떠나지 아니하고 오직 너희의 하나님 여호와께서 명령하신 그 책임을 지키도다 이제는 너희의 하나님 여호와께서 이미 말씀하신 대로 너희 형제에게 안식을 주셨으니 그런즉 이제 너희는 여호와의 종 모세가 요단 저쪽에서 너희에게 준 소유지로 가서 너희의 장막으로 돌아가되 오직 여호와의 종 모세가 너희에게 명령한 명령과 율법을 반드시 행하여 너희의 하나님 여호와를 사랑하고 그의 모든 길로 행하며 그의 계명을 지켜 그에게 친근히 하고 너희의 마음을 다하며 성품을 다하여 그를 섬길지니라 하고 수 22:1-5

모세가 죽고 여호수아가 백성을 이끌고 가나안에 들어간다. 여호수아는 두 지파에게 이제 하나님이 말씀하신 대로 너희가 순종했으니 그 땅을 가지는 것은 타협이 아니라 하나님이 주신 선물이라고 말해 준다. 그들의 행위를 하나님이 인정해 주셨음을 전하며 축복하여 보낸다. 그리고 그 땅으로 가되 하나님을 사랑하고 모든 계명을 지키며 온 마음을 다해 그분을 따를 것을 부탁한다.

마침내 이스라엘 백성이 가나안을 정복했다. 그후 열두 지파의 기업이 어떻게 분배되었는지 지도를 통해 보겠다. 르우벤 지파와 갓 지파 그리고 므낫세 지파의 반은 동쪽에, 나머지 지파들은 서쪽에 자리를 잡는다.

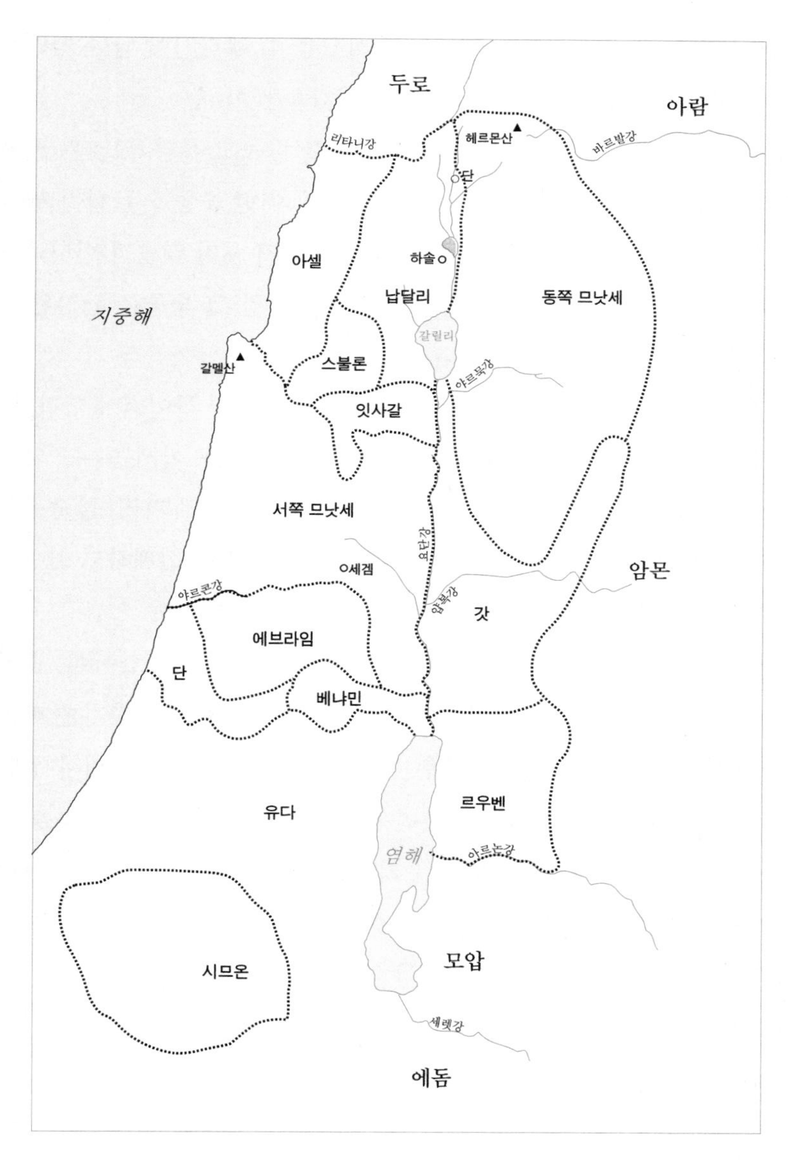
두로
아람
리타니강
헤르몬산
바르발강
단
아셀
하솔
납달리
동쪽 므낫세
지중해
갈릴리
갈멜산
스불론
아르묵강
잇사갈
서쪽 므낫세
요단강
세겜
암몬
아르콘강
얍복강
갓
에브라임
단
베나민
유다
르우벤
염해
아르논강
시므온
모압
세렛강
에돔

열두 지파의 기업 분배

르우벤과 갓 지파는 동편 땅으로 돌아왔을 때 부담감이 남아 있었을까? 아마도 마음 편히 순종의 땅에서 살아갔을 것이다.

나는 마지막으로 순종의 끝은 어디인가를 나누고 싶다. 그것은 르우벤과 갓 지파의 결론 속에 답이 있다. 우리가 어떤 순종을 끝까지 했을 때 그 마지막 지점에서 주님이 이런 말씀을 해주시지 않을까 한다. "순종하느라 참 수고 많았다." 주님의 말씀이 임하면 그 순종은 완성된다. 순종의 완성은 '수고했다'는 하나님의 말씀이다.

그동안 여러 가지 삶의 이유로 타협한 것이 있다면 돌이켜야 한다. 돌이키지 않는 한 불순종이다. 그것은 끝까지 타협이다. 이제는 여호와께 돌아가게 해달라고 기도하길 바란다. 마음속에 타협의 자리, 불순종의 자리가 있다면 돌이키게 해달라고 기도하라. 영적으로 실패하고 실수한 채 그 부담을 갖고 평생 살아가지 않도록 해달라고 말이다.

돌이키게 해달라는 기도는 너무나 중요하다. 돌이킴이 있어야 내 믿음이 산다. 순종이 산다. 부디 타협과 순종 사이에서 재지 않기를 바란다. 순종의 싸움을 치열하게 싸우는 우리가 되길 바란다. 그래서 우리 모두 매일 하루를 마칠 때면 오늘 순종하느라 참 수고했다는 말씀을 듣고 잠자리에 들 수 있길 원한다. 우리 앞에 놓인 일들이 힘들고 고단하지만 순종해 줘서 고맙다, 정말 수고했다는 음성을 들으며 살아가는 주님의 백성이 되길 기도한다.

돌이킴이 있어야 내 믿음이 산다.
오늘 순종하느라
참 수고했다는 말씀을 듣고
잠자리에 들 수 있길 원한다.

16장

인생의 지도를 펼칠 때

민수기 33장

구약성경은 천년이란 세월에 걸쳐 완성되었다.
천년이라는 함축된 시간이 구약을 상징한다.
신약성경에 나타난 초점은 인자가 높임 받는 날,
그 한 날의 사건으로 집약되어 있다.
네 개의 복음서들이 목표하고 있는 한 날은
바로 구약성경의 목표이기도 하다.
천년으로 상징되는 구약의 모든 역사는
바로 예수 그리스도가 십자가에 달리시던
그 한 날의 도래를 위해서 있어야 했다.
천년은 이 한 날이 없었다면
결코 그 끝 목표에 도달하지 못했을 것이다.[141]
그래서 우리에게는 구약성경 안에서
예수 그리스도를 만나는 감격이 있다.

한 사람의 인생 여정에는 태어난 첫날부터 주님 앞에 가기까지 숱한 사연이 담겨 있다. 민수기 33장은 출애굽한 뒤 가나안 앞에 이르기까지 40여 년의 걸음이 담겨 있다. 모세가 여호와의 명령에 따라 이스라엘 백성을 이끌고 애굽에서 모압까지 오는 동안 머물던 장소들이 자세히 기록되어 있다. 이는 모세가 자의적으로 기록한 것이 아니라 하나님의 말씀에 따라 지금까지 이 백성이 걸어온 모든 지명을 하나하나 기록한 것이다.

모세가 여호와의 명령대로 그 노정을 따라 그들이 행진한 것을 기록하였으니 그들이 행진한 대로의 노정은 이러하니라 민 33:2

이스라엘 자손이 라암셋을 떠나 숙곳에 진을 치고 숙곳을 떠나 광야 끝 에담에 진을 치고 에담을 떠나 바알스본 앞 비하히롯으로 돌아가서 믹돌 앞에 진을 치고 하히롯 앞을 떠나 광야를 바라보고 바다 가운데를 지나 에담 광야로 사흘 길을 가서 마라에 진을 치고 마라를 떠나 엘림에 이르니 엘림에는 샘물 열둘과 종려 칠십 그루가 있으므로 거기에 진을 치고 엘림을 떠나 홍해 가에 진을 치고 홍해 가를 떠나 신 광야에 진을 치고 신 광야를 떠나 돕가에 진을 치고 돕가를 떠나 알루스에 진을 치고 알루스를 떠나 르비딤에 진을 쳤는데 거기는 백성이 마실 물이 없었더라 르비딤을 떠나 시내 광야에 진을 치고 시내 광야를 떠나 기브롯핫다아와에 진을 치고 민 33:5-16

대략 이런 형식으로 민수기 33장이 진행되고 있다. 그런데 하나님은 왜 이토록 지루하게 느껴질 만큼 지나온 도시들의 이름을 나열하시는 걸까?

여기에는 특별한 의미가 있다. 우리에게는 그저 이스라엘 백성이 진을 치고 머물던 단순한 지명일지 모르지만 40년 동안 이 길을 걸어온 사람들에게는 수많은 사연과 의미가 담긴 잊을 수 없는 곳이다.

당신의 인생 지도

우선 본문의 말씀을 나누기 전에 잠시 우리의 시간을 가져 보고자 한다.

지금부터 당신의 인생 지도를 그려 보았으면 한다. 제일 맨 위쪽의 출생부터 아래 현재까지의 연도를 적는다. 그리고 가운데에 줄을 그어 보자. 그러면 반으로 인생이 나뉜다. 사람마다 한가운데에 해당하는 연도가 다를 것이다. 이제부터는 줄을 따라서 내가 살아왔던 도시, 동네 이름을 적어 보자. 첫 번째는 자신의 인생에서 가장 가난했던 시절, 경제적으로 빈곤했던 날의 장소를 써 보고, 두 번째는 내가 예수님을 믿게 된 곳, 구원받은 때의 시간과 장소를 써 본다. 세 번째는 내 인생에서 가장 행복했던 순간들이 언제였는가를 표시해 보고, 네 번째는 인생에서 가장 힘들었던 고난의 시기들을 적는다. 그리고 다섯 번째는 가장 죄를 많이 지었던 때 머물던 곳을 적어 본다. 마지막으로는 내가 하나님의 살아 계심을 체험한 곳, 기도 응답을 받았던 곳을 표시해 본다. 어떤가? 당

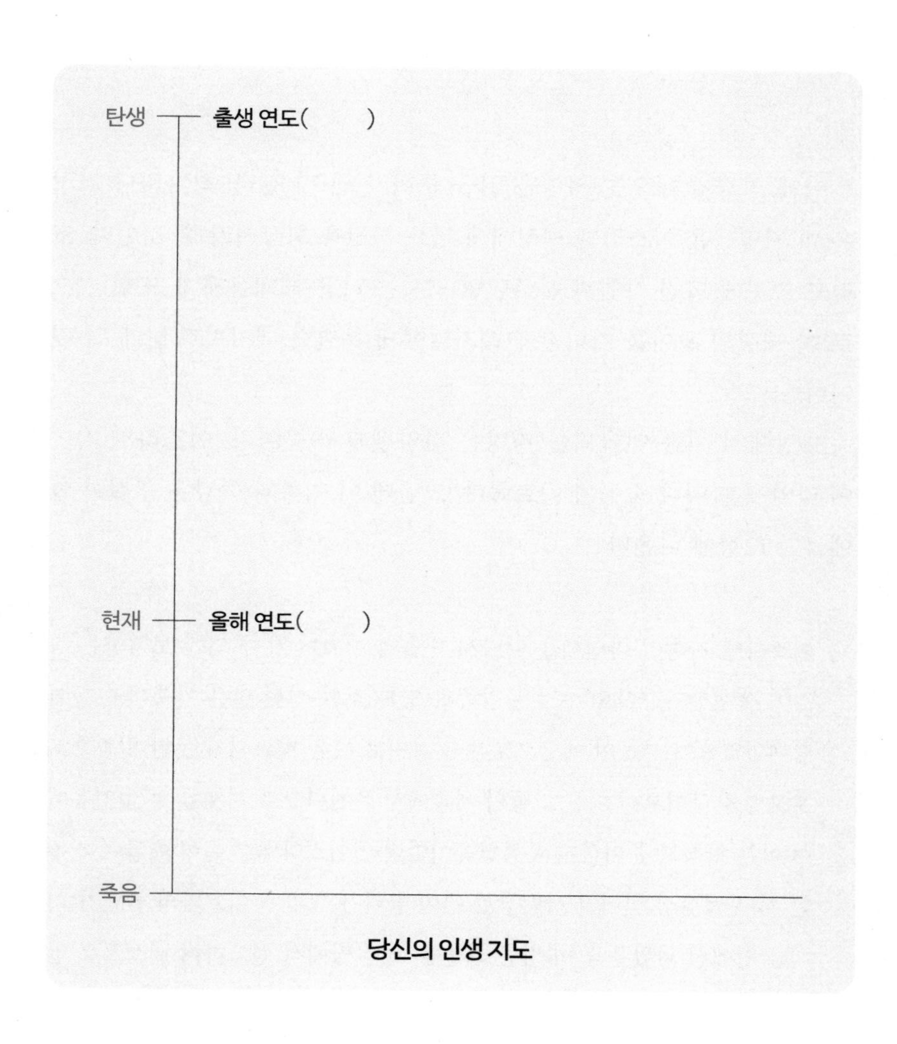

당신의 인생 지도

신이 걸어온 길이 한눈에 보이는가? 인생 지도를 보면서 자신에게 해주고 싶은 위로와 격려의 한마디를 적어 보자.

세상의 영향권에서 주님의 영향권으로

이제 성경에 나오는 지명을 읽을 준비가 된 것 같다. 하나하나 거쳐 온 이 지명들은 이스라엘 백성에게 많은 기억을 회상시켜 줄 것이다. 그리고 그곳에 담긴 사연과 하나님의 역사는 다음 세대들에게, 또한 앞으로 이 세상의 광야를 지나갈 순례자들에게 특별한 메시지로 남게 될 것이다.

33장에서 처음 언급되는 지명은 라암셋과 숙곳이다. 이스라엘 자손이 라암셋을 떠나 숙곳에 이르렀다. 그런데 이 기록과 똑같은 구절이 출애굽기 12장에 나온다.

> 이스라엘 자손이 라암셋을 떠나서 숙곳에 이르니 유아 외에 보행하는 장정이 육십만가량이요 수많은 잡족과 양과 소와 심히 많은 가축이 그들과 함께하였으며 그들이 애굽으로부터 가지고 나온 발교되지 못한 반죽으로 무교병을 구웠으니 이는 그들이 애굽에서 쫓겨나므로 지체할 수 없었음이며 아무 양식도 준비하지 못하였음이었더라 이스라엘 자손이 애굽에 거주한 지 사백삼십 년이라 사백삼십 년이 끝나는 그날에 여호와의 군대가 다 애굽 땅에서 나왔은즉 이 밤은 그들을 애굽 땅에서 인도하여 내심으로 말미암아 여호와 앞에 지킬 것이니 이는 여호와의 밤이라 이스라엘 자손이 다 대대로 지킬 것이니라 출 12:37-42

라암셋을 떠나 숙곳에 이르렀다는 의미는 무엇인가? 라암셋은 이스라엘이 애굽에서 거주하던 고센 지역에 위치한 곳으로 추정하고 있다.

이때는 유월절 사건 직후였다. 바로에게서 이스라엘 백성을 자유하게 해주신 역사적인 사건 다음날 약 200만 명이 애굽을 떠나게 된다. 애굽에 거주한 지 430년이 끝나는 그날에 여호와의 군대가 모두 애굽 땅에서 나온 것이다.

라암셋에서 숙곳으로 왔다는 표현은 영적으로 보면 구원받은 날을 의미한다. 당신도 예수님을 만나서 죄와 사망으로부터 자유케 된 날이 있을 것이다. 이것이 곧 라암셋에서 숙곳으로 이동했다는 뜻이다.

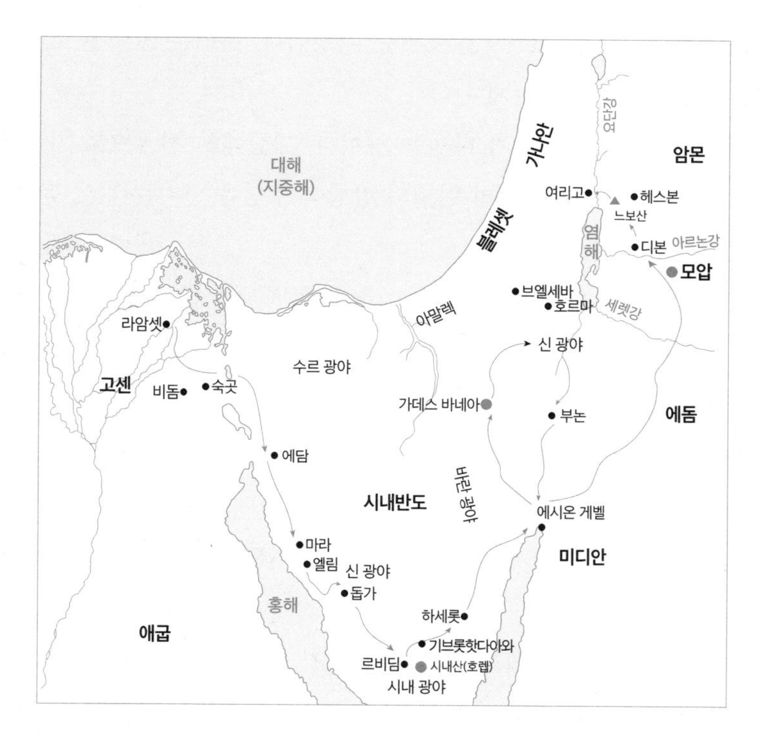

광야 40년 여정

이스라엘 백성은 이날을 절대 잊지 못한다. 결혼한 부부도 처음 만나 함께 본 영화 제목은 기억하지 못해도 신혼살림을 차린 장소는 기억한다. 그것을 어떻게 잊겠는가? 숙곳은 이스라엘 백성에게 결코 잊을 수 없는 땅이다. 오랜 노예 생활에서 벗어난 첫 땅이기 때문이다. 우리 인생에도 이처럼 라암셋을 떠나 숙곳에 도착한 구원의 은혜가 있다. 지도를 보면 이것이 무엇을 의미하는지 조금 더 선명하게 알 수 있다.

지도는 광야 40년의 여정을 보여 주고 있다. 제일 위가 라암셋이고 그 밑이 숙곳이다. 모세에게 기록하라고 하신 이 모든 길은 애굽에서부터 하나님이 약속하신 땅으로 옮겨 가는 여정이다. 우리는 지명을 보며 구원의 의미가 무엇인지 알게 된다.

구원은 인생의 목적지가 바뀌는 것이다. 세상에서 천국으로 가는 것이다. 예수를 만난 순간 우리 인생의 방향이 주님을 만나는 길로 들어선다. 그래서 순례라고 부른다.

그런데 더 중요한 의미가 있다. 이스라엘 백성의 변화다. 430년 동안 이들의 삶을 주관하고 좌지우지한 사람은 애굽의 바로였다. 구원은 바로의 권세 아래에서 떠나는 것이다.

지도를 통해 첫 번째로 하나님이 주시는 구원의 의미는 '내 삶 가운데 왕이 바뀌는 것'이다. 즉 나를 다스리는 주인이 바뀌는 것이다. 신앙생활 하면서 평생 잊지 말아야 할 것은 내가 예수를 믿는 순간 왕이 바뀌었다는 사실이다.

라암셋을 떠나 숙곳에 도착하지만 여전히 지역적으로는 애굽이다. 그런데 지난날과 완전히 달라진 것이 있다. 비록 여전히 애굽에 있지만 더 이상 바로의 명령이 힘을 발휘하지 못한다는 사실이다. 이들은 이제 하나님의 명령을 따라 움직이기 시작했다. 어느 곳에 사는지가 중요한 것이 아니라 누구의 말을 듣는가가 중요하다. 어느 곳에 살든지 왕 되신 주님의 말씀을 듣고 살아가길 바란다. 그것이 구원이다.

내가 결혼하고 보니 편리하고 좋은 점이 무척이나 많았다. 그런데 불편한 것이 딱 하나 있는데 배우자가 늘 있다는 것이다. 운전하다가 속도를 내고 싶은데 옆에서 나를 나직이 부른다. 내가 잘못할 때는 늘 함께 있는 것이 불편하다.

우리는 주님이 아닌 다른 것을 왕으로 삼을 때가 있다. 어느 날 보니 성공이 왕이 되어 있고, 또 어느 날은 돈이 왕이 되어 있다. 그때 주님께 죄송한 마음이 든다. 이런 감정은 무엇일까? 내 가슴속에 주님이 나의 왕이라는 고백이 아직 있다는 것이다. 내 안에 이 고백이 살아 있기 때문에 괴로운 것이다. 혹시라도 넘어질 때마다 주님께 부끄럽고 죄송한 마음이 있다면 우리의 고백이 아직 존재한다는 뜻이다. 그러니 다시 회개하고 돌아와 주님만을 왕으로 모시는 아름다운 인생의 지도가 우리 안에 펼쳐질 수 있기를 바란다.

하나님이 감추어 두신 은혜가 있다

민수기 33장에는 총 42개의 지명이 나온다. 이 도시들을 세 종류의 장소[142]로 분류해 볼 수 있다. 첫째는 하나님이 역사하신 도시들이다. 광야에서 이스라엘 백성의 필요를 공급해 주신 하나님, 그 강력한 도움의 손길을 경험한 곳이라고 할 수 있다. 둘째는 이스라엘 백성이 하나님을 거역하며 죄로 넘어진 도시들이다. 부끄러운 죄악들을 기억나게 하는 장소다. 그리고 셋째는 아무 일도 일어나지 않은 곳이다. 특별한 것 하나 없는 평범한 도시들, 그저 지나가는 것처럼 느껴진 곳이다.

그중 첫 번째에 해당하는 지역을 살펴보자.

> 숙곳을 떠나 광야 끝 에담에 진을 치고 민 33:6

광야 끝 에담은 이스라엘 백성에게는 감격스러운 곳이다. 에담이 어떤 곳인지 출애굽기 13장은 이렇게 표현한다.

> 그들이 숙곳을 떠나서 광야 끝 에담에 장막을 치니 여호와께서 그들 앞에서 가시며 낮에는 구름 기둥으로 그들의 길을 인도하시고 밤에는 불 기둥을 그들에게 비추사 낮이나 밤이나 진행하게 하시니 낮에는 구름 기둥, 밤에는 불 기둥이 백성 앞에서 떠나지 아니하니라 출 13:20-22

에담은 하나님이 이스라엘 백성을 불 기둥과 구름 기둥으로 인도해 주신 곳이다. 이 놀라운 은혜를 경험하면서 이들의 마음이 얼마나 뜨거웠겠는가? 우리 인생에도 이렇게 하나님께서 건져 주시고 인도하신 흔적들이 있다는 것을 기억했으면 한다. 시련의 광야 길에서 믿음을 견고하게 세우기 위하여 우리가 어떤 길을 지나왔는지, 누가 우리를 그 위험한 곳에서 안전하게 통과하도록 이끄셨는지 기억할 필요가 있다.[143] 그 기억이 미래의 문제를 해결하는 데 도움을 줄 수 있기 때문이다.

하나님이 이들을 인도하신 역사는 이것만이 아니다.

마라를 떠나 엘림에 이르니 엘림에는 샘물 열둘과 종려 칠십 그루가 있으므로 거기에 진을 치고 민 33:9

물이 없는 마라에서 고생했는데 엘림에 도착해 보니 거기에는 샘물과 종려나무, 사막의 오아시스가 있었다. 하나님은 이렇게 사막 한가운데 샘물을 준비해 두시고 우리를 인도하신다는 사실을 경험했다. 살다 보면 힘든 시기도 있지만 샘물이 터지듯 은혜가 넘치는 날이 올 때가 있다. 우리 인생에는 이렇게 숙곳과 에담과 엘림이 있다. 이런 도시들을 돌아보게 하시는 이유는 우리를 붙들고 여기까지 인도하셨음을 다시 가르쳐 주기 위함이다.

두 번째는 쓰러지고 넘어진 곳이다. 이중 몇 가지만 소개한다면, 마라는 물이 없어서 원망한 곳이다(8절). 르비딤 역시 마찬가지다(14절). 기브롯핫다아와는 먹을 것이 없다고 불평하던 장소다(16절). 하나님이 메추라기를 보내신 후 심판하신 곳으로 '탐욕의 무덤'이라고 불렸던 곳이기도 하다. 가데스는 모세가 지팡이로 반석을 쳐서 물을 낸 곳이다(36절). 그러나 반석에서 물을 낼 때 모세가 백성의 원망에 분을 이기지 못하고 입으로 명령하는 대신 반석을 두 번 내리쳤다. 이 일로 모세는 가나안 땅에 들어가지 못하게 된다. 이런 다툼으로 '므리바'라고 명명했다. 이 지명들은 이스라엘이 하나님께 등을 돌리고 원망과 불평을 하던 곳이었다. 영적으로 처절하게 넘어졌던 자리다. 우리 인생에는 이런 부끄러운 삶의 자리들이 있다. 그럼에도 거론할 때마다 수치스러울 수 있는 이 도시들을 왜 보여 주시는 것일까? 우리는 시편에서 그 답을 얻을 수 있다.

여호와여 주께서 죄악을 지켜보실진대 주여 누가 서리이까 그러나 사유하심이 주께 있음은 주를 경외하게 하심이니이다 시 130:3-4

범죄한 자리들을 보여 주시는 것은 이 모든 길마저 우리를 만지고 고치는 여정이었음을 알게 하기 위함이다. 우리의 죄를 다 보고 계시지만 그럼에도 우리를 깊이 생각하시는 마음이 주님께 있다. 그 주님께는 용서가 있다. 그 마음 때문에 우리 죄를 사하기 위해 죽기까지 하셨다. 주님 앞에 죄를 가지고 설 수 있는 사람은 아무도 없다. 그러나 감사하게도 주님은 용서하시는 분이기에 우리가 주님께로 갈 수 있다. 이것은 하나님의 거룩한 잊어 주심, 혹은 '거룩한 건망증(a holy forgetfulness)'[144]이라고 할 수 있다. 이 용서의 힘은 넘어진 우리로 하여금 다시 힘차게 주님을 향해 순례길을 걸어가게 한다.

첫 번째 도시가 하나님이 우리를 인도하시는 여정이었다면, 두 번째 장소들은 우리를 고치고 용서하며 새롭게 하시는 여정이다. 하나님은 우리 신앙의 길 역시 지금까지 만져 오셨고 앞으로도 성실하게 만져 가실 것이다.

마지막 세 번째는 아주 평범한 도시들이다. 진을 치고 머무는 동안 어떠한 특별한 사건도 일어나지 않은 곳이다.

하라다를 떠나 막헬롯에 진을 치고 막헬롯을 떠나 다핫에 진을 치고 다핫을 떠나 데라에 진을 치고 데라를 떠나 밋가에 진을 치고 밋가를 떠나 하스모나에 진을 치고 민 33:25-29

우리가 알 만한 곳은 나오지 않는다. 그런데도 왜 굳이 이 장소들을 언급하신 것일까? 그냥 넘겨버려도 될 텐데 말이다. 하지만 하나님은 이 세 번째 도시들을 통해 오히려 특별한 메시지를 들려주신다.

우리의 날들은 극적인 사건이나 잊을 수 없는 역사들로만 채워진 것이 아니다. 특별한 날보다 평범한 날이 훨씬 더 많다. 그러나 우리가 볼 때 비록 아무 일도 일어나지 않은 일상의 어느 날, 또는 특별할 것 하나 없는 장소라 할지라도 이 모든 것이 우리 한 사람 한 사람을 하나님의 영원한 생명의 약속에 더 가까이 다가서게 한다.[145] 하나님은 이 사실을 알려 주고 싶으신 것이다. 이름조차 낯선 많은 도시들이 애굽을 떠나 가나안으로 한 걸음 더 가까이 가게 한 장소였다. 그래서 그 모든 날들이 감사인 것이다.

나는 강원도의 한 농촌 교회에서 목사 안수 과정을 위해 담임전도사로 첫 목회를 시작했다. 처음 7개월 동안은 선을 본 적도 없다. 8개월째에 아내를 만났다. 아내가 다니던 교회에 매형이 교육목사로 부임하면서 연결이 되었다. 매형은 전에 사역하던 교회에서 수련회 중 한 청년이 심장마비로 사망하면서 도의적 책임을 느끼고 사임한 뒤 아내가 다니는 교회로 부임했다. 그래서 아내와 나는 그 청년의 죽음을 기억한다. 그 죽음으로 인해 우리가 만났다는 생각에 그 청년의 몫까지 살아야 한다는 생각을 늘 하고 있다. 218일간 아무 일도 일어나지 않은 평범한 날은 주님께서 이 여인을 나에게 가깝게 하시는 준비의 날이었다. 그것은 평범함 속에 감추어진 은혜의 날들인 것이다. 주님은 매일의 일상을 통해 한 걸음 더 주님께 가깝게 갈 수 있도록 인도하신다. 이것이 성경에서 이 도시들을 보여 준 목적이다.

우리 모두는 저마다의 사연을 가지고 이 세 종류의 장소들을 지나왔다. 인생을 살아 보고 나서야 깨닫게 하시는 것이 있다. 그건 미리 알 수 없다. 지나가야만 알 수 있다. 그것을 하나님의 주권이라고 말한다. 하나님은 주권을 두루마리처럼 감추고 계시다가 시간이 되면 펼쳐서 우리가 깨닫도록 하신다. 신앙의 순례를 걷는 사람들은 이것을 다 경험하게 된다.

민수기 33장의 지명을 통해 두 번째로 알려 주시는 구원의 의미는 '구원의 여정에는 감추어 두신 은혜가 있다'는 것이다. 그 믿음의 길을 따라 걷다 보면 막혔던 문이 열리기도 한다. 때론 잘못된 길로 가려는 것을 하나님이 막아 주시기도 한다.

하나님은 이스라엘 백성을 출애굽시키실 때 그냥 나오게 하신 것이 아니다. 홍해를 가르실 계획을 감춰 두고 기다리셨다. 광야에서 줄 만나와 메추라기를 준비해 놓고 나오라고 하신 것이다.

우리가 남은 신앙의 여정을 우리를 위해 감춰 두신 이런 은혜를 기대하며 걷는다면 얼마나 감격스럽겠는가? 신앙이 성숙하면 하나님의 은혜를 더 깊이 인식하게 된다. 우리 일상에서 하나님의 자원과 능력이 얼마나 방대한지 깨달으면, 세상의 무게를 우리가 짊어질 필요가 없다는 것을 인식하게 된다. 그래서 하나님에 대해 진지해지면, 다른 모든 것에 대해서는 마음이 가벼워진다.[146] 평범한 날에도 하나님의 은혜가 이어지고 있다는 것을 기대하며 살아가길 바란다.

우리의 목적지는 주님의 품이다

마지막으로 나누고 싶은 것은 기록된 장소들의 개수에 대한 것이다. 총 42개의 지명이 나오는데 7×6=42이다. 42란 숫자가 가진 의미에 대해 어떤 학자는 7이 완전수로서 한 묶음에 도시의 여정이 6번 반복된 것으로 보고 있다.[147] 7은 완전수이면서 동시에 안식의 숫자다. 그렇다면 나머지 7개 도시는 가나안에 들어간 뒤 안식의 장소일 가능성이 있다.[148] 일리가 있다.

이들은 지금 마지막 일곱 번째 여정, 약속의 땅에 들어감으로 누리게 될 안식 앞에 서 있다. 그러나 40년을 걸어온 이들이 마지막 가나안 땅에 들어가서 기록될 지명들은 그냥 주어지는 것이 아니라 가나안 사람들과의 전쟁에서 승리해야만 주어지는 곳이다.

> 여리고 맞은편 요단강가 모압 평지에서 여호와께서 모세에게 말씀하여 이르시되 이스라엘 자손에게 말하여 그들에게 이르라 너희가 요단강을 건너 가나안 땅에 들어가거든 그 땅의 원주민을 너희 앞에서 다 몰아내고 그 새긴 석상과 부어 만든 우상을 다 깨뜨리며 산당을 다 헐고 민 33:50-52

> 너희가 만일 그 땅의 원주민을 너희 앞에서 몰아내지 아니하면 너희가 남겨 둔 자들이 너희의 눈에 가시와 너희의 옆구리에 찌르는 것이 되어 너희가 거주하는 땅에서 너희를 괴롭게 할 것이요 민 33:55

이 순례자들에게 주어질 안식은 그 땅에 도착하는 것만으로는 이루어지지 않는다. 모든 우상을 파하고 그 민족을 다 몰아내야 이뤄진다. 이것이 하나님의 말씀이었는데, 결국 이 일곱 번째 안식에 관한 지명들을 얻는 것은 실패로 돌아간다. 왜냐하면 말씀대로 다 몰아내지 못했기 때문이다. 타협을 한 결과 가나안 땅의 이방인들은 이스라엘 백성에게 가시가 되었다. 심지어 사사기에는 이스라엘 백성이 이방인과 다를 바 없게 되어 완전히 넘어진 모습이 기록되어 있다.

모세는 가데스에서 반석을 친 것 때문에 가나안 땅에 들어가지 못했다. 여호수아는 이스라엘 백성과 가나안에 들어갔지만 안식을 주진 못했다. 그래서 히브리서는 하나님 나라에 들어가서 그 유업을 누리게 되는 것을 안식으로 표현하고 있다.

> 만일 여호수아가 그들에게 안식을 주었더라면 그 후에 다른 날을 말씀하지 아니하셨으리라 그런즉 안식할 때가 하나님의 백성에게 남아 있도다
>
> 히 4:8-9

42개의 지명 뒤에 가나안 땅에서 등장하게 될 도시들을 기대했지만 결국 미완성으로 끝이 난다. 안식은 실패로 돌아갔다는 뜻이다. 이 미완성의 역사 속에서 성경이 교훈하는 것은 무엇일까? 그것은 안식을 우리 힘으로 취할 수 없다는 것이다. 모세도 하지 못했고, 여호수아도 이루지 못했다. 모든 죄와의 전쟁에서 이기신 분, 우리의 죄를 사하기 위해 모든 짐을 지고 십자가에서 돌아가신 분, 오직 예수 그리스도만이 우리의 마지막 일곱 번째 안식을 주실 수 있다.[149] 우리에게 영원한 안식을 주실 분은 예수님밖에는 없다. 이것을 남겨 둔 것이 바로 구약의 메시지다.

만약 우리 힘으로 안식을 누려야 한다면 절망적이다. 모든 사람의 인생에 예수님이 오셔야만 참된 안식을 얻을 수 있다. 그분 안에서는 모든 갈등과 다툼이 그치기 때문이다. 나의 넘어짐과 실수와 연약함이 보호받기 때문이다. 우리가 누리게 될 영원한 기업은 예수 그리스도의 의로우심과 죽으심으로 우리에게 주어졌다. 그래서 모든 것을 이루신 예수님만이 이 말씀을 하실 자격이 있다.

"수고하고 무거운 짐 진 자들아 다 내게로 오라 내가 너희를 쉬게 하리라."

가나안이 최종 목적지가 아니다. 우리의 목적지는 주님의 품이다. 주님을 만나는 날 영원토록 하나님의 은혜를 찬송할 것이다. 하나님은 우리가 죄를 짓고 실패한 모든 장소의 기록을 남기지 않고, 대신 그 여정을 한 번에 십자가에 못 박으셨다.[150]

구원의 순례는 언제 완성되는 것일까? 그것은 오직 그리스도 안에서 완성된다. 성경에서 42개 도시가 보여 주는 것은 미완성의 역사다. 예수님이 보여 주신 것은 완성이다. 우리가 할 수 없는 마침표를 주님이 해주신 것이다.

지금 당신이 머물고 있는 곳은 10년 후, 20년 후에 어떻게 기록될 것 같은가? 은혜의 도시였는가, 아니면 죄의 도시였는가? 이 장소는 훗날 사막의 오아시스 같은 엘림의 자리가 될 수도 있고, 원망 가득한 마라가 될 수도 있다. 비록 없는 것도 많고 원망도 많은 오늘의 현실이지만 하나님이 나의 목자가 되어 주심을 믿는다면, 그 자리는 얼마든지 감사와 찬송의 자리로 바뀔 수 있다. 당신이 그 자리를 추억했을 때 승리를 축하한다고 쓸 수 있는 인생이 되길 바란다.

그 승리의 비결은 딱 하나다. 승리는 오늘의 감사에서 시작된다. 10년, 20년을 이기려고 덤비지 말고 오늘 하루를 승리하면 된다. 감사로 살아가는 사람은 마지막 주님을 만나는 날, '그래서 이렇게 하셨군요!' 하며 모든 의문을 풀게 될 것이다. 그리고 영원히 주님을 찬송하게 될 것이다.

마지막으로 당신의 인생 지도를 돌아보며 한 문장을 적어 보라. 이번에는 하나님께 하고 싶은 말, 하나님께 드리는 고백 한마디를 남겨 보자.

"모든 것이 하나님의 은혜였습니다. 내 손을 꼭 붙들고 지금까지 걸어 주셔서 감사합니다."

오늘도 우리가 살아가는 삶의 모든 장소가 예수님으로 인해 기쁨과 평강이 있는 안식의 자리가 되길 기도한다.

평범한 날에도

하나님의 은혜는

이어지고 있다.

17장

끝은 또 다른 시작이다

민수기 36장

우리는 미래를 향하여, 절망에 맞서 기다린다.
우리는 기다리면서, 다시 시작될 춤의 다음 동작을 연습한다.
기다림은 오직 잠깐이다. '잠시 잠깐'이다.
우리는 순종의 긴 여정을 걸어갈 것이다.
제자도의 경주를 달려갈 것이다.
우리는 이웃이 서로 사랑하는 하나님의 선한 미래 속으로
독수리처럼 날아오를 것이다.[151]

드디어 우리는 민수기 마지막 장에 도착했다. 광야 40여 년 중 38년 6개월이나 되는 시간을 기록했다. 그런데 민수기 36장을 읽은 뒤 의문이 생겼다. 파란만장하던 기록의 끝이 뭔가 마지막 같아 보이지 않기 때문이다. 38년이 넘는 장대한 순례길이었다. 그 사이 한 세대가 죽고 다음 세대가 일어나 약속의 땅에 들어가기 직전이다. 이 정도의 여정이 마무리되는 시점이라면 대단원의 막을 내리는 장엄한 결말이 나올 법도 한데 전혀 그렇지 않다. 생각했던 것과는 달리 민수기의 마지막 장은 지난 27장에 나온 슬로브핫의 딸들의 이야기로 조촐하게 끝난다. 어떻게 보면 용두사미 같은 느낌이 들 정도다.

모세오경에 비교하면 더욱 그렇다. 창세기는 창조, 타락 그리고 족장의 이야기로 연결된다. 창조 이후 타락의 극치였던 바벨탑이 끝나면서 하나님은 아브라함을 부르시고, 이삭과 야곱, 요셉이라는 족장의 이야기를 전개하신다. 애굽의 총리가 되어서 가족을 고센 땅에 정착시키는 요셉, 그의 죽음이 창세기 마지막 장을 차지하는 것은 매우 적절해 보인다.

출애굽기는 이스라엘을 애굽에서 건져 내는 구원의 과정과 하나님이 동행하고 계심을 가르치기 위해 성막을 짓도록 하는 두 이야기로 나뉜다. 그리고 마지막은 이스라엘 백성이 지은 성막에 하나님의 영광을 상징하는 여호와의 구름이 덮인 이야기로 장엄하게 끝이 난다. 누가 봐도 멋진 결론이다.

레위기의 전반부는 하나님께 나아가는 제사를 가르치고, 후반부는 하나님과 동행하는 길을 알려 주고 있다. 마지막 장 역시 하나님 앞에 우리가 서원한 것들을 어떻게 지킬 것인가 하는 적절한 결론으로 끝이 난다. 신명기는 모세오경의 마지막 편으로, 40년 동안 이스라엘 백성을 인도한 모세의 마지막 설교와 고독한 죽음으로 모세오경 전체가 끝이 나는데, 너무도 아름답고 의미 있는 결론이다.

그에 비해 민수기는 아직 다 풀지 못한 숙제가 있는 것 같은 책이다. 마지막 36장에 나오는 슬로브핫의 딸들은 성경에서 우리가 익히 알 만한 인물이거나 공적인 위치에 있는 이들이 아니다. 므낫세 지파의 한 가정일 뿐이다. 그런데 하나님은 왜 민수기의 마지막 장을 이렇게 끝내신 걸까? 그 숨겨진 의미를 찾아보려고 한다.

왜 슬로브핫의 딸 이야기로 마무리하는가?

36장은 이렇게 시작된다.

요셉 자손의 종족 중 므낫세의 손자 마길의 아들 길르앗 자손 종족들의 수령들이 나아와 모세와 이스라엘 자손의 수령 된 지휘관들 앞에 말하여 이르되 여호와께서 우리 주에게 명령하사 이스라엘 자손에게 제비 뽑아 그 기업의 땅을 주게 하셨고 여호와께서 또 우리 주에게 명령하사 우리 형제 슬로브핫의 기업을 그의 딸들에게 주게 하셨은즉 그들이 만일 이스라엘 자손의 다른 지파들의 남자들의 아내가 되면 그들의 기업은 우리 조상의 기업에서 떨어져 나가고 그들이 속할 그 지파의 기업에 첨가되리니 그러면 우리가 제비 뽑은 기업에서 떨어져 나갈 것이요 이스라엘 자손의 희년을 당하여 그 기업이 그가 속한 지파에 첨가될 것이라 그런즉 그들의 기업은 우리 조상 지파의 기업에서 아주 삭감되리이다 민 36:1-4

하나님은 이스라엘 백성이 가나안에 들어가면 제비를 뽑아 각 지파에게 땅을 주라 하신다. 그런데 27장에서 슬로브핫의 딸들이 모세를 찾아와 요청한 것이 있다. 아들 없이 아버지가 돌아가신 경우, 딸들이 아버지의 이름으로 기업을 받을 수 없는가 하는 문제였다. 모세가 그 질문을 가지고 하나님께 나아가 기도했을 때 하나님은 그 기업을 딸들에게 줄 수 있도록 허락하셨다. 그 이야기가 36장에서 다시 언급되고 있다. 슬로브핫의 딸들이 기업으로 땅을 받게 되면 결혼 후 그 기업을 남편의 지파가 차지할 텐데, 그렇다면 므낫세 지파는 하나님으로부터 받은 기업을 잃어버리게 되는 문제가 발생한다. 심지어 모든 땅을 원래 기업의 땅으로 돌려주는 희년이 오더라도 결혼하면 결국 남편이 속한 지파에게 돌아가게 된다. 그러니 이 문제를 해결해 달라는 것이다.

아마도 슬로브핫의 딸들이 이 부분을 걱정해서 므낫세 지도자들에게 말했고, 그 지도자들이 모세에게 질문을 한 것으로 보인다. 이에 대한 하나님의 해결책은 무엇일까?

모세가 여호와의 말씀으로 이스라엘 자손에게 명령하여 이르되 요셉 자손 지파의 말이 옳도다 슬로브핫의 딸들에게 대한 여호와의 명령이 이러하니라 이르시되 슬로브핫의 딸들은 마음대로 시집가려니와 오직 그 조상 지파의 종족에게로만 시집갈지니 그리하면 이스라엘 자손의 기업이 이 지파에서 저 지파로 옮기지 않고 이스라엘 자손이 다 각기 조상 지파의 기업을 지킬 것이니라 하셨나니 이스라엘 자손의 지파 중 그 기업을 이은 딸들은 모두 자기 조상 지파의 종족되는 사람의 아내가 될 것이라 그리하면 이스라엘 자손이 각기 조상의 기업을 보전하게 되어 그 기업이 이 지파에서 저 지파로 옮기게 하지 아니하고 이스라엘 자손 지파가 각각 자기 기업을 지키리라 민 36:5-9

하나님의 답변은 언제나 지혜롭다. 땅을 기업으로 받은 딸들은 각각 자신의 지파 내에서 결혼하라는 것이다. 그러면 그 땅을 지킬 수 있다. 다시 말해 슬로브핫의 딸들이 므낫세 지파 사람과 결혼하면 자신의 기업을 보존할 수 있게 된다.

그런데 40년 대기록의 민수기가 이렇게 마무리된다면, 너무 허무하고 미약하지 않은가? 200만 명이 넘는 백성이 힘든 순례의 길을 마치는 시점에서 왜 많고 많은 결론 중 그저 한 가정사인 슬로브핫 딸들의 이야기로 마무리하는 걸까?

그러나 이것이 어쩌면 민수기를 아우르는 주제 중에 그 어떤 것보다 깊은 의미가 있는 주제일지도 모른다. 하나님은 이 세상을 창조하신 위대하고 크신 분이다. 그런 창조주 하나님이 한 가정 한 가정을 세심하게 돌보시고 있다. 천지를 창조하셨지만 공중을 나는 새 한 마리도, 이름 모를 들풀 하나도 돌보시고 생각하시는 분이다. 크고 위대하신 분이 이토록 섬세하시다. 하나님은 200만 명을 인도하지만 그중에서도 한 사람을 기억하신다는 메시지가 이 안에 들어 있다.

민수기를 정리하며 얻는 첫 번째 주제는 하나님은 수많은 일들 중에서도 '한 사람의 이야기를 잊지 않으시는 분'이라는 것이다. 숱한 사건들이 충돌하던 40년 순례길을 슬로브핫의 한 가정의 이야기로 끝맺는 하나님의 결론은 결코 작지도 초라하지도 않다. '세상 가운데 아무리 많은 일이 일어나도 네가 나를 부를 때 너에게 귀를 기울이겠다. 아니 네가 부르지 않을 때도 나는 너를 기억하고 있다.' 이것이 민수기의 결론이다.

슬로브핫의 딸들에게 관심을 가져 주신 하나님이 나의 삶에도 관심을 가지실까? 많은 그리스도인이 "나는 아닐 거야"라고 확신에 차서 말한다. 바로 그런 이들에게 민수기는 말씀하고 있다. "내가 보고 있는 너희가 바로 내 딸이고 아들이다." 하나님은 역사를 이끌어 가는 위대한 인물을 세우실 뿐 아니라 이름 없는 자의 작은 기도에도 언제나 귀를 기울이시는 분이다.

전능하신 하나님이 전 세계 80억 인구 중에서 우리 한 가정을 아신다는 것, 세상의 수많은 이야기 중에서도 나의 이야기에 귀를 기울여 주신다는 것을 이 소소하고 평범해 보이는 결론 속에 담아내고 있다.

나는 민수기 36장을 읽던 날이 아직도 기억난다. 성경을 읽다가 의자에서 벌떡 일어나 하나님께 박수를 쳤다. "하나님 너무 멋지십니다!" 200만 명의 이스라엘 백성 중에 한 사람을 기억하신 하나님은 박수 받아 합당하시다. 수많은 유명인의 이야기가 판을 치는 인류사에서 주님은 겨우 한 귀퉁이를 차지하는 나 한 사람의 기도를 들으시고, 기억하시며, 사랑하신다. "네가 부르짖으면 나는 반드시 듣는다, 잊지 않는다"는 말씀을 민수기의 결론을 통해 전하고 있는 것이다.

작은 순종이 인생 순례를 이끈다

슬로브핫의 딸들의 이야기가 왜 민수기의 결론으로 등장하는가에 대해서 두 번째로 생각해 볼 것이 있다. 36장은 민수기의 끝이지만 이들에게는 새로운 시리즈의 시작이다.[152] 아직 가야 할 길이 있다. 요단강을 건너야 하고 여리고성을 정복해야 하는 숙제가 남아 있다. 민수기는 끝나지만 이들의 순례는 계속된다. 성경 66권을 펼치면 창세기 1장만이 태초의 시작이다. 그리고 나머지 65권은 모두 끝이 있어도 끝난 게 아니다. 또 다른 시작이다. 마지막 요한계시록의 22장만이 완전한 끝이다.

그렇다면 질문에 대한 답을 듣고 슬로브핫의 딸들은 어떻게 반응했을까?

> 슬로브핫의 딸들이 여호와께서 모세에게 명령하신 대로 행하니라 민 36:10

슬로브핫의 딸들은 모세의 말대로가 아니라 "여호와께서 모세에게 명령하신 대로" 행했다. 자신들의 지파 안에서 결혼하라는 여호와의 명령을 따랐다는 것이다. 이것을 민수기의 결론 가운데 하나로 넣어 두셨다.

나는 이 구절에 '작은 순종'이라고 제목을 붙이고 싶다. 이들의 작은 순종이 민수기의 결론을 대신하고 있다. 그러나 이 말씀 속에는 민수기의 대단원을 정리하며 또 다른 출발을 준비하는 메시지가 담겨 있다. 이들에겐 아직 가야 할 길이 남아 있다. 우리 역시 아직 걸어가야 할 인생 광야 길이 남아 있다. 돌아보면 우리라고 왜 민수기 같은 방황이 없겠는가? 우리의 신앙 여정도 방황과 순종이 거듭 반복되고 있다. 그렇다면 앞으로 남은 인생을 어떻게 살아가야 할까? 우리가 싸워야 할 여리고성, 우리가 치러야 할 영적 전쟁을 어떻게 승리하며 나아갈 것인가? 그래서 36장 10절은 너무나 적절한 결론이다.

성경을 보면 유명한 선지자 이야기도 많지만 이름 없는 사람들의 이야기도 많이 소환된다. 주목받지 못한 그들을 통해서 주님이 말씀하시고 싶은 것이 있기 때문이다. 엘리야 선지자가 활동하던 당시 아합왕의 궁내 대신이던 오바댜의 이야기를 풀어내셨다. 그는 이세벨이 하나님의 선지자들을 살해할 때 선지자 백 명을 굴에 숨기고 먹을 것을 공급해 준 사람이다. 또한 예수님이 오병이어의 기적을 행하실 때 자신의 도시락을 바친 한 소년을 거기에 두셨다. 복음서에서는 수로보니게 이방 여인이 예수님을 찾아와 귀신 들린 딸을 고쳐 달라며 주님께 무릎을 꿇은 이야기가 등장한다. 그때 예수님은 거절하시지만 여인은 집에 있는 개들도 주인의 상에서 떨어지는 부스러기를 먹고 산다면서 포기하지 않는다. 당시 유대인들이 개처럼 여기는 이방인이기에 그 조롱과 수치를 당하면서도 주님께 믿음으로 매달린 것이다. 이 여인은 주님이 누구인지 알았다. 유대인을 위해서 왔다고 하지만 우리를 위해 죽으시고 다시 사실 주님이 아닌가? 주님은 이방 여인의 이 믿음을 보셨다. 그리고 딸을 고쳐 주셨다.

'제 인생에는 주님이 필요합니다. 주님만이 우리 가정을 살릴 수 있습니다.' 이렇게 매달리고 덤벼들 때 주님은 응답해 주신다.

우리는 이런 성경 속 이야기들에서 생각해 볼 것이 있다. 바로 우리가 인생 여정을 마쳤을 때 내가 원하는 대로 살면 내 이야기로 끝나지만, 주님께 나아가면 주님의 이야기로 끝난다는 사실이다. 민수기는 나의 이야기로 살겠는가 아니면 하나님의 이야기로 살겠는가를 묻고 있다.

민수기의 주된 내용이 무엇인가? 방황이다. 그런데 민수기의 결론은 이 방황이 끝나는 길을 보여 주고 있다. 그것은 하나님께 나아가는 것이자 그분이 주신 말씀으로 사는 것이다. 그 길은 바로 순종이다.

순종은 믿음에서 나온다. 순종과 믿음은 분리할 수 없다. 내가 그분을 믿기 때문에 그분의 말씀에 순종하는 것이다. 하나님은 슬로브핫 딸들의 작은 순종을 통해 민수기를 덮고 있는 방황의 여정이 이제는 순종의 여정으로 변화되기를 원하신다. 자신의 부족함을 알기에 늘 하나님께 나아가 묻는 이들의 믿음과 순종을 보여 주고 싶으신 것이다.

하나님은 우리 삶에서 하나님의 영광을 구하시고, 우리가 그 뜻에 순종할 때만 영광을 받으신다.[153] 바울은 로마서에서 '자신의 문제에서 눈을 돌려 하나님을 바라보라'고 하면서 그렇게 함으로써 '복음적 사고가 감정적 사고를 교정하도록 하라'고 권한다.[154]

슬로브핫의 딸들처럼 하나님이 나를 사랑하신다고 확신하면 우리 인생 여정은 믿음으로 인도될 것이다. 이 사랑 안에 있는 것이야말로 세상을 정복하고 넉넉히 이기는 비결이며, 우리는 지상에서 천국을 세워 가게 된다.[155]

작은 자의 순종이 민수기의 결론이라는 것이 얼마나 놀라운지 모른다. 이 작은 순종을 상징하는 말씀이 40년 광야 생활을 관통하고 있다.

그것은 '네 신을 벗으라'이다. 모세에게 신을 벗으라고 하신 것은 주의 종이 되어 하나님의 말씀을 듣고 따르라는 의미다. 출발부터 모세에게 요구하신 부분이다. 이 순종은 광야를 지나 주님이 다시 오시는 그날까지 우리에게 주시는 명령이다.

때로 주님은 길게 말씀하시지 않을 때가 있다. 그런데 그 짧은 한마디가 가슴에 깊이 박혀 떠나지 않는다. 베드로가 세 번 주님을 부인한 뒤 고민 속에 자신의 일터로 돌아갔을 때 부활하신 예수님이 그를 찾아가 이렇게 물으신다. "네가 아직도 날 사랑하느냐?" 이 짧은 질문이 가슴을 칠 때가 있다.

민수기 전체를 이끄는 두 번째 주제는 '네 신을 벗으라'이다. 너의 계획, 너의 생각, 너의 불신앙과 원망을 모두 내려놓으라는 것이다. 힘들지 않은 순례자가 어디 있겠는가? 그러나 그 길을 믿음으로 한번 가보지 않겠는가? 순종하며 가보지 않겠는가? 주님은 그것을 물으신다. 만일 당신이 순례자라면 평생 자신의 신발을 벗고 따라가길 바란다.

"네 길을 여호와께 맡기라 그를 의지하면 그가 이루시고"(시 37:5)라고 말씀하신다. 민수기의 마지막 장은 광야 40년의 끝이지만 앞으로 또 다른 순례의 40년을 준비시키고 있다. 하나님은 화려한 사건이나 놀라운 기적으로 민수기를 마무리하지 않으시고, 대신 작은 순종으로 긴 이야기를 끝내신다. 왜냐하면 광야를 건너는 최고의 길은 순종이기 때문이다. 순종이 생명이기 때문이다. 이것이 바로 광야에 울려 퍼지는 하나님의 음성이다.

모든 길이 주님의 인도하심이었다

마지막으로 36장의 맨 끝 절을 보겠다.

> 이는 여리고 맞은편 요단가 모압 평지에서 여호와께서 모세를 통하여 이스라엘 자손에게 명령하신 계명과 규례니라 민 36:13

민수기 마지막 장, 마지막 절은 '여호와께서 모세를 통해 주신 계명과 규례'라고 정리하고 있다. 이 구절에 나오는 한 지명을 보려고 한다. 요단가 모압 평지다. 민수기 1장에서 이스라엘 백성은 시내 광야에 있었다. 그리고 38년을 방황한 뒤 도착한 곳이 모압 평지다.

시내 광야에 있던 이들이 다사다난한 40년 광야 길을 걸어 모압 평지에 서 있다. 그들이 거쳐 간 42개 도시 중 어느 하나라도 주님의 은혜가 임하지 않은 곳이 없었다. 모든 도시가 하나님이 함께하신 그야말로 은혜의 장소였다.

주님이 이스라엘 백성을 이끌고 오시느라 얼마나 힘드셨을까 생각해 본다. 그런데도 주님은 끝까지 이들을 포기하지 않으셨다. 말씀하신 그 약속을 이루기 위해 여기까지 데려오신 것이다. 그 주님이 우리를 천국으로 끝까지 데려가 주실 것이다.

지도를 보면 민수기뿐 아니라 우리 인생 전체를 관통하는 질문이 하나 떠오른다. "이 길을 누가 인도하셨는가?" 이 질문의 답은 당신이 내리길 바란다. 당신의 인생 지도를 펼쳐 놓았을 때 주님께 드릴 수 있는 고백은 무엇인가? 무엇이 보이고 무엇이 들리는가? 하나님은 정녕 내

인생의 인도자가 맞는가? 그분은 진정 선한 목자셨는가?

주님이 아니면 모압 평지까지 올 수 없었을 것이다. '여기까지 우리를 인도하신 하나님은 신실하십니다.' 이것이 민수기의 마지막 주제다. 이것이야말로 더할 나위 없는 감동의 결말이 아니겠는가?

민수기 36장을 마치면서 우리 모두에게 이 고백이 있었으면 좋겠다.

"우리가 걷는 모든 여정마다 주님이 필요했습니다. 하나님이 도우시지 않으면 여기까지 올 수 없었습니다. 우리가 머물던 어느 곳 하나 주님의 은혜가 담기지 않은 곳이 없습니다. 그래서 고백합니다. 주님은 신실하십니다. 주님은 선하십니다."

이 고백을 가진 자가 평생의 순례자다. 민수기 36장은 끝이 아닌 앞으로 걸어갈 또 다른 시작이다. 아직 모험의 광야는 끝나지 않았다.

미주

1장 약속의 땅을 향하여

1) 알리스터 맥그래스, 《내 평생에 가는 길》, 윤종석 역(서울: 복있는사람, 2003), 19.
2) 마크 부캐넌, 《보이지 않는 것에 눈뜨다》, 배응준 역(서울: 규장, 2003), 57.
3) 알리스터 맥그래스, 같은 책, 9.
4) 토마스 A. 넬슨, 《넬슨성경개관》, 김창환 역(서울: 죠이선교회, 2012), 60.
5) 존 스토트, 《제자도》, 김명희 역(서울: IVP, 2010), 131.
6) 마크 부캐넌, 《평범한 그러나 찬란한》, 이은이 역(서울: 국제제자훈련원, 2011), 93-94.
7) 김형석, 《백년을 살아보니》(서울: Denstory, 2017), 229.
8) 토마스 A. 넬슨, 같은 책, 64.
9) 도널드 맥컬로우, 《광야를 지나는 법》, 안정임 역(서울: 도마의길, 2008), 17.
10) 알리스터 맥그래스, 같은 책, 20.
11) 같은 책, 20-21.
12) Raymond Brown, *The Message of Numbers*(Downers Grove, IL: IVP, 2002), 34.
13) 알리스터 맥그래스, 같은 책, 56.

2장 하나님을 사랑하는 마음으로 걷는 길

14) 헨리 나우웬, 《삶의 영성》, 윤종석 역(서울: 두란노, 2017), 47.
15) 알리스터 맥그래스, 같은 책, 20.
16) 프랜시스 챈, 《크레이지 러브》, 지영순 역(서울: 미션월드라이브러리, 2010), 125.
17) Raymond Brown, 같은 책, 37.
18) 프랜시스 챈, 같은 책, 210-211.
19) 이 내용은 한국 EBS Documentary(https://www.youtube.com/watch?v=XFFKr1XTygY), "세계의 교육현장-세계를 움직이는 힘! 미국의 유대인 교육 탈무드"라는 방송에서 소개했던 내용의 일부다.
20) 프랜시스 챈, 같은 책, 175.
21) 헨리 나우웬, 같은 책, 47.

3장 순례자의 정신

22) 헨리 나우웬, 《예수의 길》, 윤종석 역(서울: 두란노, 2021), 37.
23) Raymond Brown, 같은 책, 48.
24) 같은 책, 49.
25) 같은 책, 50.
26) 같은 책, 50.
27) 같은 책, 50.

28) Kevin J. Vanhoozer, *Hearers and Doers*(Bellingham, WA: Lexham Press, 2019), 24.

29) 같은 책, 25.

30) Raymond Brown, 같은 책, 51.

31) 같은 책, 51.

4장 믿음으로 걷는 길

32) Phil Moore, *Moses*(Grand Rapids, MI: Monarch Books, 2011), 172.

33) Raymond Brown, 같은 책, 71.

34) Iain M. Duguid, *Numbers: 'God's presence in the wilderness'*(Wheaton, IL: Crossway, 2006), 126.

35) Raymond Brown, 같은 책, 72.

36) 같은 책, 72.

37) 같은 책, 74.

38) 같은 책, 74.

39) 같은 책, 74.

40) Iain M. Duguid, 같은 책, 130.

41) Phil Moore, 같은 책, 171.

42) 같은 책, 172.

43) 존 비비어, 《존 비비어의 광야에서》, 정성묵 역(서울: 두란노, 2019), 61.

44) 같은 책, 61.

45) Gordon J. Wenham, *Numbers*(Downers Grove, IL: IVP, 1981), 102.

46) Walter Riggans, *Numbers*(Philadelphia: Westminster Press, 1983), 75.

5장 광야를 지나는 법(1)

47) 헨리 나우웬, 같은 책, 74-75.

48) Raymond Brown, 같은 책, 85.

49) Iain M. Duguid, 같은 책, 148.

50) Raymond Brown, 같은 책, 149. Raymond Brown은 불평 대신 죄를 전염성이 높은 것으로 표현한다. 그의 책 89페이지를 보라. Sin is contagious.

51) 같은 책, 150.

52) Peter Jonh Naylor, *New Bible Commentary*, edited by G. J. Wenham, J. A. Motyer, D. A. Carson, R. T. France(Downers Grove, IL: IVP, 1994), 181.

53) 도널드 맥컬로우, 같은 책, 10-28.

6장 광야를 지나는 법(2)

54) 마크 배터슨,《화려한 영성》, 지영순 역(서울: 미션월드라이브러리, 2010), 68.

55) Phil Moore, 같은 책, 176.

56) Gordon J. Wenham, 같은 책, 106.

57) Phil Moore, 같은 책, 176.

58) Raymond Brown, 같은 책, 89.

59) 같은 책, 109.

7장 언제나 살아 있는 믿음

60) 유진 피터슨,《요한계시록 설교》, 홍종락 역(서울: 복있는사람, 2021), 129.

61) Raymond Brown, 같은 책, 123-124.

62) Phil Moore, 같은 책, 182.

63) 달라스 윌라드,《잊혀진 제자도》, 윤종석 역(서울: 복있는사람, 2021), 13.

8장 풀은 마르고 꽃은 시드나

64) 제임스 패커,《거룩의 재발견》, 장인식 역(서울: 토기장이, 2009), 212.

65) Phil Moore, 같은 책, 188. 그는 38년의 광야 생활을 16장에서 19장까지 이 네 장 안에 기록한 것을 주목한다. 그리고 그 내용이 권위에 대한 시기와 도전으로 가득 차 있음을 설명한다.

66) Iain M. Duguid, 같은 책, 202.

67) 베스 모어,《시인과 전사》, 박혜경 역(서울: 두란노, 2002), 128.

68) Mary J. Evans, *The Message of Samuel*(Doweners Grove, IL: IVP, 2004), 168.

69) Raymond Brown, 같은 책, 147.

70) 같은 책, 150.

71) 같은 책, 154.

72) Phil Moore, 같은 책, 190.

73) 같은 책, 191. 그는 고라의 후손들이 그 반역을 교훈으로 삼았음을 설명한다.

9장 믿음의 행진

74) 유진 피터슨,《균형 있는 목회자》, 차성구 역(서울: 좋은씨앗, 1999), 69.

75) Raymond Brown, 같은 책, 174.

76) 같은 책, 174.

77) Roland B. Allen, *The Expositor's Bible Commentary Numbers-Ruth*, edited by Tremper Longman III &

David E. Garland(Grand Rapids, MI: Zondervan, 2012), 282.

78) Raymond Brown, 같은 책, 179.

79) 같은 책, 180.

80) Phil Moore, 같은 책, 193-195.

81) 달라스 윌라드, 같은 책, 13.

10장 하나님이 걸음을 막으실 때

82) 달라스 윌라드, 《하나님의 음성》, 윤종석 역(서울: IVP, 2001), 41.

83) Raymond Brown, 같은 책, 205.

84) Phil Moore, 같은 책. 그는 204-207쪽까지 22장 전체 제목을 'Permissive(내버려 두시는)'라고 붙이고 이 장을 설명하고 있다.

85) Raymond Brown, 같은 책, 207.

86) 같은 책, 210.

87) 같은 책, 210-211.

88) 같은 책, 211.

11장 하나님이 붙드시는 사람

89) 존 오트버그, 《누더기 하나님》, 구지원 역(서울: 사랑플러스, 2006), 190.

90) 필립 얀시, 《놀라운 하나님의 은혜》, 윤종석 역(서울: IVP, 1997), 154-155.

91) Phil Moore, 같은 책, 209.

92) 강병도 편저, 《호크마종합주석-민수기》(서울: 기독지혜사, 1989), 428.

93) Iain M. Duguid, 같은 책, 285.

94) Phil Moore, 같은 책, 210.

95) 같은 책, 211.

12장 광야의 한가운데에서

96) 헨리 나우웬, 《삶의 영성》, 50.

97) Iain M. Duguid, 같은 책, 292.

98) 같은 책, 292.

99) 같은 책, 297.

100) 같은 책, 297.

101) 같은 책, 298.

102) Gordon J. Wenham, 같은 책, 189.

103) 같은 책, 189.

104) Iain M. Duguid, 같은 책, 299.

105) C. S. 루이스, 《영광의 무게》, 홍종락 역(서울: 홍성사, 2008), 23-24.

106) 같은 책, 25-26.

13장 주님과 함께 걷는 길

107) 조지 캠벨 모건, 《기도 바이블》, 배응준 역(서울: 규장, 2010), 23-24.

108) Iain M. Duguid, 같은 책, 305.

109) Raymond Brown, 같은 책, 243.

110) Gordon J. Wenham, 같은 책, 194.

111) C. S. 루이스, 《순전한 기독교》, 이종태, 장경철 역(서울: 홍성사, 2003), 220-221.

112) 같은 책, 221.

113) 같은 책, 222-223.

114) Raymond Brown, 같은 책, 245.

115) C. S. 루이스, 같은 책, 287-288.

116) Iain M. Duguid, 같은 책, 309. 그는 이 책의 한 장을 'Communion with God'이라고 썼다.

14장 신앙의 깊이, 사랑의 깊이

117) 잔느 귀용, 《영적 성장 깊이 체험하기》, 김진선 역(서울: 생명의말씀사, 2008), 113.

118) Iain M. Duguid, 같은 책, 323.

119) Gordon J. Wenham, 같은 책, 206.

120) 같은 책, 207.

121) 팀 켈러, 《당신을 위한 사사기》, 김주성 역(서울: 두란노, 2015), 197.

122) 같은 책, 197-198.

123) 이중수, 《믿음의 정상》(서울: 양무리서원, 1993), 213.

124) 팀 켈러, 같은 책, 198.

125) 톰 라이트, 《모든 사람을 위한 사도행전 II》, 양혜원 역(서울: IVP, 2012), 160. 톰 라이트는 헌신했던 이유를 어떤 진지한 목적으로 설명하고, 워렌 위어스비는 《사명자로 살라》, 오화선 역(서울: 나침반, 1991), 72페이지에서 고린도라는 특수한 상황에서 드린 헌신으로 설명한다.

126) Iain M. Duguid, 같은 책, 327.

15장 타협과 순종 사이에서

127) 존 스토트, 같은 책, 30-31.

128) 도널드 맥컬로우, 같은 책, 17.

129) Iain M. Duguid, 같은 책, 337. 그는 32장의 제목을 너무 많이 가진 것의 문제(The Problem of Having Too Much)라고 붙이고 이런 설명을 이어 간다.

130) Phil Moore, 같은 책, 216.

131) Raymond Brown은 그의 책, *The Message of Numbers*, 277페이지에서 32장 전체의 제목을 '대안의 목적지들(Alternative Destinies)'이라고 붙였다.

132) Raymond Brown, 같은 책, 278.

133) Iain M. Duguid, 같은 책, 338.

134) 같은 책, 338.

135) 같은 책, 338.

136) 같은 책, 340.

137) Raymond Brown, 같은 책, 280.

138) Iain M. Duguid는 그의 책 *Numbers*, 339페이지에서 르우벤과 갓 지파의 선택을 이렇게 표현한다. "The halfheartedness of the Reubenites and Gadites might become contagious and lead to Israel's failing to follow through with the conquest(두 지파의 적당한 타협은 전염성이 있었고 이스라엘로 하여금 가나안 정복을 이행하는 데 실패로 인도했다)."

139) Iain M. Duguid, 같은 책, 340.

140) 같은 책, 341.

16장 인생의 지도를 펼칠 때

141) 클라우스 베스터만,《천년과 하루: 구약성서의 맥》, 손규태, 김윤옥 역(서울: 한국신학연구소, 1983), 7-8.

142) Iain M. Duguid, 같은 책, 346. Gordon J. Wenham, Numbers, 216-217페이지를 보면 42개의 도시를 기록한 이유를 더 다양한 관점에서 볼 수 있다. 219페이지에서도 "이 도시들의 목록은 하나님이 역사하신 유형(the typology of divine action)을 따라 보다 간략하게 표현하지만 그 사건들을 여섯 번 반복하는 과정을 통해 보다 강력하게 전달하고 있다"고 설명한다.

143) 같은 책, 347.

144) 같은 책, 348.

145) 같은 책, 349.

146) 유진 피터슨,《요한계시록 설교》, 78.

147) Iain M. Duguid, 같은 책, 349.

148) 같은 책, 349. 그는 42개 도시를 7이라는 숫자의 여섯 번 반복으로 본다. 그리고 약속의 땅을 일곱

번째의 일곱 번 도시를 상징하는 것으로 본다. 하지만 아직 그 땅은 완전한 안식의 장소는 아님을 밝힌다.

149) 같은 책, 352-353. 그는 The Faithful Redeemer라는 소제목 속에서 이스라엘이 실패한 것, 우리의 힘으로 도달할 수 없는 완전한 안식이 예수 그리스도의 대속의 죽음을 통해서만 이루어질 수 있음을 소개한다.

150) 같은 책, 353.

17장 끝은 또 다른 시작이다

151) 월터 브루그만, 《다시 춤추기 시작할 때까지》, 신지철 역(서울: IVP, 2020), 83-84.

152) Iain M. Duguid, 같은 책, 365.

153) 제임스 패커, 《하나님을 아는 지식》, 정옥배 역(서울: IVP, 2008), 370.

154) 같은 책, 414.

155) 같은 책, 414.